产业数字化
与
数字产业化

武良山 王文韬 —— 编著

中国出版集团
中译出版社

图书在版编目（CIP）数据

产业数字化与数字产业化 / 武良山，王文韬编著
. -- 北京：中译出版社，2022.4（2023.1 重印）
ISBN 978-7-5001-6764-8

Ⅰ.①产… Ⅱ.①武…②王… Ⅲ.①产业经济—经济发展—研究—中国 Ⅳ.① F269.2

中国版本图书馆 CIP 数据核字（2022）第 008635 号

产业数字化与数字产业化
CHANYE SHUZIHUA YU SHUZI CHANYEHUA

编　　著：	武良山　王文韬
策划编辑：	于　宇　方荟文　华楠楠
责任编辑：	于　宇
文字编辑：	薛　宇　李晟月　李梦琳
营销编辑：	吴一凡　杨　菲
出版发行：	中译出版社
地　　址：	北京市西城区新街口外大街 28 号 102 号楼 4 层
电　　话：	（010）68002494（编辑部）
邮　　编：	100088
电子邮箱：	book@ctph.com.cn
网　　址：	http://www.ctph.com.cn

印　　刷：	北京顶佳世纪印刷有限公司
经　　销：	新华书店
规　　格：	787mm×1092mm　1/16
印　　张：	22.5
字　　数：	240 千字
版　　次：	2022 年 4 月第 1 版
印　　次：	2023 年 1 月第 3 次印刷

ISBN 978-7-5001-6764-8　　　　定价：78.00 元

版权所有　侵权必究
中　译　出　版　社

本书编委会

武良山　中国资本市场 50 人论坛发起人兼秘书长
王文韬　中国资本市场 50 人论坛执行秘书长
杨学山　中华人民共和国工业和信息化部原副部长、北京大学兼职教授
周文彰　国家行政学院原副院长，海南省委原常委、宣传部部长
倪光南　中国工程院院士、联想集团首任总工程师
羌　薇　陕西省工业和信息化厅总经济师、致公党中央经济委员会副主任
安　宜　中国有色集团党委委员、总会计师
彭和平　中国人民大学制度学研究中心主任、中国人民大学原校长助理
李大学　磁云科技 CEO、京东集团原高级副总裁
周亚灵　华为技术有限公司工业互联网发展总监
李　颋　阿里云政策与战略中心总经理、中国电子学会区块链分会委员
刘大成　清华大学互联网产业研究院副院长

武超则	中信建投证券研究所所长兼国际业务部负责人、TMT行业首席分析师
徐　杨	BCG波士顿咨询董事总经理、全球合伙人
王建平	普华永道中国管理咨询金融科技主管合伙人
李立委	中国信息通信研究院数字技术与产业研究中心副主任
冯丙强	北京东方国信科技股份有限公司副总经理、中国通信工业协会两化融合委员会副会长
郭英海	树根互联公司（三一重工孵化的国内最大工业互联网平台）云服务事业部总监
杨云桐	琨山资本合伙人、琨山教育董事长
王健辉	东兴证券计算机行业首席分析师
刘瀛	航天新长征大道科技有限公司常务副总经理
龙小昂	深圳华龙讯达信息技术股份有限公司总经理
周代数	经济学博士，中国财政学会投融资专业委员会委员，供职于科技部中国科学技术发展战略研究院
郐公弟	百融云创副总裁
黄步添	杭州云象网络技术有限公司创始人兼CEO，浙江大学计算机系博士，IEEE、ACM会员

重磅推荐

白　凡　首旅集团总经理

当下全球疫情仍在肆虐，在国内大循环和国际国内双循环政策引导下，新消费需求势不可当，Z时代崛起，千禧一代以及小镇青年成为市场消费的主要力量。数字化是产业发展、提升服务品质的重要载体。本书给当下的数字产业化及产业数字化提供了更多借鉴与思考，值得业内人士分享阅读。

梁金辉　古井集团董事长、古井贡酒股份有限公司董事长

当今世界，新一轮科技革命和产业变革加速演进，人工智能、大数据、物联网等新技术、新应用方兴未艾，智能制造的浪潮已经袭来。对于白酒行业而言，推进酿酒生产的自动化、智能化、数字化，将为这一传承千年的业态带来新的生机和活力。本书详细梳理了当下产业数字化和数字产业化的现状与落地应用，为企业的转型升级之路提供了更多维度的参考，相信会对大家有所启发和裨益。

李　明　安徽省能源集团有限公司总经理

在目前全国工业制造业智能化大浪潮下，传统能源与新能源行业都面临数字化改造，其智能化建设直接关系我国国民经济重要领域的数字化进程。如何依托 5G 信息技术，加快智能化建设、智慧化转型，用产业互联思路对企业的生产、研发、销售场景进行全方位升级，是能源集团实现科学发展需要重点研究的问题。本书的问世为行业数字化转型提供了更多参考，值得赞许。

李东辉　吉利控股集团 CEO

汽车行业具有产业链条长、社会涉及面广、全球化程度高等特点，是一个国家高端制造业的标杆。数字化转型浪潮驱动汽车行业生产和商业模式朝电动化、智能化、网联化方向巨变，这一过程伴随着阵痛和蜕变。数据如何赋能产业链？上下游如何实现全要素数字化升级？本书邀请了多位切身参与产业互联和科技研发的重要人士，通过鲜活案例生动展现了这一转型、再造过程，具有借鉴价值，推荐一看！

刘　畅　新希望六和股份有限公司董事长

从消费互联网到产业互联网，技术驱动场景的格局发生了重要变化，数字化能否更广泛和各领域链接，核心之一是"底层逻辑"能否发生变化。一是创造者的思维逻辑，用开放的数字化思维去颠覆原有的生产逻辑是难点；二是国家的基建逻辑，从硬件到软件，以数字化为代表的新技术驱动经济创新发展应该成为新基建逻辑；

三是社会逻辑,社会各界对数字化的接纳、包容、共创意识很重要。最后从法律和规则层面做好数字安全的界定是底板。本书系统地介绍了数字化转型、关键信息技术的现状与趋势,以及产业互联时代的特征,值得一读!

汤道生　腾讯集团高级执行副总裁、云与智慧产业事业群CEO

产业互联网不是一个短期的风口,而是一次长期的、本质性的产业变革,对需求、生产、组织、服务模式都会带来根本性的重塑,最终带来行业的降本增效、社会资源的重新匹配。实体产业与数字技术深度融合,让企业可以通过数据度量,完善战略,优化生产,激活组织,加强市场竞争力。数字技术与实体产业的融合也是一个不断迭代的过程,需要坚定的长期攀登者,站在用户需求与产业发展的本质上,结合企业自身优势,找准自己的道路。感谢本书中各位专家给了我们更多思考与启发。

沈　抖　百度集团执行副总裁

中小企业是数字经济发展的主力军,也是我国产业数字化转型、智能化升级的主战场。在互联互通的大时代背景下,发挥科技领先企业的开放赋能作用,尤为必要。随着AI等新技术更加普惠,企业的数字化转型、智能化升级也将迎来最佳契机,打开新的增长空间,不断创新出新的商业模式。本书为产业界提供了新的实践案例和指引,具有十分重要的意义。

安　宜　中国有色矿业集团有限公司党委委员、总会计师

数字经济主要研究生产、分销和销售都依赖数字技术的商品和服务，为企业和消费者创建了一个双赢的环境。数字经济也是一个信息和商务活动都数字化的全新的社会政治和经济系统。读完此书，豁然开朗。在数字经济系统中，企业、消费者和政府之间通过网络进行的交易迅速增长。数字技术被广泛使用并由此带来了整个经济环境和经济活动的根本变化。这是时代的要义，也是这本书带给读者的阅读价值。

黄宏生　创维集团创始人、开沃新能源汽车集团董事长

数字经济的时代已经到来，以5G、互联网、大数据、人工智能和区块链为代表的新一代信息技术，正在得到大规模、广范围、深层次的创新应用。凝聚时代智慧，找准产业数字化与数字产业化"牛鼻子"，融合数字化管理体系，是企业在智能制造浪潮下发展的关键。本书的问世恰逢其时，值得一阅！

廉玉波　比亚迪股份有限公司执行副总裁、汽车工程研究院院长

当下全球处于百年未有之大变局，在与世纪疫情交织叠加之下，大变局改变了以往经济社会发展的逻辑，给当下的经济发展提出了前所未有的新要求。作为产业一线的科技工作者，我们深刻感受到来自产业和企业层面数字化转型的强大驱动力。毫无疑问，这个趋势将随着我国加大新基建力度、数字技术的进步而进一步加

强。本书集大家之所成，从理论、技术应用、现实应用与实践层面全面解析，值得深入阅读。

陆　宽　京东方科技集团高级副总裁

数字经济是新动能、新生产力，随着实体经济数字化与产业价值链的不断重塑，正诞生越来越多的新业态和新模式。数字化实践和数字化连接，在传统产业和新兴行业都充满了广阔机会。与"铁公基"为代表的传统基建相比，"新基建"的提出本质上要立足高附加值的新技术驱动经济创新发展，作为智能化基础设施的新基建可以为数字化转型提供底层支撑。"创新引领、数字驱动、深耕物联、高质增长"也是京东方物联网转型发展的箴言。本书凝聚了众多专家和实践者的心血，能看出作者在产业数字化和数字化产业化领域的深度思考，建议一读！

徐　克　伊利集团副总裁

数字化本质上是一场认知与思维革命，是一场脱胎换骨的系统变革与能力升级。数字化是乳业未来发展的关键，把握数字化的先机，才能把握产业的未来。该书紧跟数字社会建设步伐，深度介绍产业数字化对垂直产业的产业链和内部价值链的重塑和改造过程。对于传统产业升级产业链、布局创新链、优化供应链、提升价值链提供了经典蓝本，为生产方、消费者以及合作伙伴共享发展红利指出明路。

中国资本市场 50 人论坛（智库）书系简介

中国资本市场 50 人论坛（K50 智库）是非盈利性质的与中国多层次资本市场相关的独立智库，该智库由中国人民大学金融界、产业方、科技圈和政府部门四大领域的杰出校友发起，论坛致力于为中国资本市场的参与者、研究者和政策制定者提供一个高端交流平台，推动经验分享、思想交流与学术碰撞，为相关机构的政策研究和业务实践提供一线素材与经验参考，为中国的多层次资本市场建设提供专业智慧与行业洞见，并致力于成为中国资本市场的第一智库。

K50 智库邀请金融机构高管、上市公司董事长、两院院士以及地方政府、科研院所、工信部、科技部、发改委等多个领域的杰出人士参与，集聚资本方、产业界、科技圈的领军人才与精英翘楚，打造政企（地方政府与企业）、资企（资本与企业）、研企（科研机构与企业）、企企（龙头企业与中小企业）四大交流平台，努力成为中国资本市场最具影响力的高端智库与思想引擎。

产业数字化与数字产业化

  K50智库定期及不定期组织闭门会议和专题研讨，形式包括"宏观经济峰会""上市公司闭门研讨""龙头企业产业链论坛""地方高新区沙龙""科技创新研讨""高层内参""专项课题研究"等。历年来成功举办了多次重要会议，包括：《中国宏观经济与债券市场发展论坛》《中国企业战略转型及产品创新研讨会》《大型抗疫公益系列演讲（160场）》《拜登当选后的世界格局、中美关系与经济影响》《后疫情时代资管行业的竞合之道》《新经济下数字产业化与产业数字化研讨》《蚂蚁集团暂停上市原因与金融科技监管新变局》《中国区块链创新发展大会》《注册制下中小市值上市公司如何破局》《地产"三道红线"的反思与展望》等。

  K50智库创设的"中国资本市场50人论坛书系"，专注于资本市场、产业变革、科技创新与地方政府投融资，通过组织各领域一流专家资源，凝聚产业力量，汇集资本智慧，定位"从产业视角看金融，从资本逻辑看未来"，打造"望宏观之势，闻资本之道，问产业之法，切管理之术"的全体系知识图谱。

总　论

互联网下半场：产业数字化与数字产业化

武良山 中国资本市场 50 人论坛发起人兼秘书长

互联网下半场与 2B 大时代

老子曰："无，名天地之始；有，名万物之母。故常无，欲以观其妙；常有，欲以观其徼。"

互联网的兴起和发展，改变了人类的生活、生产与思维方式。但纵览几千年人类史，互联网从无到有，从微小到壮大，不过短短数十载。当下，追求 2C 流量的消费互联网红利逐渐见顶，互联网已进入"下半场"，2B 时代正式来临。

2B 时代是以产业数字化、产业互联网、数字产业化为代表的数字经济。数字经济能实现差异化的供给与个性化需求零成本、高效率、零时延对接，使得数字产业规模化之后，它的边际成本趋于零，具有更强的竞争力，工业制造、政务、金融、交通、医疗、能源等 2B 业务已经成为互联网新的增长点。

产业数字化与数字产业化

产业数字化是指在新一代数字科技支撑和引领下，以数据为关键要素，以价值释放为核心，以数据赋能为主线，对产业链上下游的全要素数字化升级、转型和再造的过程。产业互联网是基于互联网技术和生态，对各个垂直产业的产业链和内部的价值链进行重塑和改造，从而形成的互联网生态和形态。数字产业化是指以信息为加工对象，以数字技术为加工手段，以意识产品为成果，以介入全社会各领域为市场，对本身无明显利润但是可以提升其他产业利润的公共产业。

数字化本质上是一场认知与思维革命，是一场脱胎换骨的系统变革与能力升级。数字化转型升级需要生态化的战略思维、客户化的组织与流程、赋能式的领导方式，涉及企业的战略、组织、人才机制的系统变革与创新。

数字经济时代，要牵住"牛鼻子"，加强关键核心技术攻关。以 5G、大数据、云服务、移动互联网、物联网和人工智能等为代表的新信息技术都在重塑产业链的流程、监控和监管。

例如，5G 产生之后，区块链可以进行分布式记账，能够极大地提高它的计算能力。这时候区块链可以在无信任、无中介的情况下，构建起相互之间的合作。区块链和供应链的"双链融合"成为中国供应链产业中非常好的监管工具。

再例如，数字孪生技术，即以数字化形式，对物理实体的过去和目前的行为或流程进行动态呈现。通俗地讲，就是应用数字技术对实物产品、制造流程乃至整个工厂进行模拟仿真，为其创造一个数字版的孪生体。特斯拉、京东等科技公司已经将数字孪生技术应用于具体的生产、业务流程之中。数字孪生技术，由美国密歇根大学的迈克尔·格瑞斯（Michael Grieves）提出的"数字孪生"技术，发展到现在仅19年，被视为未来十大战略科技趋势之一。

金融是新技术应用较为成熟的领域，也是数字经济的重要代表。金融稳定理事会（FSB）将金融科技定义为"技术带来的金融创新，它能创造新的模式、业务、流程与产品，从而对金融市场提供的服务和模式造成重大影响"。从业务属性上看，金融科技是将大数据、云计算、区块链、人工智能等新兴信息技术手段应用于银行、证券、保险、信托、基金等机构以及支付结算、存贷款、投融资管理等传统金融场景，进而衍生出的数字货币、智能投顾、第三方支付、智能客服、量化交易、互联网众筹、互联网保险、线上小贷等新兴业态。科技赋能下的金融业正加速迈向移动化、网络化、智能化的数字新时代。

值得注意的是，技术创新与安全控制是相生相克的。在互联网下半场加速到来之际，其风险也引起监管部门、技术开发者、企业等关注。

2010年伊朗的"震网"事件犹在昨日。震网病毒针对伊朗核电站控制器展开外部攻击，使得控制器自身的控制环路发生了震荡。长期震荡导致了核电站某些执行机构出现故障，从而进一步导致核电站的停机，最后造成巨大的危害。

2019年全球工控实践典型事件中，2019年3月的委内瑞拉大规模停电就是一个非常典型的外部攻击事件。该国自2017年开始每年有4到5次全国范围的停电，有针对工业企业的攻击，也有针对基础设施的攻击。2019年6月，美国披露长期监控俄罗斯的电力系统。2019年7月13日，美国纽约发生停电事件，印度核电站遭受网络攻击。这都是 2019 年出现的重大网络事件。

推动新一代信息技术与安全生产相结合是必由之路。当下，国内工业用的很多设备是国外的，或者是第三方的，有些是有后门，而这个后门存在不能解决的漏洞。因此国家要开展自主可控的研究工作，一共包含四个方面，一是核心芯片，二是设备，三是操作系统与开发环境，四是应用环境。这是一个统一的生态，缺少任何一方面都很难完成自主可控的要求，未来尤其是在工业安全领域要加强自主可控的应用。

此外，要进一步加强安全信息在制造业的应用，包括可信计算、密码应用、5G 和区块链相关技术与工业相结合，加快应用落地；开展等级保护 2.0，等级保护 2.0 基本能够解决目前工控系统"裸奔"相关的问题；重点关键控制设备要国产化替代，根据"安可"和"信创"工程逐步开展，建立通用的货架产品和专用的货架产品，在关键环节开展国产化控制系统替线性工作。

新基建促进数字经济时代到来

人类从工业社会发展到现在一共经历了五代技术的浪潮。每一代技术浪潮的发展周期大概是 60 年。在这 60 年周期中，前 30 年基本上是基础技术本身的发展阶段，后 30 年是技术加速应用的阶段。

现阶段已进入信息技术阶段，前 30 年出现了大量著名的信息技术公司，包括亚马逊、谷歌、IBM 等，后 30 年信息技术开始加速应用到各行各业，同时产业发展将进入下一波产业数字化周期，ICT 技术加速推动各行各业数字化，且逐步深入生产作业主业务流，持续提升供需闭环效能，各行各业广泛开展数字化转型。

20世纪90年代，中国互联网时代正式开启。在这个过程中，伴随着改革开放的步伐，中国互联网从无到有、从有到优，正从世界潮流的追随者变为引领者。随着新一轮科技革命和产业变革深入发展，数字经济风起云涌，产业数字化与数字产业化成为当下我国抓住新机遇、塑造国际竞争新优势的关键领域。

2018年12月，中央经济工作会议首次提出新型基础设施建设的概念——"加快5G商用步伐，加强人工智能、工业互联网、物联网等新型基础设施建设"。与着眼于刺激短期投资需求、以"铁公基"为代表的传统基建相比，新基建的提出本质上要立足高附加值的新技术驱动经济创新发展，作为数字化基础设施的新基建可以为数字化转型提供底层支撑。

2021年12月公布的《"十四五"数字经济发展规划》提出，到2025年，数字经济核心产业增加值占GDP比重达到10%，数字化创新引领发展能力大幅提升，我国数字经济竞争力和影响力稳步提升等目标。

以数字科技赋能实体经济，充分激发数字经济与传统产业的"化学反应"，推动制造业、服务业、农业等传统产业数字化，是供给侧结构性改革的必然要求，也是通往高质量发展的正确路径。推动数字经济和实体经济深度融合，不断做强、做优、做大数字经济，正当其时。

本书的意义

互联网下半场，指的是由互联网由2C时代向2B时代的重大转变。这不意味着互联网上半场的终结，而意味着新战场的开辟。随着 5G、大数据、元宇宙、数字孪生、人工智能等创新技术的推进，以产业为代表的数字化时代已经来临。

"万变不离其宗"，研究事物发展的规律，总结并运用之，对政策制定、产业发展、企业运营起着重要作用。我们想通过这本书来总结新基建背景下，产业互联网的政策、落地实践和趋势，给各位读者包括产业实践者、政策制定者提供一些发展思路。

本书的编撰过程中，中国资本市场 50 人论坛（智库）邀请了多位切身参与产业互联和科技研发的重要人士，他们从宏观和微观角度阐述了产业数字化的关键信息技术，及其实践、应用、趋势。具体来说：第一、二篇着重介绍新基建与数字化转型、数字经济下的关键信息技术；第三、四篇讲产业互联网的道与术、产业数字化背景下的金融科技。本书系统地介绍了新基建时代下，数字化转型、关键信息技术的现状与趋势，产业互联时代的特征以及在金融科技领域的落地应用，寄希望为未来日新月异的技术创新与产业数字化进程提供借鉴模式。

目 录

第一篇 新基建与数字化转型

新基建与数字化转型 ··· 003

产业数字化转型的"战疫"新思考 ··· 018

传统制造企业数字化转型增长模式的实践分享 ···························· 042

数字政府和国家治理现代化 ·· 056

新基建时代技术创新和制度创新的理论思考 ······························· 069

第二篇 数字经济下的关键信息技术

构建安全可控的信息技术体系 ··· 087

中美科技战的命门：工业软件 ··· 093

"战疫"后，5G和云计算驱动新基建 ··· 111

新冠肺炎疫情下大数据的机遇与挑战 ··· 129

5G助力数字经济擘画新蓝图 ·· 147

第三篇 产业互联网的道与术

产业互联网的十大判断 …………………………………… 165
工业互联网助力数字化转型 ……………………………… 183
行业基础设施智能化与知识数字化再生产 ……………… 199
新基建下的中国产业链生态变革 ………………………… 216
数字化助力工业企业玩转营销 …………………………… 227
工业互联网在安全生产中的实践与思考 ………………… 239
基于工业互联网的数字孪生助力制造业复工复产 ……… 256

第四篇 产业数字化背景下的金融科技

新基建驱动金融科技高质量发展 ………………………… 273
银行数字化转型——顶层思考，重点突破 ……………… 285
产业互联网背景下的供应链金融与应收账款票据化 …… 300
构建多方参与的"区块链 + 供应链"金融运营模式 …… 315
金融联盟区块链技术及应用实践 ………………………… 319

第一篇
新基建与数字化转型

新基建与数字化转型

杨学山*

近三年以来,数字化转型在经济社会的各个领域、各个企业已经产生了重大影响。新型基础设施建设(新基建)也成为当前热门的话题之一。那么,新基建与数字化转型有什么关系?

一、从案例看新基建和数字化转型

(一)从健康码到信用体系

突如其来的新冠肺炎疫情促成了一个新的创意——健康码,人们可以通过健康码证明自己是否受到新冠病毒的感染或者是否存在携带新冠病毒的风险。

如何实现这一创意呢?首先是确认人,然后确认这个人所进行的活动,人和活动结合后,通过国家掌握的疫情情况判断、确定其所处的风险等级。另外,健康码是基于人口库和手机实名制形成的,人口库和手机实名制都是经过了几十年大量的人力、物力投入

---

* 杨学山,中华人民共和国工业和信息化部原副部长、北京大学兼职教授。

才构建起来的。记录手机主人的行程可以通过移动通信的技术来实现，同时结合个人出行的申报，这样就使得通过健康码来判断新冠病毒感染情况变得可行。

健康码在某种程度上也是一种信用体系，但和原来的信用体系不一样。从社会整体角度来讲，它能够使社会降低交易成本，以顺利运转。它既可以被看作是数字化转型，也可以被看作是社会各个方面都要用到的公共产品，也就是基础设施。

（二）从物流到智能化供应链

在供应链没有实现通过信息化来衔接上下游的时候，它就是物流，物流在相关的企业之间进行流动，这样的流动需要优化。如果从一个企业、一个产业甚至供应链优化的角度来看，仅仅从物质的角度进行优化是不够的，今天从物流到供应链，再到数字化、智能化供应链的过程，正在走从新的产品生产开始，从研发计划的上下游协同，到生产计划，再到物流计划的路径。如此联合在一起，完全按照各方实际需求和生产能力来进行优化，便可构建一个数字化、智能化的供应链。

这样的供应链能够使社会的效率提升，成本下降，所以它既是为具体的企业服务，也是在为具体企业服务的过程中提升企业的效益，如此它便上升为一种社会新型基础设施。

（三）从电力的传输到全局电流优化

接下来用泛在智慧电网的例子说明社会进步与数字化转型、新型基础设施之间的关系。国家电网去年提出，电网要向数字化、智能化的方向发展。这与原来电网的不同之处就是将电力的生产和使用连接起来。这个连接不仅是被动的电流接受和供应的关系，而且是通过新型网络系统，使电网能够真正把控生产侧和使用侧的情况，基于生产侧网和使用侧网互动的优化电流，真正实现高效运转。

不仅是电网，还必须有信息网络。如果只有电网而没有信息网络，那就无法实现从生产侧到使用侧的动态优化调整。于是就需要5G，新基建七个内容里面就有 5G。

在供给侧，不同生产方式生产出的电力的质量是不一样的，有的稳定持续，有的会有间歇，且间歇的原因各不相同。必须根据实际的状态来对生产侧进行调度。

在使用侧，充电桩也是新基建的七个领域之一。如果充电桩和汽车连接在一起充电，这就需要信息网络的支持，因为汽车充电一次的时间比较长，需要让待充电汽车的车主能够通过信息网络知道自己到哪个充电桩去排队所用的时间最短。

离散制造业可以根据生产计划或者电流的工具进行用电调整。不同的使用场景对电的需求是不一样的。比如说手术，在手术过程中一定不能断电；再比如说城市供电，也是一定不能中断。但这并不等于手术用电和城市用电对电力的需求是一样的。

新基建的七个领域包括特高压电网、5G 建设、充电桩、城市城际轨道交通、工业互联网、大数据中心、人工智能，其中大数据中心和人工智能技术，因为实时调度集中了大量的数据，需要计算与分析。这较好地解释了原来在新基建出现之前，泛在智慧电网数字化、智能化的转型和新基建之间的关系。

二、理解基础设施和新基建

（一）基础设施的内涵与外延

基础设施内涵如下：第一，基础设施是社会经济各项活动所需要的，不可或缺的；第二，有了基础设施，经济社会各项活动的进行就更加方便，更加容易，成本更低，效率更高。

基础设施的外延也很简单，老基建主要是七大类，新基建正好也有七个领域，这就是它的外延。老基建里的住宅、写字楼、污水、一般的公共服务项目等在新基建中都不予讨论。

（二）基础设施类型

基础设施大概可以分成四类。

第一类是物质流，即运送物质，如从甲地到乙地。

第二类是能量流，如电网、管道等。

物质流和能量流是工业基础设施的主体部分。

第三类是信息流。让信息流更加高效、更加方便、成本更低，就是信息基础设施。

第四类是物质流、能量流、信息流。三者综合起来成为一个特定的目标来使相关的事物变得高效、便利、低成本，这就是工业和信息基础设施融合形成的新型基础设施。

（三）基础设施的演进

从历史来看，基础设施的发展大体上经历了三个阶段，目前正在走向第四个阶段。

秦始皇提出了"书同文、车同轨"的政策，这是农业社会基础设施形成和发展的基础，于是后来有了驿站、官道，这些都使物质和信息得以传递。在当时的技术条件下，这些设施满足了一个国家管理和商业行为的需要。这是中国最早的农业社会基础设施。

晚清时期，詹天佑修建了铁路和早期公路。这是中国工业基础设施的早期，可以说是2.0阶段。

近年来，发达国家和发展中国家（特别是中国）的基础设施建设在快速推进。工业基础设施的物质流和能量流和原来相比有了极大的提升，而以信息流为代表的信息基础设施则突飞猛进地发展。这是3.0阶段。

当今社会的公共事务所涉及的物质流、能量流、信息流并非独立的，而是需要围绕着一件事情，把不同的东西组合起来，形成整体高效的发展。电网不再是能量从生产侧到使用侧的流动，而是从国家和企业的角度出发进行的优化生产和使用。智能化的供应链不再是简单的物流过程的优化，而是研发、生产、物流衔接起来的优化。

信用体系不仅是提供恰当、及时的信息，还提供类似信用、健康码等信息，使之真正成为每个人可用的服务。这些结合在一起就变成了新型基础设施。

（四）新基建：建设新型社会基础设施

新型社会基础设施是在2.0、3.0的基础上往前发展，把物质流、能量流、信息流围绕着事务进行融合和优化。《"新基建"发展白皮书》中列出新基建的七个领域，但是新型社会基础设施并不只有这七个领域，我们只是处在建设新型社会基础设施开始的阶段、探索的阶段，根据当前的紧迫需要提出了这七个领域，而新基建应该有更恰当的表述。

这是社会的一个重大进步。一个国家基础设施建设的水平和能力是这个国家综合国力的集中体现，是这个国家经济能力和技术能力的集中体现，也是这个国家经济社会是何种形态、朝着哪个新方向走的最显著的标志，所以十分重要。由上文的陈述可以看出它不是简单的叠加，而是融合。

（五）新型基础设施的特点

新型基础设施和原来相比确实有重大的不同。一些基础的不同在于：首先，它是总体的，不是局部的，它不仅是一条信息的处理和单个物质流动的能量，而且是整体层面的，为了一件事情，按需供给。其次，它是在原来的基础上往前发展的，原来的东西都是新型基础设施的重要基础构建，有的需要技术提升，有的需要拓展，但是绝不是要把过去的东西扔掉。再次，它一定是融合的，不是单独的。最后，它是以事务为中心，而不是以技术能力为中心。如果依然是以技术能力为中心，那就仍处于 3.0 阶段的状态。

除此之外，新型基础设施还有一些新的特点。

第一，也是最重要的是，原来的基础设施，公路就是公路，铁路就是铁路，港口就是港口，机场就是机场，电网就是电网，个人、法人、企业等是这些设施的用户或者终端。但新型基础设施不一样，电网生产方和使用方结合起来优化的时候就会发现，原来发电供给侧和使用侧都是这个基础设施的构成部分。这是和原来完全不一样的。

第二，机构的参与，使它们不仅是终端或端点，而且成了新型基础设施的重要源头。原来是事务围绕着基础设施去调度，到了4.0阶段，即新型基础设施建设时期，则变成基础设施围绕着事务来运转。因而要围绕着事务来构建新型基础设施。除此以外，它也和原来一样，还有国家、企业的基础设施需要构建。

第三，新型基础设施和原来的基础设施存在重大的不同。在理论工具、方法、咨询、教育、培训、工程、维护、服务等方面要有标准规范，要有突破、有进展。譬如说这次新基建的七个领域中，有数据中心与人工智能，但是什么样的数据中心与人工智能是新基建的内容，什么样的人工智能是新基建的内容，需要有界定的方式和方法。

上文提到，电网从电流的流动提供到全局优化，在这个过程中所建立的，为这样的事情服务的数据中心和算法就属于基础设施的范畴。为了一个特定企业的、商业化的事务来构建的设施，那就不是基础设施。因为基础设施的含义、内涵就两条，其中第一条是为社会各个方面需求提供服务，而不是一个竞争范畴的内容。

三、加快推动新型基础设施建设

（一）当前基础设施的状态

新型基础设施当前的状态是什么样的？首先，工业的基础设施发展得很快，但是需要填平、补齐、提升之处还有很多。充电桩是新的，但是它还是属于工业基础设施；特高压电网原来就有，需要进一步增加。无论是铁路、公路、码头、港口、机场还是电网，尤其是管道，都还有大量的建设任务，需要继续努力。但这样的建设任务和原来相比，需要增加一些新的内容。就像前文提到的，电网还是电网，但是它必须和泛在物联的信息网络连起来。

不管是铁路还是公路，实际上和原来相比，它的技术能力、性能都在提升。工业基础设施确实还有比较大的缺口，还要发展，但是相比之下，信息基础设施缺口更大一些。

信息基础设施没有十分清晰的定义，但是网络这一部分是比较清晰的，所以5G基建就在新基建中被提了出来。网络的其他方面怎么发展才能满足社会的需要，符合发展的技术方向，这是比较清晰的。其信息和数字资源的存储、管理、处理和分析的能力已经取得了不小的进展，但是模式和路径还需要进一步探索。三流融合支持事务的综合类项目刚刚起步，理论和实践还不够成熟，特别是性质的区分和价值的界定方面还存在很多问题，需要在实践中发现、解决。

在七大领域中，工业互联网、数据中心和人工智能等可能需要在实践的发展中进行更好地区分和界定。

对于机构和以事务为中心的新型基础设施构建总体上还处于探索阶段。

总的来说，工业基础设施和新型基础设施，或者前文提到的3.0的基础设施，我国确实发展得很快，与发达国家的差距在日益缩小，甚至在一部分领域已经比肩或超越了发达国家。

新型基础设施中的数字和处理融合之后，其构建和运行模式仍在探索之中。新型基础设施建设的环境缺口还比较大，这是当前的态势。

（二）工业基础设施的重点

工业基础设施还要继续发展，工业基础设施主要还是填齐、补缺、提升、融合一些东西，所以城际和城市轨道交通就是在补缺、填齐。特高压、充电桩大体上也是这种状态。在新冠肺炎疫情之中或者之后，高速公路、港口、机场的管理能力都属于提升的范畴。工业互联网、无接触的物流则是朝着融合的方向走。所以工业基础设施要将填齐、补缺、提升和融合方向作为重点，继续往前走。

（三）信息基础设施的特点与重点

信息基础设施还没有一个确切的定义，特别是从内涵的角度。但是信息基础设施不仅是网络，网络只是信息基础设施中的一个部分。

前文已经提到人口库。没有人口库，信用体系的建立、健康码的使用都无法实现，这对全社会的影响很大，所以人口库一定是信息基础设施的内容。同时，服务全社会的数据中心和处理能力就包含了分析能力，一旦涉及分析能力，它就和人工智能连接起来了。因为人工智能在泛化，所有使用算法和数据及应用分析的东西，都可被称为人工智能。

但归根结底，信息基础设施必须要有服务全社会的能力，所以这是需要讨论和区分的一个重要标志。

在2.0时代，信息基础设施就是配合工业基础设施的。例如，当时的电话和电报是配合着铁路、公路、电网来发展的。到了工业基础设施发展的近阶段，也就是 3.0 时代，信息网络和"铁公基"、电网成了不可分割的要素。离开信息网络，这些近现代工业基础设施就无法充分地发挥作用。

到融合的新型基础设施时期，信息基础设施在其中就转变成了主导和核心的部分。因为围绕事务，使得事务实现优化，其主导核心作用的一定是信息。

在"抗疫"的过程中，针对许多新的需求，信息基础设施在其中起到了关键的作用。

（四）融合的需求与趋势

为什么要建设新型基础设施？这个需求已经十分清晰，而且满足这种需求的技术条件也已经成熟，这就是融合起来走向新型基础设施的原因，一个是需求，一个是技术，以技术为基础，用需求来拉动，变革就发生了。

农民工专列在非疫情的情况下就是一种物流，是工业基础设施，不管是汽车、铁路还是飞机，都是工业基础设施，是物质流。但复工复产情况下的农民工专列就不一样了。不一样在什么地方呢？它必须保证出发地点的环境是无新冠病毒的，整个运输过程必须在可以监控的状态下进行，且人或运输工具在过程中都不会接触到可能感染病毒的环境。这要靠技术手段来实现，而这个技术手段就是信息流。

健康码是以事务为中心的信息流，但是因为它有了活动的信息，就又和物质流有了关联。

无接触的基建或者生产，就是将能量、物质、信息合在一起来实现模式的改变。

北京在新冠肺炎疫情比较严重的时候,进行了一项创新,就是人们搭乘地铁可以进行预约。通过这样一种系统,对轨道交通中的车辆密度和人流量之间的平衡实现了优化,来满足当时疫情防控的需求,所以它是完整的信息基础设施和工业基础设施合在一起来完成的事务。

以事务为中心融合的趋势,更是在实践中发展出来的需求。这几年来,远程医疗、远程教育、居家养老、智能制造、智慧城市、智能交通等一系列事情都是以事务为中心进行的优化,它们成了今天经济社会发展现实的需求。

(五)建设智能企业的新型基础设施

从微观的角度看,一个企业进行数字化、智能化的时候也需要有支持数字化、智能化发展的基础设施,这个基础设施和原来的两化融合、数字化转型之间存在一定的关系,也有着不同的地方。

(六)建设全局事务的新型基础设施

要建设面向未来、面向实现"现代化中国"的治理能力和治理体系要求的基础设施,以便在好的信用体系支撑下降低社会交易成本。如何建设这样的新型基础设施,是十分重要的课题。它对社会的发展是重要的、具有全局性的,但是原来的基础设施中没有这一项。

它不仅是一个简单的系统、软件、数据,而且是真正像铁路、公路、港口、机场一样坚实的基础设施。

四、企业的数字化转型与新基建

（一）企业数字化转型需要做什么

各种企业这几年都在做数字化转型，在各个地方、各个领域，在不同的水平、范围中，都有很多先进的典型和成熟的经验。但是归结起来，实际上这样的数字化转型就是要在今天的一条条生产线，一个个工艺过程、管理过程、决策过程、服务和协同过程中进行持续地优化。而持续优化的基础是数字化，体现出来就是智能化。简单来说，企业数字化转型就是这样一个过程。

企业数字化转型要解决什么问题？是销售问题、产品设计问题、供应链问题，还是生产工艺问题？因为数字化转型不像原来一样，通过服务扩大市场，通过买一个设备来提升加工能力。进行数字化转型，就是要通过数据来解决问题。

那么，解决这样的问题需要什么样的数据？这样的数据怎么获得？怎么通过得到的数据构建优化的流程？不管是设计、创新，还是其他，都是要经过优化的东西。如果这样的东西变成模型和算法，再与实际过程连接在一起，就构成了一个新的系统、新的工艺、新的装备，这就是数字化转型。

数字化转型，尤其是在各个经济领域里，要做的就是这样的事情。你可以沿着两个台阶走，上层的台阶是讲范围，从具体的产品服务到生产过程，再到管理过程，然后是整体，最后到企业之外的供应链和比供应链更加广阔的生态链，这就是范围。下层的台阶是讲一步一步的深度，从低往高走，从收购到机械，再到自动化，然后是自动化进一步优化，又到数字化甚至无人化，最后产生数字孪生。数字孪生和前面项目的不同就是它可以重复。数字化转型就是在这样两个发展方向上找到结合点，找到需要做的事情，将其变成项目，逐步推进。

一个企业可以做一个项目，也可以做多个项目，甚至暂时先不做。这是因为企业必须具备相应的条件才可以做。这几年来，不少企业就是按照这样的思路与方式实现了企业的提升。

（二）构建智能企业的新型基础设施

同样的企业，从数字化、智能化企业基础设施角度来看，一个企业的生产、服务、设计、管理的事务流和相关的供应链、价值链、创新链都与基础设施相关，因为生产也是一个制造过程，是一个物质的过程，是物质流；是一个能量的过程，是能量流；是一个信息流，因为管理、控制、流程、工艺这些其中都包含信息。把这种过程的优化拓展为一个一个可以重复的程序，支持企业类似或相同的事务的模块，能够使其在执行时变得省时间、高质量、低成本。它和原有的软件、系统之间是数字化转型、两化融合的关系，基础设施和它密切联系，因为同样要软件，同样要系统，但是不同的是，它一定是可以重用的，可以支持当时并行的和以后跨时间的事务。再套用一下基础设施的内涵，它是对企业里当时或者以后的共同事务持续起支持作用的。

一个制造企业的产品制造过程，是根据这个产品的性能指标、技术指标来完成工艺设计的。工艺设计结束后，到指定的生产线上把它生产出来。生产出来以后有一个加工过程，要有人或者自动化来控制。生产过程需要有质量控制，在实现的过程中，每个环节、每个人、每台设备或者生产性的工作过程都有标准化、流程化的精准记录。这件事情和数字化转型中要做的事情是完全一样的。接着，分为三方面来阐述。

第一，通过这个过程，积累了数据和知识。这些数据和知识是显性化的、结构化的、标准化的、体系化的。

第二，对这个企业来说，将原本属于人的，属于技术人员或者操作工人的，属于一个工艺过程、一台机床、一个生产线的，零散的、无系统的数据，转化成组织的经验、组织的知识、组织的能力，是一个极其重要的转化，这个转化没有前面的环节和过程是永远不能实现的。

第三，有了这样的转化以后，就可以通过软件和系统的更新和发展把数据、知识融进去，从而实现迭代、进化。

这样的迭代、进化是经过反复验证的。因为每次生产都有一个新的记录反复对它进行验证、优化，从而形成成熟的方案。这样它就成为一个可重用的企业新型基础设施重要的构成部分。

把一条条生产线、一个个产品与基础设施结合起来，就形成了企业的基础设施。这样的企业基础设施就会成为企业规范化管理的基础，成为企业创新的基础，流程的优化、装备的完善或者新装备设计制造的基础，也变成了这个企业产业链、价值链、创新链延伸的基础。

这样来看，数字化转型、智能化方向和新型基础设施就在此得到了融合。

（三）以项目为抓手，以价值和战略方向为重点

不管是数字化转型，还是建设数字化、智能化的基础设施，企业都应以具体的项目为抓手，以企业自身价值和战略方向为主导，来实现这样的以问题、价值为中心发展的目标。在企业的核心竞争力、可持续发展能力和企业的价值、战略目标层面统一起来。

（四）用企业目标统御新概念、新技术、新模式

如果把这样的统一再延伸一下，放到企业面对的概念和过程中，就可以知道企业面对这样的状态应该怎么办。其实很简单，就是用企业的目标来统御新概念、新技术、新模式。把企业的核心竞争力和可持续发展能力作为这些新概念、新技术、新模式使用与否、怎么用、用不用的标准。在这样一个变革的过程中，企业就掌握了主动权。

产业数字化转型的"战疫"新思考

李 颋*

一、对数字经济的基本认知

在不同的时代，人们对手机的认知有什么不同？在古代，如果人们可以随时随地地与人联系，看到对方，是要被形容为"千里眼""顺风耳"的。因为在古代，还未出现像手机一样的通信工具。到了近代之后，确切地说，是到了 20 世纪 80 年代之后，开始出现了"大哥大"。在"大哥大"之后又出现了功能手机，直到进入 21 世纪，又出现了智能手机。在未来，很可能还会出现柔性显示、曲面屏的，或者虚拟现实、增强现实的各类手机，甚至将来它们可能根本不会被叫作"手机"，而是有一个别的称呼。

其实我们描述的不是手机本身，"手机"这个概念本身并不重要，我们所描述的是想随时随地与人交流的一种需求，以及我们对通信越来越便利、连接越来越顺畅的一种趋势的把握。所以大家可

---

* 李颋，阿里云政策与战略中心总经理、中国电子学会区块链分会委员。

能会在各种场合看到、听到各种各样的新名词、新概念,尤其是在目前这样一个概念爆炸的时代。

从对整个时代的基本认知来看,目前比较公认的是,我们处于一个数字经济的时代,以5G、互联网、大数据、人工智能和区块链为代表的新一代信息技术,在经济增长、社会发展、国家治理、文明进步等方面,正在得到大规模、广范围、深层次的创新应用,这是我们进入数字经济时代的直接表现。

这句话该怎么理解呢?我们需要把它拆解为两个层面。第一个层面,从技术的基础来看,一个快速、高效、低成本的数据计算处理和存储新体系正在被逐步建立,这是非常重要的。可能我们平常不太能留意这一点。但是,正是因为建立了这样快速、高效和低成本的数据处理新体系,数字经济时代的各项活动才能拥有坚实的基础支撑和可行的方法基础。这是数字经济时代的物理基础。如果没有这样的物理基础,那么数字经济时代也不会存在。第二个层面,人类对客观世界的认知和探索正在从物理空间向信息空间极速迈进。人们在现实和虚拟之间、原子和比特之间搭建了可以彼此连接、精准映射、交互反馈、有效控制的通道、枢纽和平台。关于这段话,我们可以简单地表述一下。目前对于虚拟世界的探索,使我们已经具备了在比特时代还原和搭建一个原子世界的能力,并且能够用在虚拟世界当中构建出来的物理世界,去映射、影响以及控制我们真实的物理世界。换言之,把物理世界当中因为各种物理原理阻碍而不能完成的工作,放到虚拟空间、比特世界、数字化时代中去完成。这样一个通道、枢纽和平台也是我们目前进入数字经济时代一个最基本的体现。

我们对数字经济时代的基本认知包括两个方面：一是快速、高效、低成本的数据计算处理和存储新体系；二是我们从物理空间向信息空间迈进的一个认知和探索，并且这样的认知和探索使我们真正能够重构一个可以影响到真实物理世界的虚拟物理世界。这是我们对数字经济时代的两点基本认知。

基于这样一个基本认知来看什么是数字经济，可能涉及一些概念性的问题。当然概念并不重要，下面谈论一下对趋势演进的探索。

1972年，美国哈佛大学成立了信息资源智能研究组，当时并没有谈到数据资源，只提到了信息资源。他们认为信息资源是社会三大基本构件之一，即没有材料，什么也不存在；没有能源，什么也不会发生；没有信息，任何事物都没有意义。

到了20世纪80年代，美国据此涌现出了对信息资源进行研究的热潮，也出版了大量专著，代表人物是著名的企业史学者钱德勒。

到了20世纪90年代，涌现出全球知名的经济学家唐·泰普斯科特（Don Tapscott），实际上他是未来学家，称他为"经济学家"可能把他的能力描述得小了一些。他在1996年就首次提出了"数字经济"的概念，认为数字化的知识和信息具备价值，而不仅仅是在社会构成层次上的一个基本构件。而且在之后的多次预判中，他都走在时代的前沿。最近一次案例是在2014年、2015年，三星电子还如日中天的时候，他就预言了三星的衰败。所以他真正的头衔应该是"未来学家"。

到了今天，我们所理解的数字经济是什么？我们认为数字经济是全社会数字化的知识和信息活动的经济总和。数字化的知识和信息活动是服务于人类经济社会发展而进行的数字的产生、采集、编码、存储、传输、搜索、处理、使用等一切行为，以及支持这些行为的制造服务和集成。

根据20世纪70年代以来对这样一个演进过程的探索可以发现，实际上我们对数字经济认知的不断深化，就是对数字这一认知的不断深化。当前，我们已经可以认为数字是一切可以比特化的事物，已经成了与资本、劳动、土地并列的基本生产要素之一。十九届四中全会报告也提出了要把数据作为可以和资本、劳动、土地相并列的，可以去进行产出的贡献分配的生产要素，这就意味着我们对数字的认知正在不断深化。正是基于对数字本质认知的不断深化，我们才形成了对数字经济概念的一个判断。这是关于数字经济的阐述，我们认为它是全社会数字化知识和信息的经济总和。

二、数字经济的五个方面构成

在了解数字经济概念之后，我们需要做一个相对简要的拆解，来看看数字经济到底是由什么构成的。现在在各种报告和公开的信息中比较常见的数字经济一般包括三个内涵，即数字产业化、产业数字化、数字化治理。抛开数字化治理不论，它暂时还不包括在经济增长、产业产出的范围之内。那到底什么是数字产业化与产业数字化？数字经济到底是怎么构成的呢？

在2016年G20峰会上，习近平总书记提出要大力发展数字经济，之后我们的研究主题就从信息经济变成了数字经济。虽然把"信息"两个字换成了"数字"，但是我们研究的内核并没有变。我们认为这里的信息和数字都是目前比特化构成的事物，是可以和资本、土地、劳动并列的基本关键生产要素。从这个层面来看，我们把数字经济的构成分为五个方面。

第一，我们称之为基础型数字经济。它实际上就代表着数字经济的信息通信技术（ICT）内核，它包含了电子信息制造业、软件和信息服务业、电信运营业和互联网行业。这些最基本的包括在数字经济里的行业构成了整个数字经济的基础。它们的总量虽然未必大，但是它们起到的基础支撑作用、引领带动作用与战略引导作用，却是不容忽视的。如果没有这些基础型产业，我们就谈不到数字经济的其他存在。所以把这些ICT内核统称为基础型的数字经济。而这个基础型的数字经济也就构成了我们所谓的数字产业化里最主要的部分。

第二，在基础型数字经济基础之上，我们又提到了一个新生型数字经济的概念。前文我们所说的无论是电子信息制造业也好，还是软件和信息服务业也好，甚至包括电信运营业和互联网行业，其实在信息技术产业内部，它们都算是相对而言比较传统的产业，虽然说它们在整个国民经济部门里都是比较前沿的，但是在整个ICT产业内部，又显得比较传统。

目前涌现出的像人工智能、大数据、区块链，这些真正比较新的应用领域和新的产品、新的业态、新的模式，被我们称为"新生型数字经济"。基础型数字经济加上新生型数字经济就构成了我们所谓的数字产业化的部分。

第三，在基础型数字经济和新生型数字经济之上，我们又提出了效率型数字经济的概念。如果我们暂时不谈ICT技术作为生产要素的层面，仅仅提到日常工作当中、日常对企业经营管理当中，甚至在我们日常生活当中，都会使用的大量的信息通信技术。而使用这些技术带来了全要素生产率的提高，形成了一个产出规模的增长，这就是我们所谓的"效率型数字经济"。全要素生产率是一个比较简单的概念，它的提高是指我们在使用过程当中，工人的素质和技能的提升，还包括组织结构的优化。

第四，在效率型数字经济之上，我们又提出了融合型数字经济的概念。这就真正谈到了将数字作为一种最基本的关键生产要素，投入到这些非ICT的产业当中。因为这些数字作为生产要素的投入，作为数字资本的存量，而带来了产出增长，我们称之为"融合型数字经济"。这里包括ICT技术和各种传统产业的深度融合应用，包括像智能制造、智慧农业、智慧物流、智慧金融、新零售等，这些凡是在传统产业当中，把数字作为生产要素投入，由这些数字的要素投入而形成资本存量，再由这些资本存量带来的产出规模增长，被我们统称为"融合型数字经济"。

融合型数字经济加上效率型数字经济，就是把数字资本存量带来的产出规模增长与因为使用ICT技术而带来的产出规模增长结合，形成我们平常所谈到的产业数字化。数字产业化实际上讲的就是我们的基础型数字经济加上新生型数字经济，里面包括了传统业态加上新生业态。产业数字化实际上包括了融合型数字经济加上效率型数字经济，既讲了数字资本存量带来的产出规模增长，又引用了使用ICT技术带来的全要素生产率的提高，形成了产出规模增长。这是数字产业化和产业数字化的具体构成。

第五，在四个数字经济之外，还提到了一个概念，就是福利型数字经济，这是由于我们使用信息通信技术大范围推广而带来的一种外部效应。这种外部效应未必都能够直接用国内生产总值（GDP）衡量，但是它所产生的帕累托效应的改进所带来的社会福利的增加又是切切实实存在的。比如说，我们用近乎免费的开源工具和平台来形成我们自己的解决方案；比如说，我们开展一些低成本的网络搜索和知识风险预防；比如说在直播平台分享内容。如果这些内容对大家能起到一些作用，能有一些参考借鉴价值的话，就会形成因为ICT技术普及推广带来的一些外部效应。包括通过各种软件开展比较频繁的在线社交，这都可以被视为是ICT普及推广带来的外部效应，被称为"福利型数字经济"。

福利型数字经济目前还没有被纳入整个数字经济的统计体系中，一般统计体系只统计数字产业化和产业数字化的部分。但是，由于ICT的普及推广而带来的外部福利效益也是确实存在的。

这是关于数字经济的五个方面的构成。

三、数字经济测算方法

了解了数字经济的构成之后，下面简单介绍一下目前关于数字经济的主要测算方法。这需要强调一点，就是我们虽然在各种报告中——国际的也有，国内的也有——能够看到各种关于数字经济的数据测量和关于数据经济规模的计算，但是目前国际和国内都没有形成统一的关于数字经济测算方法的认知，只有几种比较主流的方法。所以数字经济的计算口径在不同的报告和场合中，经常是不一样的。这是我们目前研究当中遇到的一种困扰，也是我们目前正在努力解决的一个问题。目前主要数字经济测算方法渊源最为久远的就是20世纪70年代由美国经济学家布拉特所提出的"布拉特范式",他对信息部门进行了一个简单的分析测算,认为一级信息部门是直接参与市场交易的,二级信息部门是为了满足政府和企业内部信息需求的。这种基于一级、二级信息部门的分级测算方式是目前国际上比较常用的一种测算方式,尤其是在联合国和一些经合组织(OECD)的报告中,经常用"布拉特范式"对数字经济的规模进行一些测量。这样测量最大的问题是什么呢?他们只统计ICT产业本身,规模普遍偏小。在统计数字经济的时候,我们看到在联合国和OECD国际组织的一些报告中,数字经济规模经常都偏小。虽然在后续的研讨中,很多时候也会拓展到ICT的一些应用和融合领域,但是统计的时候,经常只统计ICT本身,这也是导致数字经济规模偏小的原因。

国内目前经常使用的测算方式是什么?中国信息通信研究院在国内首次提出了数字产业化加产业数字化的测算方式,就是将基础型数字经济、新生型数字经济、效率型数字经济和融合型数字经济通过一定的计算方式处理之后,进行加总,得出数字经济的规模。目前这种测算方法被收录进了2018年在阿根廷举办的G20峰会数字测算工具箱,也是目前中国唯一一个被收录进G20峰会数字测算工具箱的案例。虽然这个方法的弊病显而易见——它肯定存在着一些重复计算和一些口径过于宽泛而不好精确计量的部分,但目前我们在国内能够看到的大部分公开报告,包括我们自己写的一些报告当中,也经常会引用这样一个口径。

目前美国也提出了一个新的数字经济测算框架,分为四个部分：不同领域的数字化程度、数字化效果和产出、对于实际 GDP 和生产率等经济指标的综合影响，还有新出现的数字化领域。这个算法仅在美国发布的一些报告当中会看到，应用不是很广。

目前，欧盟提出了数字经济与社会指数（DESI），国际电信联盟也提出了 ICT 发展指数，德国、法国、日本、加拿大、澳大利亚等国家都有自己对数字经济的测算体系和方法。这一方面更加说明数字经济是一个新生事物，大家都很关注，都很想要精准地测量它；另一方面也提醒我们，在阅读这些研究报告、了解这些研究观点、分析这些数据的时候，我们一定要看它背后到底用的是什么测算方法，因为不同的测算方法对观点的影响还是比较大的。但是在我们的报告中，在我们后续的一些观点中，我们进行数据测算采用的基本上都是中国信息通信研究院的这种测算方法。

这是对于数字经济测算方法的简单介绍。

四、数字经济的五个方向

在了解到数字经济基本概念和数字经济基本构成之后，我们来看看关于数字经济的整体判断。这里把它大致分为五个方向。

第一，是我们常提的，也是 1996 年唐·泰普斯科特提出来的"数字化的知识和信息已经成为新的关键生产要素"的观点。随着网络的普及，还有智能终端和传感器的加速应用渗透，和经济增长、社会发展、国家治理相关的各项活动，已经启动全面数字化的进程，源源不断地产生着呈现爆炸式增长的海量数据。作为与资本、劳动力和土地相并列的关键生产要素，数据可以说是蕴含着巨大的价值和潜力。这里我们也引用这样一个数据测算，从2015年6个字节（ZB），到2035年突破1.92万个ZB来看，全球数据总量应该说是呈现出了一个爆炸式增长的态势。资本作为生产要素是可以衡量价值的，土地和劳动力也都是可以衡量价值，并且是可以进行交易的，有专门的资本交易市场，也有专门的劳动力和土地的交易市场。如果说数字现在已经具备了价值，已经作为生产要素了，那么我们首先要做的不是感叹数据量增长的快速和爆炸性，而是要对数字进行正确的确权。它既然是有价值的要素，就是要进行确权的，就应该明确这个要素属于谁。确权之后，我们要对数字进行估值，还要正确地估值。估值之后，我们需要一个比较良性、规范的数据交易市场和数据交易机制。而这些——不管是数据的确权也好，还是数据的估值和交易市场机制也好——都是目前还没有解决的问题，也是我们目前为之努力的方向。这是对于数字经济的第一点判断。

第二，就是平台化、共享化引领经济发展新特征。

平台化针对的是企业方面。企业竞争的重心正在从技术、产品和供应链层级演进到平台化的生态体系。在这样一个竞争层级之下，技术如何、产品如何虽然依旧重要，但是已经没那么重要了。真正重要的是能否通过一些底层的标准和知识产权去掌握一个生态。如果不能，那么企业就要确定自己属于哪个生态，并判断自己所属的这个生态是否有自己的核心竞争力。在中长期竞争中，它能否长盛不衰，这是真正的企业竞争所需要考虑的平台化趋势的问题。

在共享化方面，针对的是整个经济形态。第一，共享企业只是我们目前能够接触到的共享经济的皮毛，只是一些浅层次的经济表象，我们真正想谈的共享经济是什么呢？共享经济直指我们经济学所解决的核心问题。经济学不管哪个流派，所要解决的核心问题都是市场如何平衡，即市场如何出清，我们如何达到供给和需求实时平衡、实时协同的问题。在我们理想中的共享经济条件之下，首先飞速发展的新一代信息科技，尤其是目前低成本、高效、快速的计算体系，为我们实时去计算和匹配供给提供了基础。第二，高频泛在的在线社交，让我们能够随时随地联系上彼此。第三，一个渐趋完善的公开、透明、公正的信用评价体系，能够为我们提供一个基本的社会信用保障。这三点综合起来，就能够为那些没有得到有效配置的资源提供一个成本无限趋近于零的共享平台和渠道，从而能够使供给和需求实现更好的匹配。所以说，共享经济最根本的目的，不是停留在共享出行、共享医疗以及共享知识等方面，它所谈的是如何通过搭建起这样一个高速率的计算平台，营造一个高频泛在的在线社交的生态，以及打造一个客观、公正、透明、公开的信用评价体系，从而实现整个经济供给和需求实时平衡和匹配。这是我们所讲的共享经济未来真正的新特征和本质目标。

第三，从创新角度来讲，全球创新体系正在以开放协同为导向来加快重塑。因为受到技术开源化和组织方式去中心化的影响，目前我们可以看到，创新的成本大幅降低，创新的速率显著加快，这会带来显而易见的成果。一是群体性、链条化的跨领域创新成果屡见不鲜，我们这个时代是一个创新成果大量涌现的时代。二是颠覆性、革命性的创新和迭代式、渐进式的创新并行。这是我们这个时代创新的本质特征之一，也是过往时代当中未曾涌现出来的。这是数字经济时代创新的最典型的特征。

第四，是基础设施层面。中央提出要大力发展各类新型基础设施，从而拉动经济的增长，培养一些新的增长点。这里谈到基础设施，尤其是数字经济的基础设施正在加速迈向数字化、网络化和智能化的方向。我们把它分为两个方向来讲。一是在信息技术基础设施方向，比如说5G、人工智能、物联网、工业互联网等都属于比较新型的信息技术基础设施。在这样新型的信息技术基础设施里，万物互联和人机物共融将成为它们网络架构的基本形态。它们的规划和部署将共同面临着扩域增量、共享协作和智能升级的迫切需求。这是在新型基础设施层面做出的判断。二是传统基础设施层面，水利、交通、市政、能源领域的传统基础设施正在逐步开展和互联网、大数据、人工智能这些新一代信息技术深度融合的研究，并且目前还有一个定义，也是在传统基础设施升级改造的时候经常会被提到的，那就是软件定义。软件定义的概念提出有相当一段时间了，从过去只是简单地谈软件定义本身，延伸到软件定义网络，后面也谈到了软件定义一切、软件定义世界等。软件定义基础设施一点也不夸张，而且将来有可能实现，它会推动我们直接进入一个万物皆可互联、一切皆能编程的新时代，这也是数字经济时代基础设施的整体转变和跃升。

第五，根据刚才讲的四点判断，无论是从生产要素和创新体系，还是从它的经济形态，包括基础设施本身来看，我们实际上都是从供给层面来谈数字经济。第五点判断实际上要从需求层面来谈，那就是数字技能和素养正在推动消费者能力的升级，消费者所具有的对数字化资源的获取、理解、处理和利用能力，将成为影响数字消费增长速率和水平的重要因素，也关系到数字经济整体发展的质量和效益。

五、数字化转型是我国在数字经济时代的主要命题

我们探讨了数字经济的概念,探讨了数字经济的主要构成。产业数字化转型实际上包括了融合型数字经济和效率型数字经济两部分,是我国在数字经济时代的主要命题。为什么这么说呢?我们可以从数据和逻辑两个层面来进行理解。首先是数据层面,虽然各个国家、各个机构都有自己不同的测算方法,但是如果我们把产业数字化加数字产业化作为数字经济核心构成的测量方法,就会看到整个产业数字化转型占数字经济规模的比重近80%,占GDP的比重提升到了接近1/3,数字经济增长的贡献率高达80.4%。虽然这个测算方法未必是唯一科学的方法,但是在这个体系之下,至少我们能够证明产业数字化转型占据了数字经济中很重要的部分。

在逻辑层面,一般谈到数字经济,我们最关心的是增长动力会不会变革,生产体系会不会重构,发展范式会不会迁移,在这方面产业数字化转型能够给我们找到很好的突破口。一方面,它能够引起以数据为核心的生产要素的增长动力变革;另一方面,它也会引起由生产主体、对象、工具、模式和场所构成的这样一个全体系的数字化重构。同时我们经常讲的发展范式,就是我们对事物的发展观、方法论、价值判断和运行机理这些认知框架的理解,都会在产业数字化转型的带动下发生一个整体的范式迁移。

基于这两个判断,我们可以认为产业数字化转型是我们国家在数字经济时代的主要命题。我们认为这其实也应该是全球主要国家在数字经济时代的一个很重要的命题。

六、数字化转型面临的三个关键问题

我们目前认为,产业数字化转型至少面临三个方面的关键问题。

第一,不确定性下降和复杂性上升的经济均衡问题。推动产业数字化转型,肯定要持续采集和形成源源不断的海量信息,使我们能更为直观、清晰、深刻地认知和掌握产业的运转过程和深层机理。其目的是降低不确定性,减少我们仅仅依赖于人工经验判断而造成的误差和不确定性,但是我们也要了解到,减少不确定性固然能够实现对产出数量和质量更为精准的控制和调整,但是同时也会带来复杂性的上升。无人工厂固然很美好,表面上我们看不到很多工人,但是无人工厂的背后却是大量的工程师、大量的程序员在夜以继日地投入和付出,而为了雇用和组织工程师和程序员,我们需要调制新的装置,需要培训工人去学习新的技能,需要购买大量的软硬件,需要配备新的人才,甚至我们需要为之重构我们整个企业和组织的架构。所以说,因为产业数字化转型而带来的不确定性下降,必然要面临复杂性上升,而复杂性上升肯定会带来投入的显著增加,尤其是数字化转型的前期,这种较高的投入和产出比一定会体现得非常明显。所以说要推动产业数字化转型,我们要考虑的第一个问题,就是要怎么解决不确定性下降和复杂性上升的经济均衡问题。所有不考虑经济均衡的产业数字化转型,都是缘木求鱼。

第二,供给碎片化和需求协同化的全局统筹问题还是要以制造业为例。可以看到,在研发设计、生产制造、经营管理三条线上,都有各自不同的技术供给和制度供给。首先看技术供给,在研发设计层面,从二维到三维的转变,从仿真到孪生的演进,以及从单一零部件延伸到整机和全产品的生命周期，整条技术逻辑是通顺的，它会沿着自己的技术路线不断演进。在生产制造层面和经营管理层面也是一样，无论是从过去的获取生产数据到现在的配置生产资源，从协同生产过程到优化生产体系，还是经营管理从过去面向产销供的生产优化，一直到目前开始向云端迁移，都有着各自不同的技术供给以及技术演进路线。在割裂的、分离的数字化演进路线上面，这些技术供给都是成立的。但是我们目前所需的产业数字化转型不是垂直型建设，也不是这种烟囱式的、隔离式的、分裂式的建设，我们需要的是一个全局统筹的协同化建设。这就形成了第一个矛盾，即碎片化的技术供给和协同化的全局统筹需求之间的矛盾。

技术供给方面的矛盾可能相对好解决一些，真正难以解决的是我们在制度供给上的矛盾。无论是一个怎样的企业，只要稍微有一点规模，很多时候就会发现其研发设计、生产制造、经营管理这三个是不同的业务条线，分归不同业务部门和职能部门，甚至有着不同的汇报条线。在统筹考虑产业数字化转型，协同开展数字经济的时候，除了要协同技术之外，更需要协同的是制度、机制、组织架构。这就是我们在制度供给方面，在本身组织架构割裂方面和目前协同化需求之间的矛盾所在。

第三，前瞻性技术大量涌现和现实需求尚待挖掘的市场培育问题。我们可以看到，目前新一代信息技术，尤其像5G、大数据、人工智能、区块链，甚至包括量子计算，确实在关键环节和一些重大领域出现了比较重要的集中突破，也正逐步从理论创新向使用创新延伸，从科学研究向产业应用迈进。这些新的信息技术固然很好，它固然有一些创新应用的路径和形态、模式，但我们也要看到这些已经发展了数十年甚至上百年的传统产业，它在发展过程中涌现过大量的聪明人，也出现过大量的困难和问题。这些困难和问题有的被人解决了，有的还没有被解决。此时我们就要问自己两个问题，这些曾经出现过的问题和困难，是不是一定要用新的信息技术，比如 5G、大数据、人工智能、区块链等去发现和解决？这是我们首先要问自己的一个问题。把这些新的信息技术运用到传统产业中，到底是催生了一些泡沫式的虚假需求，还是带来了一些真正具备实践应用价值和示范推广意义的真实需求。可以说，目前在市场上我们能够看到的很多新一代信息技术所谓的应用和落地，其实都有着大量的泡沫存在。真实的需求不是没有，但是它需要时间的沉淀，需要经过时间的检验，而不仅仅是为了迎合潮流趋势。这些技术是要被应用到那些能够发现问题、解决问题的竞争中，并且要探索与部分应用场景进行结合的立足点和开拓方式。

七、我国产业数字化转型的发展

刚才说的是关于产业数字化转型的关键问题，我们再来简单看看我国产业数字化转型的进展情况。

首先，供给水平加速改善。在技术层面，我们看到核心技术目前发展有明显突破，信电设计水平提升到了三代以上，核心的工业软件、创新能力包括基础软件在内都在进一步增强，工业 App 创新活跃。在设施层面，目前我们已经建成全球规模最大的光纤和 4G 网络，光纤宽带的用户渗透率和 4G 用户数均居全球首位，已经开通了 12.6 万个 5G 基站，互联网协议第 6 版（IPv6）的基础设施也全面就绪。在人工智能开源平台上也是持续完善，算法模型设计、应用场景拓展这些能力在国际上都占据了一席之地，同时具有一定区域和行业影响力的工业互联网平台也超过 70 家。我们所讲的 5G、人工智能开源平台、工业互联网平台，都包含在目前国家所提倡的新基建的概念之中。

其次，融合应用方面持续深化。在消费方面，我们的数字化新业态蓬勃发展，2019 年全国网上零售额超过 10 万亿元，连续多年稳居全球第一。生产方面的数字化水平目前也在稳步提升。企业数字化研发工具的普及率、关键工序数控化率都有了大幅提升。同时万元工业产值综合能耗也持续降低。在跨界创新探索方面，应该说产融结合、产融销一体化等新模式、新业态不断涌现出来。

在配套要素方面，我们可以看到在标准上，工业和金融领域正在加快推动产业数字化的相关研制工作。在安全方面，超过 80% 的企业已经开展了网络和信息安全的相关工作，已联网的制造企业开展信息安全工作的比例高达 90%。在生态方面，社会组织发展迅速，已经快速形成了一批产学研广泛参与、深度协作的社会组织，涌现出大量的国内外技术产业交流合作平台。

在产业数字化转型方面，一般认为工业互联网是推进产业数字化转型的一个主要突破口，因为产业数字化主要目标，可以被分为优化存量、做大增量和融通发展。在优化存量方面，实际上就是通过数字技术的广泛深入融合应用，降低企业人员投入和综合运营成本，从而优化资源配置。在做大增量方面，实际上是通过跨越设备、系统、厂区、地域的互联互通，实现生产服务体系的智能化升级、产业链延伸和价值链拓展。在融通发展方面，实际上是依托信息网络平台，实现各类要素资源跨行业、跨地域、跨时空的快速汇聚和高速共享，从而推动先进制造业与现代服务业的深度融合，促进三大产业、大中小企业融通发展，培育形成新的增长点。这样无论是优化存量、做大增量，还是融通发展，既是产业数字化转型的目标，同时也是工业互联网主要优势的体现。

八、数字技术在新冠肺炎疫情中的应用

此次新冠肺炎疫情是一次对世界的前所未有的猛烈冲击，不仅涉及我国，还涉及全球多个国家和地区，来势非常猛烈，影响也非常广泛。当然我们也能够在这种危机之下看到，在疫情防控中，已经出现了一批比较好的、比较新的数字技术应用。当然这些肯定对应着相应的数字需求，在此次疫情防控中，最主要的需求是什么呢？一是对充分有效的信息和资源共享的需求，二是对及时、精准的物资匹配和管理的需求，三是对智能高效技术和工具的支撑需求。

从数字技术方面，我们目前大概能看到以下几个方面的应用。一是用大数据来构建疫情动态监控系统，实时呈现疫情动态，预测疫情发展趋势。二是基于人工智能的体温检测和追踪系统，进行实时体温检测，对疑似和潜在疑似感染病毒的人员进行活动轨迹的追溯。三是在线物资的对接和设备管理平台，使得物资供应对接和调度管理更为透明、准确和高效。四是远程智能医疗系统，之前美国在抗击埃博拉疫情的时候就曾广泛使用远程医疗机器人和远程医疗系统，重点面向三四线城市和偏远地区提供网络会诊平台，丰富基层医疗资源配给。五是免费开放算法、算力资源，向各科研机构提

供支持，助力药物和疫苗的研发。六是用智能机器人解决人员安全防护问题和容易疲劳的难题，替代人员提供医疗看护、物资配送和科普宣传等服务，这些数字技术和应用都切实在此次疫情防控当中得到了一些具体的场景应用体现。虽然只是一些初步的应用，而且很多应用还不完善，但是也展现出了目前整个数字产业化的基础对于疫情防控的良好支撑作用。

九、产业数字化转型加速的主要体现与判断

在产业数字化转型方面，我们应该能看到，产业数字化是一个长期、整体的趋势，新冠肺炎疫情只是作为一个外来的冲击因素，而加速了产业数字化的转型。这样的加速主要体现在以下几个方向。

第一，实现平台级资源整合和信息共享，提升了疫情中的应急处置效率。

第二，基于高速泛在连接的网络，实现了实时供应链协同，快速发现并匹配一些关键物资。

第三，开展远程可视化的云会议、云管理、云调度、云运维，解决了人员复工的密接难题。

第四，基于数据驱动对于生产决策的一些智能化提升。推动精准营销和精准管理，从而缩短了因为目前新冠肺炎疫情带来的市场疲软期，带来了需求波动以及原材料价格的波动，从而降低疲软期的波动转变风险。

第五，挖掘数据附加值。虽然在产业数字化转型中沉淀的数据

有着更多的附加值，但是目前能够体现出来的数据附加值更多的还是体现在现代服务方面，也就是供应链金融方面。通过挖潜数据，可以体现出企业真实的开工情况和企业真实的资产运营情况，拓宽尤其是中小企业的融资渠道，从而在不同程度上缓解疫情造成的资金压力。

这几个方面都是目前我们能够看到的疫情加速产业数字化转型的主要方向。就这些方向来看，我们也有这样几点判断。

第一，如果说我们觉得新冠肺炎疫情是"黑天鹅"的话，数字化转型就是我们整个社会面临的"灰犀牛"。虽然在这次疫情中，很多企业，尤其是中小企业都遭遇了重大危机，但是这个危机其实一直存在，只是因为这次疫情突然地出现，而起了一个加速冲击的作用，但是产业数字化转型作为一个趋势，它其实一直都是作为我们面临的趋势和态势的存在。

第二，理解这些新的名词真的不重要，什么是高速泛在连接、远程可视化、数据驱动的决策智能化，真的不重要，我们要把握自己真实的需求才是最重要的。迎合这些 5G、大数据、人工智能、互联网前沿技术潮流也不是我们的目的，实行数字化转型能够解决我们目前面临的实际效率低下、人工不足甚至资金压力巨大的实际问题，这才是我们真正的目的。

第三，我们所说的这些产业数字化转型的方向，其实施前提一定是我们有了坚实的网络，沉淀了充足的数据，开展了高效的机制，推出了一些创新的应用，才有了我们产业数字化转型的各个具体方向和功效。但是反过来，这是不成立的，并不是说我们要先去规划好产业数字化转型的方向，再去找网络、数据的支持，这会让我们陷入不接地气的情况。可能顶层规划做得高大上，比较高瞻远瞩，而最终会发现缺少网络的支持，缺少数据的沉淀，没有对应的一些优良机制，也没有很好地应用创新，这样的产业数字化转型是推进不下去的。要推进数字化转型一定要打好基础，扎实推进，并非先找一个长远、高大上的方向，再找对应的基础，这样就本末倒置了。同时，我们不赞成对产业数字化转型搞"一刀切"或"大锅煮"，因为毕竟企业发展阶段是有差别的，信息化的积累更是有差别的，区域的经济情况差异性会更大，不能说因为产业数字化转型是我们数字经济时代的主要命题，我们就把它作为一个筐，什么东西都往里面装，觉得产业数字化转型能够解决一切问题，这是不切实际的。还是那句话，理解名词不重要，把握需求才重要，迎合技术潮流也不是我们的目的，解决实际问题才是我们的目的。

十、产业数字化转型中面临的瓶颈

当然，在此次疫情中，虽然一些数字技术落地应用确实取得了一定的成果，也明确了疫情加速产业数字化转型的方向，但是我们应该看到，疫情更加凸显出了我们产业数字化转型面临的瓶颈制约，主要包括以下四个方面。

第一，核心技术短板仍然存在。这点在十五年前、十年前甚至现在都是存在的，虽然部分问题得到了改善，但是一些核心关键问题依然比较突出，"缺芯少魂"的问题依然存在，我们的产业尚未做到完全自主可控，很多产业数字化转型领域的关键技术和关键标准，大部分还是由外商、国际厂商来把持、垄断的，我们核心技术短板问题仍然突出。

第二，还没有充分地发挥数据要素价值。不管是从政府到企业，还是从中央到地方到大中小企业，再到第二、第三产业，都还没有完全树立起来这种数据思维。虽然说数据已经成为一个关键的生产要素，但是像之前提到的数据如何确权，如何估值，如何保障它的顺畅交易，如何设计它的交易机制，如何打造它的交易市场，这些问题既没有总体顶层设计，也缺少具体实施手段。对于数据资源管理能力还不强，应用数据水平还不高，特别是那些真正高价值的数据转换能力尚且不足，目前对于数据转化，常见的就是用来做征信服务，实际上数据能做的可远远不止于贷款凭证，它能够开发的附加值还是很多的。

第三，国内各产业、各区域之间的产业数字化差距较大，产业层面目前表现出来"3＞2""2＞1"的显著特征。服务业数字化转型比工业的数字化转型要强，工业数字化转型要明显比农业数字化转型要强。我们认为这个差距在短期内难以缩短。

刚才讲到各个区域的差距比较大，此次新冠肺炎疫情实际上是对各个地区的政府数字化掌握能力的一次大考。应该说，这些地区在此次新冠肺炎疫情中基本能够做到心中有数，对于数字化技术和能力的掌握、应用还是不错的，并且交出了不错的答卷。但是一些产业数字化水平比较低的地区，在疑似感染病毒人员的活动轨迹追溯、情况排查和隔离决策方面，确实展现出缺少足够技术支撑的一些瓶颈制约问题。而且本身对数据运用能力掌握得并不好，这是区域差距的部分表现。

第四，产业融合发展的基础和应用能力依然不足，企业数字化基础还比较薄弱，大量企业自动化、信息化积累仍然不够，数字基础和人才储备也不足。国内目前常见的数字化应用仍然是以中低端的生产优化类和管理优化类为主，不能完全满足我们的产业数字化转型的需要。

十一、四个方面的建议

第一，建议高度重视数据和智能，要学会从比特化的角度重新构建和描绘我们的供给和需求，但是也要认清楚，不能结合业务逻辑、不能建立模型的数据就是无用的数据。大数据不是越大越好，海量数据不是越多越好，能够结合业务逻辑去建立模型的数据才是有用的数据。同时我们也要理解，数据是基本生产要素，智能是我们的核心竞争力，智能不是凭空而生的，智能是要通过数据的定义、分类、交互形成的，尤其是复杂的智能，它是需要时间和案例的海量积累才能形成的。

第二，我们组织变革不能滞后于技术变革。新技术未必能立竿见影地带来效率提升和成本下降，优化组织架构和改善业务流程有着加速器和催化器的作用，我们对新技术的期望值越高、投入越大，就越要反复审视是否做好了经营管理方面的充足准备，即组织变革一定要在技术变革之后就能完成，或者和技术变革同步完成。

第三，一定要以应用场景为根本牵引，大量的新业态、新模式其实并非为我们目前的行动所准备的，那些曾经难以解决的问题，以及受过去条件限制不能大量涌现的需求，才是我们这些新技术和新事物的真正用武之地。我们开发新业务，一定要注意到场景层面，让这些可以盈利的场景形成规模化，才能促进新的产业。

第四，这种开放式的竞争合作将更为常见，不仅合作需要开放，竞争也要开放。我们在合作方面，要勇于和善于拿出自己的资源，将对的事交给对的人，形成优势互补。比如数据资源挖掘，如果我们自己不具备数据资源挖掘和数据附加值开拓的能力，不妨把数据拿出来交给信得过的第三方供应商，让他们给我们开发数据和挖掘数据的附加值。而开放式的竞争是什么呢？不要执着于技术、产品和成本层面进行零和博弈，而是要通过我们所在的平台和我们所处的生态去进行价值释放，这样的竞争才是一种双赢式的竞争。我们说未来数字经济时代的竞争一定不是零和博弈的竞争，一定是有着共赢的价值释放的竞争。

传统制造企业数字化转型增长模式的实践分享

郭英海[*]

一、传统制造行业市场面临相关的挑战

第一,设备市场趋于饱和,增长比较缓慢。

第二,为了保证客户的满意度,各大企业在客户和服务领域投入了更大的成本。当客户有问题的时候,很多企业包括市场部门、售后服务部门、工艺部门、技术部门,都可能到现场去。这样就会产生大量的售后服务成本。

第三,设备生产过量后,设备厂商面临巨大的存量商品市场,怎么挖掘老客户的二次商机,赚取老客户的二次性利润,这是厂商面临的一个挑战。同时,很多售后服务部门从传统意义上来说都是一个成本部门,把一个成本部门转化为一个利润部门是很多企业的期待。

---

[*] 郭英海,树根互联公司(三一重工孵化的国内最大工业互联网平台)云服务事业部总监。

所以，我们基于以上问题提出了服务运营数字化，那么服务运营数字化将给厂商带来哪些好处呢？对于厂商来说，它可以降低售后服务成本，同时帮助厂商在售后服务过程中挖掘二次商机。对于购买设备的客户，厂商可以辅助其去做运营，也就是说通过运营帮助客户降本、增收。

二、服务运营数字化面临的问题

服务运营数字化的过程中会面临诸多问题，其中，最主要的问题可以总结为以下几点。

第一，对于手中拥有的大量客户数据，应该怎么去分析？这些客户的设备数据怎么变现？

第二，如何实现服务运营平台化？客户的诉求可能不仅局限于设备维修，还包括产线运营的问题，甚至包括产业链的问题。这些问题不是一个厂商能够解决的，这时候就需要一个平台，组织多方合作来完成，一起来做客户服务运营的工作。所以说，服务运营平台化是服务运营数字化的一个终极目标。

第三，服务过程中怎么降低成本？下面将对这一问题进行具体阐述。

三、服务成本相关问题及数字化解决方案

售后服务成本高的原因可以总结为以下四点。

一是客户对故障原因描述不清，事先无法准确地定位问题。问

题有时候可能涉及客户企业内部的多个部门，包括售后服务部门、工艺部门、技术部门。当客户出现问题的时候，如果你没有办法厘清问题，那三个部门都有可能要分别派一些人去现场定位问题，确定了问题，再回来商量怎么解决。如果客户需要一些零件，你手头上没有，还要先去帮助客户采购，然后再上门维修。这种情况下，往返会增加成本。

二是设备的历史状况不清，会导致现场工程师排查问题花费大量的时间。

三是售后服务工程师流动性比较大，技术能力可能参差不齐。因为售后服务工程师的工资并不高，而且是按单计算的，所以如果工单不多，他们有的时候就没有太大意愿继续工作。

四是没有对工单进行分类管理，也就是说不管客户提出什么需求，都要上门服务，这就回到第一个问题，需要多次往返的问题。

针对上面售后服务成本相关的问题，我想提出几点数字化解决方案。

第一，针对客户故障描述不清的问题，可以通过物联网（IoT），即设备物联的方式，把工况信息抓取出来，然后及时定位客户发生的问题，减少往返的成本，提升一次性维修率。

第二，针对设备的历史状况不清的问题，可以建立设备的健康档案，这样所有的历史维修信息，包括换件信息、报表信息、工程师过往维修信息等，都可以随时调阅。及时了解维修相关的历史便可以减少维修时间。

第三，针对售后工程师流动性比较大的问题，对策就是建立一个设备相关的知识库，无论是工程师人员，还是客服人员或是客户，都可以在里面依照设备的标准寻求解决方案,以及维修、保养、操作等方面的指导,全面提升工程师的维修技能,减少维修时间。

第四,针对工单没有分类的问题,给出的解决方案也是基于以上三点。通过 IoT 可以获取相关设备的工况错误数据。根据设备健康档案的数据了解它的历史维修情况,通过知识库寻找相应的解决方案之后,工程师就可以定位这个问题到底是可以远程解决,还是需要去现场解决。对于工艺的问题、系统升级的问题,都可以通过远程的方式控制客户设备来做相应的维修;对于换件这样的需求,商家可以把配件直接邮寄给客户,客户就可以自行更换。这种方式可以使 40% 左右的订单不再需要上门服务,以此降低售后服务的运营成本。

上述方案具体在流程当中是如何进行降本的?将设备产生的故障直接上传到云平台上,云平台会针对相应的故障情况做一个预制的工单,根据规则进行自动分配。当任务分配到工程师手中时,工程师要做三件事,一是要打开 App 看一下当下出现问题的设备发布了哪些问题公告信息;二是查看这个设备的维修历史,过去出现过哪些问题,换过哪些件,这次出现的和上次出现的是否是同一个问题;三是在能够定位问题的情况下,查找这个设备的相关解决方案。有了这三点对工程师的赋能之后,工程师就可以对工单做一个基本判断。可以远程解决的问题包括工艺调优、故障诊断、客户自己换件、远程程序升级等。这种情况下,直接与客户进行沟通,直接帮助他们在远程进行调试就可以了。如果确定需要上门,工程师就要上门做相应的服务,直到把客户设备问题解决完毕。这就是 IoT 远程运维的业务框架。通过一次性定位、一次性维修提升客户的满意度，同时降低维修成本。

介绍一个高空车的案例。通过监控高空车工况相关信息的实时变化，在发生问题的时候系统会自动进行报警。自动报警会根据客户订单分配规则产生相应的工单，工单会被自动分配给工程师。工程师拿到工单之后，系统会自动给工程师进行赋能，工程师需要了解的信息，比如设备相应的工况信息、历史档案、维修知识库等，都会自动推送给工程师。根据这种赋能，工程师就可以判断要不要上门服务，是否需要去现场解决问题。

通过这个问题的解决流程，我们可以看一下对于客户来说有哪些益处。

第一，客户一次性定位问题的准确率从 40% 提升到了 70%。

第二，平均维修时长从 6 小时降到了 4 小时。

第三，月差旅成本从 35 万元降到了 20 万元。

第四，原来业务设备的主管管理幅度是一个人管理 50 台设备，而通过 IoT 在线管理设备实时监控的方式，可以提升到一个人管理 200 台设备，管理效能提升了 400%。客户满意度从 70% 提升到了 90%。为什么能提升这么多呢？就是因为不需要到现场便可先定位问题，回来再找原因，然后再去客户那里维修，大大提升了解决问题的效率，帮助客户更好地运营设备并获得收益。

四、服务创收

越来越多的企业关注的是客户的满意度，但这并不是一个终极目标。促进老客户的二次购买才是追求客户满意度的最终目标。

通过客户的二次购买，创造更多的服务利润，从而使服务部门从一个传统的成本部门向利润部门转型，这是很多企业所追求的目标。

这里有一个公式，就是服务利润等于好的客户加靠谱的商机。下面重点讨论这个公式。

首先说什么是好的客户，好的客户应该具备哪些条件？比如作为一个好客户，它应该有多少台设备？每年给付多少与售后服务相关的费用？它的下单数量有多少？每年付款有多少？欠款有多少？信用等级是什么样的？根据这些指标，可以进一步对客户做分级、分类的管理。

怎么做分类、分级管理呢？主要是依据相关设备的历史档案，比如客户的设备数量、设备分布的区域、维修率等信息。通过客户的交易，可以知道客户一年有多少个订单，是不是有相关的欠款，历史上对于这个客户做了多少折扣，客户有多少咨询，有多少派工。客户服务信息越多，代表它们对厂商的依赖性也越强。

此外，客户的维保信息和客户设备维保的覆盖率也十分重要。如果客户一年买了 100 台设备，只有 50 台设备做了相应的维保或者售后服务保险，在这种情况下，剩下的 50 台就是我们的商机。

把这些数据收集起来，就可以形成客户的基本档案信息。根据档案信息，可以把好客户通过分级、分类的方式筛选出来，进行重点跟踪。有了好客户之后，对好客户相关的一些商机也要做一个分类的管理。

比如常用的配件商机，它有可能是客户进行报备的，也有可能是通过每次服务的周期推算出来的。未来更多的是通过 IoT 进行实时在线的预测，通过大数据预测的方式，把下一次做配件的商机预测出来。

还有保修商机和保养商机，保养商机属于预维修的商机，包括设备损害之后紧急维修的商机，也包括付费培训的商机。对一些高附加值的设备，客户愿意付出一定的代价，让厂商给它们的维修团队、操作团队做一个赋能，令其提升对设备的操作规范性；对于旧型设备，客户也愿意投入一定的成本，去做整体的升级，更好地提升运营效率。这里面都蕴藏着商机。

同时，在拜访客户的过程中，也会产生相关的一些商机。比如拜访客户时，可以了解客户现在有多少台设备，采购的竞品设备有哪些，竞品设备当中有没有过保的，有没有要被淘汰的。如果有要被淘汰的设备，客户就可能有买整机的需求。在这种情况下，可以把这些商机同步到销售部门，使销售部门能够进行汇总和跟踪。把所有分类筛选出的商机在商机池里进行汇总，并且评定优先级，按照优先级分配到服务销售手中，可以进行销售跟踪管理，直到成单。通过规范化的管理，可以提升售后服务相关的利润。

这是存量商机市场维保的管理案例，也是一个维保商机到期的提醒案例。如果某个设备的维保还有 4 天就到期了，要通知哪些人，分配给哪些人进行跟踪，跟踪的结果是怎样的，即到最后是成单了，还是客户并没有购买意向，这些在线上都能得知。

除此之外，还要进行客户设备运营的管理。为什么要做客户设备运营的管理呢？很多厂商原来在市场上并没有相对竞争力，主要的问题在于你只把设备卖给客户了，至于客户怎么用，用得好不好，你并不知道。但是客户拿设备是要赚钱的，他们在运营过程中要如何用好设备,如何做到更节能、高效,这是客户购买设备之后,更想要知道的一些知识。

那么怎么辅助客户进行运营呢?主要关注两个方面:一是设备的能耗监控,二是设备的工艺监控。

设备的能耗监控就是对客户使用设备的生产过程进行监控,通过这个监控可以综合评估客户设备的能耗水平。在能耗高于设备能力的时候,系统会自动报警,这时候就要查找原因,到底是工人操作失误,还是设备出现问题。如果是工人操作失误,代表工人需要一个整体操作培训,以保证设备的正常运营。

设备的工艺监控就是要监控客户的运营水平。通过工艺监控,可以对客户设备工艺的参数进行优化,包括帮助客户降低能耗,帮助客户减少原材料的损耗,提升成品的质量。这是用户设备、用户运营所能达到的最基本的目标。

五、数字化的服务运营平台

讨论数字化的服务运营平台的背景,是在进行数字化运营的时候,客户对平台产生相应的信任。同时,客户对于服务的诉求可能不仅仅局限于设备相关的运营,它可能会提出关于生产线运营提升的一些要求,甚至是与产业链相关的,包括从物料采购到生产线运营,再到销售的全方位诉求。对于一般的设备厂商来说,光凭自身的力量是没有办法满足客户所有诉求的。在这种情况下,就要有第三方合作伙伴。

在与第三方合作伙伴一起为客户服务的情况下,如何约束客户和合作伙伴，让合作伙伴遵守信用，提供客户需要的相关产品或服务就是必须考虑的问题。如何让客户信任第三方合作伙伴呢？这就需要建立一整套公平的交易机制。这时候平台价值就体现出来了。

（一）服务运营平台的目标

基于以上背景，讨论服务运营平台的目标，核心就是数据资产，要在这个平台上提供更多对客户有益的增值服务。客户的诉求可能多种多样，包括设备运营的需求、产线运营的需求、产业链从产到销的需求等，这些都是客户核心的相关需求。

对于客户来说，他们对"多快好省"的需求是永无止境的。

"多"是希望能有更多的选择。

"快"是希望能够有更快的服务。

"好"是希望平台提供更好品质的产品和服务。

"省"是希望能更加省钱。

如何能满足上述需求呢？这就是平台化的目标。

第一，建立相关的数据资产，这个数据资产就是在之前服务运营数字化过程中所收集到的所有相关设备数据。利用这个设备数据的资产化，可以为未来平台各方的用户使用数据提供相应的支撑点。

第二，需要建立一套平台的公平交易和信用规则。因为原来都是单点进行服务的，比如厂商对客户。但在未来，会通过平台这种途径，使客户直接面对平台，平台再面对厂商或者供应商，形成一个网状的结构。这样一来，平台可以整合更多的客户服务资源，使客户有更多的选择。客户下单的时候，他们会直接把订单和款项交付给平台,平台根据大数据分析,就近、及时地响应客户的诉求,实现平台调度最优化。同时根据客户的距离进行调度,也能够实现资源调度成本最低化。

第三,对于平台接口来说,有了这么多数据,怎么去响应客户的一些需求?怎么做相应的运营和变现?平台会提供第三方的接口,以满足不同用户对设备的监控、服务、保险需求以及第三方业务应用开发的数据需求,实现数据资产的变现。

对于平台来说,除以上基本服务之外,为了满足客户日益增长的需求,还会不断挖掘客户的痛点,吸引第三方合作伙伴的加盟,开发从产到销,包括客户设备租赁、融资贷款、保险服务、客户相关团队的培训等项目。平台有了大量的客户之后,怎么进行宣传,这些都是这种平台能做的增值业务。

(二)服务运营平台上的用户价值

以下列举几个简单的案例来阐述平台各方在平台上的利益点。

对于设备服务商来讲,平台可以整合全区域的资源,比如独家代理区域设备维修和保养。这个平台可能是属于自己的企业,也可能是属于第三方的。第三方企业可以提供更多的订单资源。因为客户的设备数据多,一旦客户的设备出现问题,就会自动派单,直接提供给第三方,由第三方直接上门服务。所以对于设备服务商来说,它占有更多的资源。

对于服务工程师来说,平台会提供更多的服务订单,而原来的服务工程师都是按单来赚取相关的收入。平台上还设有工程师的服务好评度,平台根据好评度决定是否分配给该工程师更多的服务订单。同时服务工程师可以在平台上学习更多设备的维修知识、新设备的保养知识等，从而提升个人技能。

对于配件供应商来说，平台以海量设备数据为依托，可以提供更大的二手件市场。客户会有更多的配件供应商为其供货，他们会有更多选择。哪个供应商服务得好，质量好，在平台上就销售得好。

对于政府单位来说，平台有的时候会为政府提供一些相关的监管数据或宏观数据。

对于保险金融服务商来说，平台提供设备的运营数据，可以防止出现设备用户骗补、骗保的行为，这在之前是很常见的。同时，用户也可以在平台上做一些金融和贷款相关的业务。

对于设备用户来说，平台可以提供各种各样的设备资源和维保资源，用户可以找到所需的与采购相关的服务。

对于流量供应商来说，可以用户量为基础，去吸引合作资源加入相关的平台，比如平台的广告。假设平台有100万台设备，每台设备可能每年要换两个到三个关键零部件，每个配件相关的费用从几十元到几百元，甚至上千元不等。一年配件费用量级就能够达到几千亿元。有了这种需求之后，就可以去和配件厂商谈，要求他们提供正品、质量好的配件，但是价格一定要便宜，量要大。把这些正品配件拿到平台上为客户提供服务，让客户得到实惠，配件厂商也能够得到大量的与客户相关的需求和数据。

对于广告厂商来说，平台有三四十万用户，包括服务工程师、设备厂商，他们想通过相应平台去做广告推广、配件推广或者设备的推广，可以在平台上买一些广告位，通过广告位的形式实现平台的变现。

（三）数字化服务运营平台的业务架构

首先要通过 IoT 数据收集的方式，把自有相关的设备或者第三方设备数据，加装的相关传感器数据，以及售后服务相关的服务过程数据，都收集到行业服务的运营数据平台上来。收集完数据之后，就可以对各方提供相应的接口。

对第三方系统集成工具来说，可以对政府、监管部门提供相应的生产和服务数据。设备电商平台会提供配件需求相关的数据，把数据推送给他们。成单之后，再考虑一下如何分成。

对于业务中心来说，根据设备相关运行的数据，可以对设备全生命周期进行监控，出现问题的时候，可以对售后服务进行一些相关的管理。

对于开发中心来说，应用程序编程接口（API）也可以支持平台的开发者中心，各方的开发团队或业务团队可以在上面开发自己所需的应用。自己开发的应用，如果自己用得好，也可以放到应用商店上，供其他合作伙伴去应用；也可以以标价的形式，卖给自己的生态伙伴。同时平台大数据中心可以对设备的维保和服务进行整体的预测，这些预测会在运营大屏中心上显现出来。

（四）服务运营平台提供的服务

这是一个提供设备健康档案的平台，这里有设备基本数据以及客户的数据，包括客户的设备有哪些相关的配件，历史上下了多少工单，更换了哪些配件等，还包括设备维修、维保以及设备过往结算的一些相关信息。同时，通过 IoT 的信息，可以确定这个设备在什么位置，它目前是什么情况，能耗是否正常，开机率怎么样。根据开机率可以推算这个设备是活跃设备还是闲散设备。

平台会提供相关设备分布的概览地图。通过设备分布概览，可以动态分配服务资源，包括人力资源、配件资源、生态合作伙伴资源等。同时，无论是线上商城，还是线下门店，都可以根据设备分布的情况去做相关的打通，实现线上下单，线下就近配送、就近服务这种场景。

这个平台是一个中心型的结构，和原来的线性结构不一样。客户在订单中心下订单，同时把费用交付给平台。平台根据客户的相关诉求，把订单就近协同给适合它的供应商。供应商接单之后，会选择一个服务中心为客户提供相应的服务。服务中心对客户提供服务之后，平台会做一个自动相关的决策。同时，如果过程中出现任何问题，平台客服中心会根据相应的规则处理供需双方的矛盾，保证平台交易的公平性。

平台企业商城支持平台的各种业务合作，厂商可以在平台上开设自己的店铺。用户可以通过手机端的应用浏览各个店铺的全线产品，一键咨询，一键下单。因为平台上的客户都是有真正需求的相关客户，一旦产品符合客户的要求，商机转化是非常快的。

对于个人来说，包括合作伙伴和客户，都可以在这个平台上创建自己的产品圈或者企业圈。除此之外，平台上的个人和企业都可以在上面查询并学习相关的行业技能；维修工程师可以在上面找相关的工作，加入相关的团队；企业可以在上面招揽相关的人才。同时，如果企业中有一些工程项目想外包出去，也可以直接外包给相关的平台，平台可以帮助它找到相应的工程商，满足其相应的需求。这样就形成了一个完整的行业生态圈。

设备商要在平台租赁设备，可以采用融资租赁的方式，或者以租代售的方式去出售自己的产品，并由平台做担保。客户也可以拿出自己的闲散设备，到平台上出租，通过 IoT 远程监控和控制设备的租赁，并保证能够按期进行结算。对于厂商来说，这种以旧换新的模式，可以互换二手设备的销售渠道，也可以拓宽一手设备的销售途径。同时，客户也可以快速处理自己手中的相关设备。

关于这种平台的金融服务，这里简单做一个列举。一是平台设备的保险服务，这是自有平台的；二是平台用户在急需用钱的情况下，可以根据自己的信用做相应额度的贷款；三是设备数据提供给第三方，由第三方使用数据进行变现；四是设备租赁的担保，包括设备采购的贷款。对此，平台都可以提供相应的金融服务。

同时，除了自有的金融服务之外，平台也会提供第三方金融型产品，引入第三方。客户在金融平台上可以有更多的融资、贷款、保险相关的选择，可以充分进行横向对比，找到最适合自己的金融产品。

最后可以通过运营大屏，对运营状况进行整体的监控，例如一天产生多少工单，同类型设备故障的统计和排名；每天新增多少客户，每天平台新增多少设备营收的情况，设备的分布、客户的分布；什么是重要型客户，客户的贡献统计；设备相关的统计……这些都可以通过运营平台实时进行监控和跟踪管理。

这些就是数字化服务运营方案的内容，通过服务化、数字化运营帮助客户做数字服务化相关的转型，通过服务的转型提升市场竞争力，帮助客户盈利。客户成功，企业才能成功，客户赚到钱，企业才能赚钱，这是未来市场的一个趋势。

数字政府和国家治理现代化

周文彰[*]

国家治理现代化是十八届三中全会以来,中央一直在持续推进的一个重大的战略性工程。十九届四中全会又把国家治理现代化提上了重要的议事日程。国家治理现代化包括两个方面:一是国家治理体系的现代化,二是国家治理能力的现代化。国家治理现代化的目的,就是要让国家治理体系和治理能力来适应现代化建设和发展的需要,使国家的治理体系能够制度化、民主化、法制化、科学化、高效率,使各级党委政府、每个领导干部都能够运用这套治理体系来治理国家,从而把制度优势转化为治理效能。显而易见,国家治理现代化是一个系统工程,需要全方位的努力。但是毫无疑问,加快数字政府建设是推进国家治理现代化的一项重大举措。

---

[*] 周文彰,国家行政学院原副院长,海南省委原常委、宣传部部长。

一、数字政府的特点

（一）数字政府是信息化政府

信息化政府就是把现代信息技术运用在各个领域，包括经济、社会、环境、生活领域，广泛地获取信息，科学地处理信息，充分地利用信息，并将其数字化，优化政府治理，从而形成的一种崭新的治理模式。就是用数据对话，用数据决策，用数据服务，用数据创新，从而全面提升政府的履职能力，这里的关键是数字化。因为信息是一直都有的，比如图像、文字、声音，要把它数字化，那就要通过当代的信息技术，把它转变为一系列的二进制代码，运用计算机统一处理，建立一种数字化的模型。

习近平总书记深刻指出，信息是国家治理的重要依据，要以信息化推进国家治理体系和治理能力现代化，用信息化手段感知社会态势，畅通各种渠道，辅助科学决策。

（二）数字政府是管理网络化政府

光是把信息数字化不够，还要把已经数字化了的信息编织成一个庞大的信息网络体系，把原来各个单位或者各个系统、各个部门、各个地区分散的单体网络整合成一个系统的管理网络，从而实现纵向的跨层级，比如国家、省、市、地、县，乃至乡镇；横向的跨地域，比如东南西北、各省市自治区；跨系统，公安部门、财税部门、建设部门、民政部门；跨部门，打破行业界限；跨业务，形成一种协同管理和服务，这就叫管理网络化。网络的特征不在规模，而在资源共享，消除了资源孤岛或信息孤岛。信息孤岛、数据壁垒就是制约政府平台建设和政务服务发展的一个突出瓶颈。由于信息孤岛、数据不开放，形成了一种数据壁垒。很多地方虽然建了政务服务平台，但是经常"卡壳"，导致服务效率非常低下，不能互通互联。所以国务院一再发文，比如2019年，专门下发了一个关于在线政务服务的若干规定。在此基础上，国家正在加快建设全国一体化的在线服务平台，从而推进各个地区、各个部门政务服务平台的规范化、标准化和集约化的建设。将来实现政务服务事项全国标准统一，全程网上办理，促进服务跨地区、跨部门、跨层级的深度展开。

（三）数字政府是办公自动化政府

通过办公自动化工程，现在从中央到地方党政机关已经建立起各种纵向和横向的内部信息办公网络。不少单位的工作人员已经感觉到这种网络的优越性。比如说现在文件从起草到下发的全过程均在网上进行，以前需要经过拟稿、打印、送审、印制正式文件，最后进行文件交换的一套烦琐的流程已经全都消失了，公文运转效率得到了大大提高。手机等移动终端使人们在任何场合都能够进行办公。

政府网络不光是在内部，而且已经公开成为便民服务的窗口。人们不出家门就能到政府部门办事。中共中央办公厅、国务院办公厅前年就提出来，要全面推行审批服务"马上办、网上办、就近办、一次办"。凡是与企业生产经营、群众生活密切相关的审批服务"应上尽上、全程在线"，有条件的市县和开发区80%以上的审批服务事项要实现网上办理。现在这个要求在很多地方已经得到落实。企业也好，居民个人也好，都可以随时在网上查询申办事项的办理进度，如同今天查询网购商品、快递包裹，到达什么地方、什么时候可以送来一样。

（四）数字政府是政务公开化政府

法治政府一个基本的特征就是公开透明，包括决策公开、执行公开、管理公开、服务公开、结果公开等。而这种公开通过网络就能够实现。

政务公开不是信息单向发布，而是公众和政府可以进行双向信息交流、互动反馈。民众有什么建议、要求、愿望、意见，随时可以在政府的网站上发表。政府随时能够听到群众的意见和建议，从而及时回应公众的关切，让群众参加决策，从而解决问题。

（五）数字政府是运行程序优化的政府

学术界把它叫作政府流程再造，数字政府促使政府内部的组织架构、运作程序和管理服务进行重构，这是数字政府最显著的特点。例如，大规模的取消和下放审批事项，加强事中、事后监管，减少前置审批。比如，企业以前要做一个项目，在这个项目得到审批之前，企业人员得跑很多部门，比如说用电部门是否同意用电，得先提报申请；上下游的供货、出口有没有谈妥，铁路部门或者港口是否承诺提供运输，都需要申请；资金是否筹齐，要得到银行贷款或股东出资的承诺……把这些事情都办妥了，才能谈这个项目的具体审批，这就是前置审批。现在前置审批已经大幅度减少。需要审批的，要规范审批程序，规范中介服务。过去挨个部门送审，那叫串联，现在国务院要求改为并联，同时送达，实行网上办理和审批。可见数字政府有效地改变了政府部门自上而下的单向管理模式，建立起以公共服务为核心的现代管理模式，建设服务型政府。可以说这是建设数字政府的根本目的。

中共中央办公厅和国务院办公厅在《关于深入推进审批服务便民化的指导意见》文件中再次指出，要推动审批服务理念、制度、作风全方位深层次变革，着力打造"宽进、快办、严管、便民、公开"的审批服务模式，最大限度减少企业和群众跑政府的次数，建设人民满意的服务型政府。要求和目标非常明确。

通过以上介绍可知，数字政府就是信息化政府、管理网络化政府、办公自动化政府、政务公开化政府、运行程序优化的政府。这样的数字政府，恰恰就吻合了国家治理体系和治理能力现代化的要求。因此，数字政府的建设对国家治理现代化具有非常重要的意义。

二、数字政府对国家治理现代化的意义

（一）数字政府使决策走向科学化

决策科学化毫无疑问是国家治理现代化的目标，也是其标志之一。决策的重要性是由政府在经济政治生活中的地位所决定的。政府的任何决策都不能有失误，因为决策"差之毫厘"，实践"失之千里"。决策失误的一个重要原因，就是信息掌握得不充分，甚至是不真实的，往往只能"凭感觉""靠愿望""拍脑袋"来决策，这样的决策一定会导致失误，而实践上就会"失之千里"。因为这种决策所蒙受的损失，至今还令人痛心疾首。

所谓决策就是通过对已知的信息掌握来对未知做出选择和判断，即用已知来揭示未知。在这个过程中，掌握的数据量对决策至关重要，谁掌握了更多的信息，谁就有可能做出更加正确的决定。比如打仗，是看兵力多少吗？未必如此，胜负的关键是要看对战场信息的掌握，特别是双方兵力的对比。企业在经营过程中，如何决定应该开发何种新品呢？那就要靠企业对消费需求、成本—收益等因素的分析。

运用现代数据技术采集、分析、研判信息和数据，使政府能够建立起比较精确的决策机制，可以提高决策的准确性、科学性和预见性。

建设数字政府能够做到从凭感觉或者经验做决策，转到靠数字做决策，可以说这是一场决策革命，能够大大提高科学决策的能力。

（二）数字政府使社会治理实现精准化

社会精准化治理是国家治理现代化的又一重要特征。这里的"社会"，无论是从广义还是从狭义上理解都是可以的。广义的"社会"就是"五位一体"，包括经济、政治、文化、社会和生态环境。狭义的"社会"就是"五位一体"中的"社会"。

数字政府大幅度提高了社会治理精准化的程度。比如说经常让人感到不放心的食品，现在就可以实现从生产、运输、储藏、销售、加工等全流程的监管，而且可以追溯，从而使食品安全更有保障。再比如说人也好，车也好，行踪处处留痕，这就使社会治安管理和交通疏导更有依据、更加便利。再比如对空气、土壤、水体、企业排污进行跟踪监测、实时监测，就使国家的生态文明建设可以随时找到问题的症结所在，及时对症下药。再比如各项社会统计指标的数字会更加精确，有部门说生育政策放开之后，应该做个社会调查，看看哪个地区老百姓的生育意愿最强烈。这时电商就可以发挥作用，从它们的销售数据来看，就可以知道尿不湿和婴儿奶粉在哪个地方销售得最多、销售量最大，以此来分析某个地区人们的生育意愿。数字可以让国家精准地掌握社会治理方方面面的情况。

大数据能够发现公共服务和社会治理中的"堵点""痛点"和"难点"，为社会治理提供着力点和突破口。公共服务可以从"大水漫灌"变成"精准滴灌"，问题治理可以从"一人生病大家吃药"，变成"因病施治""一把钥匙开一把锁"。

建设数字政府，就能够实现系统治理、依法治理、综合治理、源头治理，就可以使精细化管理成为现实，传统的粗放式管理就变成了历史；使系统协作式治理得以实现，单兵作战式的管理将不复存在。

（三）数字政府使公共服务达到高效化

现代化的国家治理一定是以方便高效的公共服务为追求，而数字政府就能够实现这一点。它通过公共服务平台，提供"一站式""一体化"的整体服务，做到简化办、网上办、马上办，传统的繁文缛节、推诿扯皮的作风就失去了存在空间，人们办事用不着再"跑断腿""挤破门""急死人"。

现在我国多地政府已在人才引进、高龄津贴申请、企业注册、网约车驾驶员证申办等上百个事项上实行秒批，而且纳入"秒批"

的事项仍在快速增加。比如上海嘉定区 2017 年就已经实现了 200 多个审批事项在网上直接办理或者预约。改善政府服务，提高办事效率，减少繁文缛节，现在网上政务大厅正在快速形成。比如贵阳市云岩区市场监管局就开展了"全程网上办""零见面"的改革，推行"一网通办"。办理营业执照的申请人通过系统一次性完成网上登记手续，然后通过微信公众号完成身份验证、人脸识别、电子签名等要件的提供，经过审核以后，就可以领到营业执照。窗口工作人员可以全程代办、全程指导及全程示范。这就大大压缩了注册审批时间，提高了办事质量和效率，优化了营商环境。

在这次新冠肺炎疫情防控期间，"首都之窗"的政务服务大厅和微信、支付宝等移动终端就专门做了专题、专栏，叫作复工复产专题、小微企业和个体工商户服务专栏，实现了 50 项高频事项的网上办理，企业和老百姓申请最多的事项为高频事项，30 余项服务一键直达，40 余项服务"掌上办"，还有 20 项个人高频事项，比如说房屋购买或者租房者申请提取公积金、职工正常退休申请等，都可以在网上办理。有 30 项企业高频事项可以在网上办理或者掌上办理，比如说公路超限运输许可、新办消毒产品生产企业卫生许可证、第二类医疗器械产品首次注册、互联网药品信息服务审批核发，还有单位为职工缴存住房公积金等 30 项企业高频事项，"首都之窗"都实现了网上办，甚至"掌上办"。

这些年来，各地政府牵头，开通了政府"12345"的市民热线，把省、市、区、县、街道纳入了一个数据系统，实现五级联动。这种上下贯通的网络可以让上级部门随时了解全局，让承办的单位及时处理问题，监控、反馈、督办，实现一网通达。

在国务院年复一年的强力推动下，困扰企业和群众的"奇葩"证明、循环证明、重复证明纷纷被取消。盖章、审核、备案、确认、告知等烦琐的环节和手续大大减少，这是数字政府带来的巨大变化。

（四）数字政府使政府治理体现民主化

因为数字政府通过网络与千家万户紧密相连，群众可以随时查询政府的信息，反映情况，提供建议，参政议政。政府可以通过网络进行民意调查、征求意见、网络听证，这就大大保障了人民群众的知情权、参与权、表达权、监督权。

贵州省通过省政府的门户网站举办了征集群众意见的活动，叫作"我有'金点子'——政府工作报告意见建议征集"活动，在全网征集了近700条网民留言，其中49条"金点子"被政府工作报告处采纳。

宁波市鄞州区网络问政平台，把全区33个专线电话、88个职能部门、23个乡镇街道电话、11个网络平台，所有网络、电话全部整合在一起，就把"过去电话难记、电话难打、问题难落实"这些问题一下子全部解决了。群众参与、群策群力，就能够做到集中群众智慧，接受群众监督，从而进一步提高政府治理水平。政府和人民、干部和群众的关系就会更加密切；人民拥护政府，群众支持干部开展工作，也会蔚然成风。

（五）数字政府使腐败失去条件

数字政府使越来越多事项的审批过程在双方不见面的情况下按

照数字程序来进行。"机控"取代了"人控",避免了人为干预,既保证了公平公正,也使"吃拿卡要"、权钱交易等现象减少发生。不仅如此,数字政府还使权力的运行处处留痕,数据监督取代了靠人监督,过程监督取代了事后监督,整体监督取代了个体监督,权力被关进了数字的笼子里,如此,腐败已很难发生。

国务院早就看中了数字政府网上办理的巨大作用,2015年国务院6号文件指出,实现网上办理、审批和监管,用"制度＋技术"使权力运行处处"留痕",铲除滋生腐败的土壤。

另外数字政府还铲除了官场病,使推诿扯皮、拖沓怠工、任性随意、官僚主义等这些官场病的土壤随之消失,从而风清气正、公正廉洁的政府形象就会越来越饱满。

以上从五个方面讲述了数字政府对国家治理现代化的重要作用或者重大意义,数字政府使政策决策科学化、社会治理精准化、公共服务高效化、政府治理民主化,最后使腐败产生的条件、官场病产生的条件慢慢消失。由于数字政府具有这些意义和作用,可以认定,要实现国家治理现代化就离不开数字政府的建设。越是要加快推进国家治理现代化,就越要加快数字政府的建设。

三、为国家治理现代化而加快数字政府建设

（一）数字政府建设需要自我革命的勇气

表面看来,数字政府建设是个技术问题,实质上是对权力的态度问题,是如何掌权、用权的问题。主动大量削减审批事项,这就是主动让手中的权力缩水；把大量的事项由见面求情办理变成网上

自主办理，这就是对传统权力的"让渡"。政府运行程序的优化不是技术自动生成的物理整合的结果，而是有组织的整合，是对自身权力大动"手术"的结果，是政府自己适应互联网时代、运用数字技术而自觉进行的自我革命，是对原有组织架构的重组。没有自我革命的精神，没有组织大动"手术"的整合，就不可能有政府运行程序的优化。

习近平总书记指出，"勇于自我革命，是我们党最鲜明的品格，也是我们党最大的优势。"建设数字政府就需要坚持这种品格，发挥党的这一最大的优势。

（二）数字政府建设需要怀有"以人民为中心"的施政理念

政府之所以不断进行自我革命，建设数字政府，就是为了变"群众跑腿"为"信息跑腿"，变"群众来回跑"为"部门协同办"，让群众方便，叫群众满意，这就是"以人民为中心"，是党的宗旨在政府治理中的具体体现。"以人民为中心"是习近平新时代中国特色社会主义思想的一个核心内容。

"以人民为中心"有哪些内容和要求？一是奋斗目标奔人民而去；二是手中权力为人民所用；三是根本利益为人民所谋；四是工作好坏由人民而定，这就是看人民答应不答应、同意不同意、高兴不高兴；五是心中位置数人民最高，把人民和人民的利益始终摆在心中最高的位置，放在至高无上的位置；六是人民群众和干部是主仆关系，人民是主人，干部是人民的公仆。

这六条就是"以人民为中心"的内涵和要求。要有"以人民为中心"的施政理念，"以人民为中心"不光是一个发展理念，也是政府的施政理念，还是党的执政理念。所以国务院的文件指出，一定要坚持"以人民为中心"，把党的群众路线贯彻到审批服务便民化全过程中，聚焦影响企业和群众办事创业的堵点、痛点，用最短的时间、最快的速度，把服务企业和群众的事项办理好，让群众成为改革的监督者、推动者、受益者。

（三）数字政府需要足够强大的数字治理能力

数字政府的基础是数字，没有海量的数字，数字政府就无从谈起，数据采集、数据存储、数据共享、数据开放、数据分析、数据应用等，都需要政府具有足够的数字治理头脑和强大的数字治理能力。

数字治理头脑，又叫作数字治理意识，这种意识就是指要清楚地知道，在大数据时代，数据是政府治理的重要资本和重要依据；政府对数据的治理，是政府治理现代化的前提，应做到高度重视数据的采集、存储、共享、开放、分析以及运用。

数字治理能力，就是采集存储数据、开发应用数据、规范管理数据的本事，这是大数据时代对政府治理提出的新要求。对传统的文件管理，政府已经积累起一整套行之有效的管理制度和运行机制，而数字治理则是政府面临的新课题。现在许多地方既缺乏数字治理头脑，也缺乏数字治理能力，主要集中表现在：不重视数据，缺乏数字治理的顶层设计；对内数字共享、对外数字开放的进程很缓慢，信息孤岛就像一个信息壁垒，很顽固；再比如决策的时候，不知道请大数据管理机构或者经营机构为其提供咨询意见；等等。显然，要建立数字政府，就要提高数字治理意识，提高数字治理能力。

数字治理能力的提高还是要靠数字化来解决。例如，只要企业和老百姓提出申请公开信息，政府就应当提供。可是就这样一件事情，长期无法得到有效应对，申请数量很多，然而办理流程长，数据交换少，统计分析困难，人员力量总是感到紧张，这便成了问题。浙江省就此认真审视了政府信息公开领域存在的数字化短板，开发了全省政府信息申请公开数字化的处理平台，构建申请件受理、审核、办理、答复、送达、归档一体化的处理系统，从而提升了政府信息公开数字化的处理能力。

提高数字治理能力，一方面要靠领导干部多掌握数字知识，以及大数据、人工智能、互联网，包括物联网等一系列新技术的应用知识。同时，也要发挥数字化的巨大作用，通过数字化解决面临的新问题。

习近平总书记指出了在这方面的短板，要求各级领导干部加强学习，理解大数据、用好大数据，增强利用数据推进各项工作的本领，不断提高对大数据发展规律的把握能力，使大数据在各项工作中发挥更大作用。他指出，善于获取数据、分析数据、运用数据，是领导干部做好工作的基本功。数字政府建设就是要把习近平总书记的要求变成实实在在的行动。

实施国家大数据战略，运用大数据提升国家治理现代化水平，是以习近平同志为核心的党中央的战略决策，应该审时度势、精心谋划、超前布局、力争主动、狠抓落实。

新基建时代技术创新和制度创新的理论思考

彭和平 *

2020年的政府工作报告中讲到重点支持"两新一重"建设时，强调指出："加强新型基础设施建设，发展新一代信息网络，拓展5G应用，建设充电桩，推广新能源汽车，激发新消费需求、助力产业升级。"这为我国新型基础设施建设的发展指明了方向。新基建时代的到来，是人类社会发展过程中技术创新和制度创新共同推动的结果。研究新基建的发展与技术创新和制度创新的关系，对推动社会主义市场经济体制建设、完善和发展中国特色的社会主义制度具有重要的意义。

一、新基建的发展与技术创新的关系

（一）新基建概念是我国经济建设中的特有提法

新型基础设施建设是我国社会主义市场经济建设过程中富有中

---

* 彭和平，中国人民大学制度学研究中心主任、中国人民大学原校长助理。

国特色的提法。新中国成立以来，铁路、公路、机场、港口、水利设施等传统基础设施建设项目一直是我国经济建设的投资重点。近几年来，随着科学技术的发展，我国对重点投资项目的认识发生了变化。2018年12月中央经济工作会议指出，"要发挥投资关键作用，加大制造业技术改造和设备更新，加快5G商用步伐，加强人工智能、工业互联网、物联网等新型基础设施建设"，明确提出了"新型基础设施建设"的概念。2019年3月，央视新闻报道里将新基建的概念归结为5G基建及应用、光伏电网特高压、北斗导航、工业互联网、新能源汽车、充电桩以及人工智能、云计算等七大领域。2020年4月20日国家发改委相关领导在新闻发布会上将新基建划分为三个方面。一是信息基础设施。主要是指基于新一代信息技术演化生成的基础设施，如以5G、互联网、工业互联网、卫星互联网为代表的通信网络基础设施，以人工智能、云计算、区块链等为代表的新技术基础设施，以数据中心、智能计算中心为代表的算力基础设施等。二是融合基础设施。主要是指深度应用互联网、大数据、人工智能等技术，支撑传统基础设施转型升级，进而形成的融合基础设施，如智能交通基础设施、智慧能源基础设施等。三是创新基础设施。主要是指支撑科学研究、技术开发、产品研制的具有公益属性的基础设施，如重大科技基础设施、科教基础设施、产业技术创新基础设施等。这些比较权威的、带有指导性的提法使新基建的概念日益明确和火爆。

（二）新基建的发展是全球技术创新内在动力推动的结果

从历史的角度看，技术创新是推动人类社会发展的最原始的、最基本的动力，农耕化、工业化、电气化、信息化、网络化（智能化）标志着技术创新的五个主要阶段。技术创新的发展与人类征服自然界的生产工具的进步密切相关。

农耕化时代的发展经历了一个非常漫长的时期。先后经历了旧石器时代、新石器时代、青铜器时代、铁器时代等不同的发展阶段。仅从名称上即可看出技术创新是与农业生产工具的创新密切相关的。工业化时代始于18世纪60年代英国的工业革命，其技术创新主要体现在纺织机械和蒸汽机的广泛应用上，用机器代替了手工劳动。电气化时代始于19世纪70年代，技术创新主要体现在发电机、电动机在工农业生产和城乡人民生活中的普遍应用，电力成为机器的主要动力。信息化时代始于20世纪40年代，技术创新主要体现在电子计算机的研发及其在信息、新能源、新材料、生物、空间和海洋等领域的广泛应用和发展。20世纪60年代后形成了许多新的概念，如网络化、智能化、数字化等，标志着一个技术创新时代的到来，新基建的提出和发展是这一新的技术创新时代的产物。

（三）技术创新引起的劳动人群及人口比例的变化

技术进步和技术创新增强了人们征服自然、改造世界的能力，使人类社会的生活来源和生活方式、劳动过程和生产方式、组织结构和制度关系、自然环境和社会环境发生了巨大的变化。技术创新直观的结果表现在石器、手工工具、机器、计算机等生产工具的改进和创新方面，而生产工具最终是要靠人来使用和操作的，因此，技术创新潜在的结果是引起劳动人群及人口比例的变化，这一结果与制度创新的过程密切相关。

技术创新引起劳动人群及人口比例的变化，可以用许多数据来说明。如农耕化时代，农民是最主要的劳动人群，占人口比例的绝大多数。而当工业化时代来临时，农民的人群数量减少，占总人口的比例就开始不断缩小，操作工人的人群和城镇人口的比例则在不断地增长。13 世纪以前，英国社会还是以小农经济结构为主。13—15 世纪，随着纺织技术的改进，"羊吃人"的圈地运动使大批农民与土地分离，成为扩大纺织业手工工场的主力军，其后的英国工业革命，又使大批农民和家庭手工作业者成为机器制造厂的操作工人。据统计，到了 19 世纪 40 年代，英国的城市人口已占全国人口的 3/4，工人已达 480 万人，曾占人口绝大多数的农民人数已经不到 1/4，劳动人群及人口比例发生了巨大变化。据统计，我国 1949 年农业人口占全国人口的 89.3%，1980 年占 80.6%，2000 年占 63.7%，2016 年占 42.6%，这组数字的变化反映了我国工业化的发展趋势。在信息化和网络化时代，操作工人的人群和人口比例处于不断缩小的过程中，第三产业的人群和工程技术的人群及人口比例则在不断地增长。劳动人群及人口比例的变化必将引起不同阶层、不同阶级、不同利益集团的变化，成为本文将进一步探讨的制度创新的内在动力。

二、新基建的发展与制度创新的关系

（一）我国各级政府对新基建的发展起到了重要的推动作用

近几年来，从中央到地方各级政府不仅在各种重要的会议和场合强化新基建的概念，而且采取各种措施积极推动新基建的发展。新基建的发展不仅是技术创新推动的结果，而且是各级政府结合制度创新的过程积极推动的结果。政府在新基建的建设和发展过程中起到了非常重要的作用。

例如，据网上查询的消息，国家发改委开始布局建设55个国家重大科技基础设施，加大2020年新型基础设施的投资规模。2020年3月20日，工信部办公厅发布了一个关于推动工业互联网加快发展的通知，计划打造20个企业工业互联网外网优秀服务案例，鼓励工业企业升级改造工业互联网内网，打造10个标杆网络，推动100个重点行业龙头企业、1 000个地方骨干企业开展工业互联网内网改进升级。

除了中央各部委外，各省市也在5G、大数据中心、人工智能等新基建项目方面加大投资，积极推动新基建的发展。3月22日，河南省政府新闻办召开第38场新闻发布会，宣布2020年全省5G网络计划投资55.5亿元，大规模兴建5G基站和新基建重点项目，确保年底前实现县城以上城区5G全覆盖。广东省提出力争今年全年建设6万座5G基站。北京、天津、河北联合推出京津冀大数据综合实验区建设规划。许多省市专门制定了大数据相关发展规划，并出台了促进大数据应用的若干政策。

在中央宏观政策指导下，地市一级政府和龙头企业也成为积极推动新基建发展的主力军。湖南株洲市2019年11月成为全国首批52个同步开启5G网络正式商用的城市之一。根据株洲市《2020年重点项目计划》，该市重点规划布局了20个新基建项目，总投资达到377.58亿元。据多个新闻媒体报道，三大运营商的公布数据显示,到 2020 年年底,计划将在全国累计开通超过 55 万个 5G 基站,再加上广电,国内四家运营商的 5G 基站建设规模将达到 60 万个。

(二)制度和制度创新是理解政府作用的重要概念

从世界各国最基本的现象来看,各级政府所起的作用与政治、经济、法律、文化等国家制度密切相关。若要更深刻地理解技术创新、经济发展以及政府的推动作用,需要对制度和制度创新的概念进行深入的研讨。

"制度"是伴随人类社会发展,在世界各国普遍存在的社会现象。同时,"制度"也是一个古老的词汇,是一个常用的概念,但是,它却是一个一直缺乏深入研究的领域。人们对"制度"的理解,一般都停留在模糊的认识上。例如"什么是制度",这是一个最基本的问题,人们一般都把"制度"看作是规则、规定、规范或规范体系,制度经济学的大师道格拉斯·C.诺斯(Douglass C.North)也把"制度"定义为"游戏规则"。然而,任何规则、规定、规范或规范体系都不等同于"制度"。比如说,各个国家都有一部婚姻法,它只是通过立法机关规定了一种婚姻制度,必须经过行政机关和司法机关的严格执行才能形成现实的制度。制度始于规定,成于执行,规则、规定、法律等是形成制度的条件,但并不等同于制度本身。任何国家制度的形成,都是首先起始于立法机关通过的宪法和法律,其后形成于各级政府的执行过程。

又如"制度主要起什么作用",这也是一个基本的问题。人们一般认为制度的作用主要是规范和约束人们的行为,许多专家学者也用行为模式给制度下定义。但是，制度的主要作用首先是规范和约束人们的关系，只有先规范关系才能规范行为。马克思有一句名言：人的本质是一切社会关系的总和。与这一定义相关联，制度的本质则是人们社会关系的规范和固化。

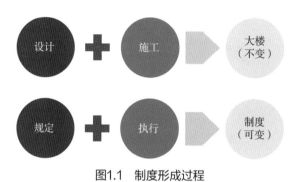

图1.1　制度形成过程

"制度以什么形式存在"也是一个基本的问题。人们往往把它和文字性的规定联系在一起，如每个单位都有一本"规章制度汇编"。严格地说，这不是"制度"的汇编，只是规章、规定、会议决定等的汇编。制度是我们所存在的社会环境，是规范人们的关系行为、结成组织、构成社会、有序活动的特定方式，是在制度规定和制度执行的过程中形成的结果。制度具有时空性，以"场"的形式存在，我们可以称之为"制度场"。制度场表明的是立法机关的法律和行政机关的执行所产生的影响力和作用力的范围。例如中国、美国、日本各有不同的制度场，各有不同的制度场作用力，对国民经济的发展和国民的意识和行为有不同的导向性。我国政府对新基建发展的推动作用，是在一系列制度规定和制度执行的过程中，或者说是在我国特有的制度环境中进行的。

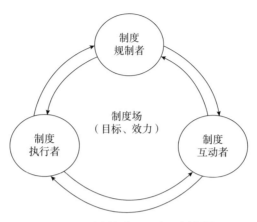

图1.2　制度构成三要素及制度场

（三）技术创新的世界进程同样是政府作用推动的结果

如上所述，人类社会的技术创新过程经历了农耕化、工业化、电气化、信息化、网络化（智能化）的五个发展阶段，这几个阶段的发展都离不开政府的推动作用。在动物世界，动物的群体生活是靠本能维系的，而人类的群体生活，特别是劳动和生产过程是靠制度维系的。人类社会本身是一部从无到有、从低到高的制度发展史，在这个过程中，政府始终起着维系者和改革者的作用。政府不仅通过各种政策措施直接推动技术创新，而且通过各种制度变革的手段积极推动制度创新。制度的本质是人们社会关系的规范和固化。与技术创新发展的不同阶段相联系，人们的劳动关系、分工协作关系、产权关系、分配关系等始终处于不断发展变化的过程中，需要通过政府的作用改变旧的关系，巩固发展新的关系，通过生产关系及相关制度的变革，促进生产力的发展。

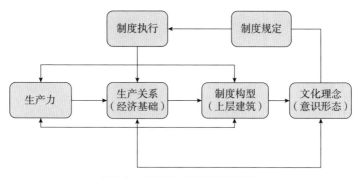

图1.3 制度构建及其运行规律

为什么我国与西方国家的农耕化和工业化的发展有明显的不同？根本原因在于政府的推动作用不同。被称为"经济学之父"的英国经济学家亚当·斯密（Adam Smith），在其名著《国富论》中有一段很精辟的论述："有些国家的政策特别鼓励农村的产业，而另一些国家的政策却特别鼓励城市的产业……自从罗马帝国灭亡以来，欧洲各国的政策都比较有利于手工业、制造业和商业等城市产业，而不利于农业和农村的产业。"[1]亚当·斯密特别强调，从伊丽莎白在位之初起，英国的立法就特别注重商业和制造业的利益，从而推动了商业和制造业连续不断的发展。始发于英国的工业革命不但引发了工业化与技术创新，而且推进了从封建制度向资本主义制度过渡的制度创新。在这一过程中，从"羊吃人"的圈地运动到取代手工工场的以机器为动力的工厂的兴起，无不存在着政府推动的巨大力量。道格拉斯·诺斯在《理解经济变迁过程》[2]一书中论

---

[1] 亚当·斯密.国富论[M].唐日松，等，译.北京：华夏出版社，2008.
[2] 道格拉斯·诺斯.理解经济变迁过程[M].杭行，译.上海：格致出版社、上海三联书店、上海人民出版社，2014.

证说，由于政府的不同政策和作用，决定了荷兰、英国、西班牙、法国中世纪以来不同的经济走向。从 20 世纪到 21 世纪，在信息化网络化的技术创新过程中，政府的推动作用更为明显。目前，中美之间及美国与世界各国之间的贸易战，既是技术之争，也是制度之争，处处可以看到政府直接干预的身影。政府的推动作用不仅与技术创新的过程相联系，还与制度创新的过程密切相关。

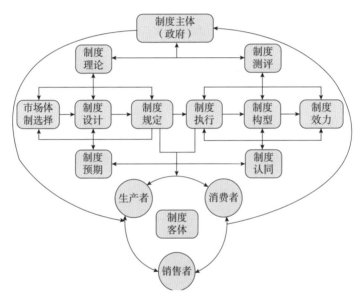

图 1.4　政府对市场及经济发展的调控作用

三、新基建时代技术创新与制度创新的关系

（一）技术创新和制度创新是人类社会发展的两大动力

道格拉斯·诺斯有两句话很经典，一是"对技术的强调，对于经济史的写作来说，是一个值得称道的贡献"，二是"制度是理解政治与经济之间的关系以及这种相互关系对经济成长（或停滞、衰

退）之影响的关键"。他认为，技术是经济发展的原动力，制度是影响经济发展的关键因素，这是两个非常重要、需要深入进行研究的概念。其重要性从人类社会的发展史来看也是如此，即技术创新和制度创新是人类社会发展的两大动力。

技术创新是人类社会和经济发展的原动力。人类提升征服自然、改造自然的能力的途径，不是单纯提升双手的力量，而是提升双手所使用的工具的力量。一个现代人，其双手的自然能力可能还不如原始人，但其所使用的工具——从石头、铁锹、机器、计算机到机器人——可以有多种多样的选择，通过所用工具技术含量的提高，使其自身的能力无限地增长。这一过程实际是人类通过技术创新征服自然的漫长的历史过程的缩影。在这一过程中，除了技术创新外，制度创新起了非常关键的作用。人类在使用、创造生产工具的劳动过程中，不是像动物那样本能地散居在一起，而是靠制度形成封地、庄园、工场、手工作坊、工厂、公司、国家等各种各样的组织。技术创新所引起的劳动人群及所有劳动关系、生产关系等制度关系的变化，是通过制度创新的过程规范和发展起来的。

技术创新是制度创新的源泉和动力。技术创新在提高技术水平、改进生产技能的同时，也会使人们的分工协作关系、劳动关系、分配关系、生产关系逐渐发生变化，技术创新发展到一定阶段，必定会引起制度关系的变化和制度创新。制度创新是技术创新的保障，是推动使用新技术的新的劳动人群成为社会主要力量的重要因素。制度创新是指一个组织的制度在技术创新的基础上，通过制度化的过程从一种旧的形式向新的形式转变。这种转变可以为新技术、新工艺的采用、新的生产线的引进、新的技术人员的管理和培训等，创造更有利的条件。先进的技术和先进的制度是相互关联的，手工工场的技术与手工工场的制度相联系，机器大生产的技术与机器大生产的制度相联系，新基建的技术与新基建的制度相联系。任何先进的技术都是靠先进的制度来推进的，在这方面，政府起了非常重要的推动作用。

劳动效率、工作效率、生产效率的提高，首先是和技术水平的提高相联系，技术创新是提高效率的永恒动力。但是，再先进的技术最终也要靠人去掌握和运用，也要通过制度进行管理。在技术不变的条件下，通过制度管理可以大幅度地提高效率。同样的技术条件、同样的人群数量，因为制度管理的观念和方式不同，就会产生不同的效率和结果。除了通过技术创新取得技术效率之外，在技术不变的情况下，通过制度创新取得制度效率是提高组织绩效的一个重要途径。

（二）技术创新和制度创新关系到公司、国家等社会组织的前途和命运

对于任何一个组织来说，要保持永久的生命力和持续发展的活力，技术创新和制度创新都是必不可少的条件。技术创新和制度创新是激烈的市场竞争的结果。在现代社会中，技术更新、创新的速度很快，许多公司手持新的技术应运而生，但很快又随着这种技术的过时而倒闭，这种例子不胜枚举，所以对于一个组织来说，技术创新是保持其生命力和活力的最重要的因素。但是，制度创新同样不可忽视。亚当·斯密曾经举过一个例子，在当时的技术条件下，生产一枚针要经过18道工序，如果由一个人单独完成这18道工序，

一天都生产不出一枚针。而一个 10 人规模的制针厂，按照分工协作的方式一天可以生产 4.8 万枚针。这个例子不仅是一个关于技术创新和技术效率的例子，同时也说明了制度创新和制度效率的重要性。在这个例子中，制针厂在技术上肯定有所改进，但更重要的是制度方面的改进，如何分工协作、如何进行标准化管理、如何处理产权和分配关系、如何采取激励措施等都属于与技术创新相联系的制度创新问题。在技术条件不变的情况下，通过制度管理和制度创新可以提高效率。显然，一个既能提高技术效率，又能提高制度效率的公司，更具有生命力和活力。

能否保持技术创新和制度创新，决定着一个组织生命周期的长短。如果一个制针厂只停留在 10 人分工协作的技术和制度水平上，必然会被新型的机器制针的工厂所淘汰，而到后来，机器制针的工厂最终也会被智能化的公司所淘汰。因技术落后而被淘汰是一个明显的事实，但是，如果只关注技术问题，仅仅采用先进的技术，而没有进行相应的制度变革和制度创新，一个制度落后的组织同样摆脱不了被淘汰的命运。清朝末期，许多仁人志士认识到，我国技术上的落后是被动挨打的重要原因，因此，下决心"师夷以长技以制夷"，致力于洋务运动，引进先进的技术，探求富国强兵之路。但是甲午一战以及其后的历史进程，使人们认识到，国家要富强，不仅要师人之技、师人之学，而且要师人之制，最终要结合自己的国情，探索符合自身发展规律的制度创新之路。我国在当前新基建的发展建设过程中，不仅要注重技术创新方面的问题，也要同时注重制度创新方面的问题，完善和发展中国特色的社会主义制度就是一条制度创新的道路。

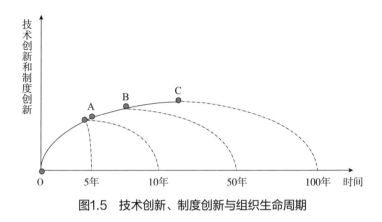

图1.5 技术创新、制度创新与组织生命周期

（三）抢占技术创新和制度创新的制高点是各国政府的历史使命

在现代社会中，企业发展只有抢占技术、人才的制高点，才能具有强大的核心竞争力；军队打仗要抢占尖端武器的制高点，才能具有压倒性的军事实力；公司和国家的发展，在抢占技术制高点的同时，还要抢占制度的制高点，才能具有旺盛的、持续发展的生命力。历史的发展证明，谁抢占了技术和制度的制高点，谁就能引领世界；失去了技术和制度的制高点，则将处于停滞、落后甚至被动挨打的不利地位。我国政府明确提出新基建的概念，实际上是把新基建作为技术创新和制度创新的一个制高点。中美贸易摩擦使国民清醒地认识到，我国在技术领域，特别是在新基建所涉及的高新技术领域存在着许多短板，需要有奋起直追的目标和勇气。目前，我国的新型基础设施建设已取得一定成效，据统计，截至2019年年底，我国光纤接入端口占互联网接入端口的比重，由2018年年末的88.9%提升至91.3%，4G用户总数达到12.8亿户，全年净增1.17

亿户，占移动电话用户总数的80.1%。农村宽带用户快速增长，截至2019年年底，全国农村宽带用户全年净增1736万户，总数达到了1.35亿户，比2018年增长14.8%，占总宽带用户数的30%。互联网用户达10.3亿户，全年净增3.57亿户。在我国的上市公司中，与新基建有关的公司大多发展得很快，如5G概念的公司190家，芯片概念的公司189家，新能源汽车概念的公司154家，电子元器件概念的公司174家，软件服务概念的公司199家，云计算概念的公司109家，机器人概念的公司151家，华为概念的公司223家，其他还有车联网、物联网、工业互联、网络安全、北斗导航、电子商务、电子政务、互联网金融、充电桩、特高压等各种概念的公司，这些数字（可能有交叉重复）从另一个侧面反映了我国新基建领域技术创新和制度创新的发展状况。

无论是公司还是国家层面，新基建的发展不仅需要高度重视技术创新问题，而且需要高度重视制度创新问题。无论只讲技术不讲制度，还是只讲制度不讲技术，都不能很好地推动新基建的发展。首先是确定新基建技术创新的现实状况、潜在问题、主攻方向和具体项目，确定世界范围内技术攻关的制高点，做出整体规划和布局；其次是确定新基建制度创新的现实状况、潜在问题、方向道路和具体纲领，发挥现有的制度优势，从制度层面着重处理好技术创新与制度创新的关系、政府与市场的关系、国企与民企的关系、国际合作与竞争的关系等，推动技术创新的发展。技术创新和制度创新面临着许多新的课题，需要通过技术研发和理论创新来推动。从历史的发展进程来看，技术和生产工具的进步及创新是永恒动力，可以推动与其相关的分工协作、劳动、生产、交换、分配等人与物、人与事、人与人的新的制度关系的变化；推动、规范、固化这些新的制度关系相关的制度形式的发展，与技术创新、制度创新相关的文化理念和科学理论的发展；最终推动新的制度构型的构建和运行，并成为推动技术和生产工具进一步发展及创新的新的社会条件。对这一过程进行深入的理论研究，将有利于推动我国新基建及社会经济发展的进程。

第二篇

数字经济下的关键信息技术

构建安全可控的信息技术体系

倪光南 *

近年来，中国的数字经济发展很快，大概有 1/3 的 GDP 来自数字经济，这是一个很大的数字。作为数字化基础设施，新基建是什么？就是要建设和过去传统"铁公机"（铁路、公路、机场等重大基础设施建设）不同的信息基础设施，主要与新型基础设施和新一代信息技术等有关。当前经济社会都在向数字化转型，零售、金融、旅游、内容行业是最早开始数字化转型的，现在各行各业都在向数字化转型。新基建恰恰适应了这个浪潮。

新基建包括信息基础设施、融合基础设施、创新基础设施三个方面，特别是信息基础设施，其包括以 5G、物联网、工业互联网、微型互联网为代表的通信网络基础设施，一些以人工智能、云计算、区块链为代表的新技术基础设施，还有以数据中心、智能计算中心为代表的算力基础设施等。融合基础设施、创新基础设施也有很多类。

到 2025 年，我国直接投资可能达到 10 万亿元，间接带动 17

---

* 倪光南，中国工程院院士、联想集团首任总工程师。

万亿元，当然这个数据都是估算的，不同专家的结论有所不同，但是他们有一个共同的认识，就是新基建肯定会带动 10 万亿元这样一个量级和规模。它的规模要比"铁公机"那个时代的传统基础设施建设大得多，所以对于国民经济社会的影响也会大得多。

一、信息技术体系

有人问为什么重视信息技术体系，而且要强调"体系"。我们往往说技术很重要，但产品、服务都很重要，为什么要在这里特别提信息技术体系呢？大家如果在信息领域工作，就会有一个共同的体会，信息领域垄断性很强。技术往往会形成明显的技术体系，比如桌面有 windows 操作系统，加上 intel x86 架构的中央处理器（CPU）；移动端有 AAA，就是安卓的操作系统（OS），加上 ARM 架构 CPU 等；其他还有很多体系，比如北斗体系、GPS 体系、卫星导航体系。反过来看传统领域是不是这样的呢？大体来看，传统领域的垄断性在技术体系方面的表现没有那么明显。比如说汽车，汽车有没有像信息技术的 Wintel（Windows-Intel 架构）呢？没有，无论是奔驰，还是宝马、大众、丰田、本田，都是可以在市场中进行竞争的，不像信息技术有一个体系，80%—90% 的市场都被它占据了，其他人没有市场了。这是信息领域的特点。

正因为如此，网信领域对于网络安全的要求是很高的。因为存在体系，所以不能单纯看一个产品性价比如何，人们往往会首先关注自己属于哪个体系。由于中国是发展中国家，在追赶发达国家的时候发现，其技术体系已经形成，发达国家已经垄断了市场，这时的选择不外乎三种。第一，如果这个体系不至于受制于人，可以保留现有的体系。第二，如果发现已经受制于人，就要构建自己的体系。第三，出于安全的需要必须替换，但是又不能立刻替换掉现有的体系，因为这些体系发展的背后是生态系统。这个往往不是短期能够形成的，很可能像前面提到的 Wintel 体系有 25 年以上的历史。经过几十年的时间而发展出来的东西，不可能一天或短短几年就把它替换掉。所以现在的做法就是用自己的体系替代它，但是需要一个过程，二者会有一个共存的时间，随着时间的推移，逐步实现替代。

因此，构建安全可控的信息技术体系是非常重要的，但是我们要认识到这是一个历史使命，是需要若干年持续不断的努力才能达成的。正如习近平总书记在 2016 年所指出的，要加快推进国产自主可控替代计划，构建安全可控的信息技术体系。

构建信息技术体系有三方面的挑战。

第一，这个体系往往围绕着关键核心技术形成，就像 Wintel，是微软的 Windows 操作系统，加上 intel x86 架构的 CPU 芯片。围绕这两项核心技术形成了拥有 25 年以上历史的 Wintel 体系。要打破这种体系的垄断，首先要掌握关键可信技术，关键可信技术是"要不来、买不来、讨不来"的，只能靠自主创新。

第二，这个体系是垄断的，一般对应着一个生态系统。打破这个垄断，需要付出极大的努力和很长的时间，而且需要有市场。习近平总书记指出，要加大研发力度和市场化引导。没有研发，关键技术就无法突破。但是光突破关键技术也不行，还得有生态系统，所以市场化引导很重要。要想打破垄断，没市场不行，但市场怎么从零开始？新基建就显得十分重要，新基建能提供一个非常重要的市场，帮助国产核心技术站稳脚跟，使国产信息系统体系能够形成，打破垄断。

第三，体系更换意味着生态系统的更新，在利益、习惯、观念等方面，其难度是非常大的，不是简单的一两项技术、一两个产品的问题。所以我们不要过于乐观，如果不重视、不解决一些关键问题，就很有可能会失败。

二、新基建创新的关键是遵循人才第一、创新第一

过去大家说的人口红利已经不存在了，这与中国人口结构的变化、生活水平的提高有关，将来与其说中国人口红利不如说是工程师红利。将中国与美国的工程师、科学家的人数进行对比，会发现中国在这些人数上已经超过了美国。用国际通用的规则折合研究人员的当量，结论也是中国比美国强。在研发的投入方面，美国始终第一，而中国原来很低，现在已经超过日本跃居第二。专利排名现在也是美国、中国、日本。

归纳起来，和科技创新相关的综合排名是美国第一，中国第二，日本第三。以综合人员、研发投入、专利排名，中国也仅次于美国。甲骨文公司（Oracle）创始人拉里·埃里森（Larry Ellison）认为中国最大的潜在优势就是有比美国更多的工程师，中国有可能会因人才优势实现科技方面的赶超。

三、软件市场

由于各种原因，从直观的投资上可以看出，中国历来对硬件的重视远远超过软件。芯片基建第一期是 1 400 亿元，其中"重硬轻软"是需要解决的一个问题，而且这不符合实际规律。现在都说"软件定义世界"，就反映了软件的重要性：无所不在，无所不能。

对于国外的公司，有一种概念就是不管做什么，只要是软件公司，那就意味着是走在前列的，转型做得很好。中国应该学习国外这些方面，无论是现代信息技术，还是其他技术，如人工智能、大数据、5G、物联网等，都要看软件的比重有多大，现在很多公司九成都是软件。未来软件在信息领域的比重、研发人员的比重会越来越高，这是一种趋势、一种规律。

2000 年，我国原信息产业部统计的软件和信息服务业数据是 560 亿元。到 2019 年是 71 768 亿元。2019 年中国的软件和信息服务业一共增长了 128 倍，这是相当惊人的。而且因为它的产业规模也很大，所以已经达到了千万亿元。一个小的规模产业，可能增加 200 倍、1 000 倍都不稀奇，但长期能够保持这样的规模高速增长，2019 年甚至达到了 15%，比 GDP 两倍还多，这客观反映了中国的软件发展得非常好。

中国软件有着全球最大的产业市场和规模，市场基本上是内需市场，产业规模也反映了市场的大小。另外，我国产业布局非常全面，门类非常齐全，龙头企业也不错，从业人员居世界第二，增量居世界第一，每年大学毕业生从事软件研究的相当多，所以未来可能会实现从业人员世界第一。中国的软件创新能力很强、勤奋度特别好。如果能够转变观念，突破"重硬轻软"和"造不如买，买不如租"这些观念，应该能够做得更好。

近年来有一个新的潮流，就是开源芯片。开源软件是一个非常成功的例子，开源、源代码开放是一个很好的研发模式，也是一个很好的商业模式，在软件界已经取得了很大的成功。比如国产操作系统基本上都是基于开源软件发展起来的，现在的云计算、物联网、区块链很多也是基于开源软件发展起来的。但是硬件界还没有这个潮流，没有这种模式。美国加州大学伯克利分校在 2010 年推出了一个 RISC-V 架构，大体上可以和 ARM 架构相提并论，实际上就是精简指令界的一个架构。

在芯片 CPU 领域出现了 RISC-V 架构有什么意义呢？回顾一下这几十年，CPU 一般被认为是芯片之中复杂度最高的，目前人们普遍认为世界上最成熟的 CPU 有以下两大类。

第一类，英特尔（intel）和美国超微半导体（AMD）两家公司拥有的 x86 指令架构。intel 早就发布了这个架构，它已经存在了几十年，在市场上相当成熟，性价比很高，但是它的缺点就是这两家公司拥有全部知识产权。

第二类，ARM 架构也是现在特别流行的，特别是在移动嵌入领域比 x86 好，性能也不错，历史也很悠久，在不同领域也有很好的生态。

中美科技战的命门：工业软件

王健辉[*]

一、新科技周期里的 IT 重构

信息科技是围绕着集成电路、通信和计算机的行业，这是一个铁三角的发展历程，近代叫信息科技产业。回顾科技发展的脉络，科技本身存在一定的周期性。从第一代科技革命开始起步，到内燃机、汽车、电子计算机、互联网，再到现在的移动互联网，以及未来的云计算和人工智能，近 200 年的历程，科技脉络非常清晰，而且富有周期性。这个周期性包括进入近代科技属性革命的过程，包括摩尔定律，包括计算机行业本身随着计算能力、网络能力、存储能力的提升而取得的进一步发展。在这样一个科技周期里，会衍生出来什么样的科技研究价值和发展的必然趋势，正是本文需要进行讨论的话题。

通信脉络的发展从近代到现在已经经历了五代，而第五代正在

---

[*] 王健辉，东兴证券计算机行业首席分析师。

起步。发展到第五代通信的时候就是 5G，发展历程中，从 C 端、B 端到现在，行业实现了"云智大物移"，这其中到底经历了哪些方面的跃升呢？

第一代，20 世纪 80 年代，只能手持大哥大进行语音的交互通信。

第二代，经过大约 10 年的发展，不但可以进行语音通信，而且还可以进行数据的传输，即短信。

第三代，又过了 10 年，可以进行多媒体的交互。

第四代，也就是最近十几年，随着移动互联网的发展，在移动方面、输入模拟信号（ATV）方面衍生出非常多的应用，时间也逐步碎片化并且被这些应用所占用。从 4G 开始，无论是工作方式，还是生活方式已经被彻底的改变。但是，在产业、工业智能制造方面，这个改变还没有那么深刻。那么产业方面到底需要什么样的变化来支撑呢？需要的是第五代移动通信，在高速率、低延时、海量设备连接以及低功耗方面的再次跃升，实现数据的连接和用户体验升级以及进行互动、人工智能交互，达到"信息随心至，万物触手及"的状态。如果这样的状态能够实现，会衍生出很多新的应用，包括 5G 支撑的理想型应用，虚拟现实技术（VR）、增强现实技术（AR）、车联网等，这些都将改变人们的生活方式，甚至是社会生产方式。所以若说 4G 改变了生活，那么 5G 就是社会的"乐声"。

说到科技周期和发展脉络，从 18 世纪的蒸汽机到 19 世纪的内燃机、电力发动机再到现代科技有 200 多年的发展史，而真正的信息科技跃升只有几十年的时间，称得上是飞速跃升。这里的脉络逻辑就是真正的信息科技在人类发展中起到了一个巨大的跃升、越级作用。这里存在一个科技周期本质上的脉络,科技周期的本质酝酿了今天提出的产业核心,产业核心体现在二级市场上,可能正在酝酿之前提出的"科技茅台"。这是在云计算、5G、人工智能(AI)融合的基础上,为下一次科技周期越级、跃升提供逻辑验证。

上文提到关于产业发展和科技信息发展的周期,提出了近代的科技周期,那么在未来 10 年、20 年的历程里,国内将会发生哪些信息革命呢?它的本质是什么?IC、ICT、IT 分别是指电子集成电路、信息通信技术和互联网技术。IT 在这个大周期和信息科技短周期里,尤其是国内信息科技发展周期里,要进入一个科技重构阶段,其本质是 IT 行业的一次长周期与短周期的叠加。这个叠加就是国内 IT 产业经过"三十年河东、三十年河西"的发展,到今天这样一个节点上,叠加了 5G、云计算、AI 的启动,以及在 IT 产业里的集成架构,我们认为重构的脉络已经具备了一个雏形。如果看数据的话,2018 年数字经济全球规划已经突破 31 万亿,未来中国的数字经济 GDP 占比将超过 55%。随着全球数字化经济 GDP 占比的不断跃升,计算机行业的叠加以及配套的信息技术在改变社会或者工业产业的过程中,必然会出现一个 IT 重构的重要格局。这个格局会从 CPU、操作系统、数据库、中间件、服务器、存储、外设等方面进行不同程度的重新构建。

那么重新构建什么呢?笔者认为将从以下四方面进行重构:技术、产品、市场、竞争格局。尤其在中央提出"振芯铸魂"的科技政策指引之后,IT 发展将成为重构的新生动力和方向。

重构的基础架构或者上层的信息技术应用涉及哪些方面呢?笔者认为这涉及 IT 行业的基础架构、上层应用、垂直行业和通用功能的叠加。涉及各个行业，也涉及安全体系。我们称其为科技新基建，它是一个将信息科技、信息技术应用相叠加的过程。

再看关键信息基础设施方面涉及的信息基建。IT重构这样的投资逻辑、坐标地图，在刚才提到的CPU、中间件、数据库、操作系统等方面都会有所作为。

那么IT重构又涉及哪些科研主体或者技术生态主体呢？笔者认为目前国内的中国电子（CEC）、中国电科（CETC）以及中科院、航天信息、华为等都有自己擅长的领域。

所有这些科技推动主体，基本上都符合上面所提出的科技大周期、科技近十年的脉络以及重构的逻辑。在这个逻辑里，不论是民营企业还是国有企业，上市公司或是非上市公司，都会在这次重构中获取利益，同时也会有一些企业不断发展壮大。

在重构的市场空间中，我们整理了一些公开数据，发现各个细分领域都拥有非常庞大或者惊人的量级。企业应用软件方面有超过4 000亿的市场，云计算方面市场超过千亿，数据中心方面市场超过1 500亿，服务器市场也超过千亿，数据库市场达到500亿以上，中间件市场是400亿。

提到工业，不得不看支撑着工业为数不多的产业之一，即蓬勃发展的汽车产业。汽车产业是推动新一轮科技革命和产业革命的重要力量，同时也是建设制造业强国的一个重要支撑，是国民经济的重要支柱。回顾2020年1月，国家发改委副主任提出：我国即将推出汽车及家电的一些热点产品销售、促销政策。这个政策的背景是汽车产业在蓬勃发展20年后，于2018年12月出现了一个增速下滑的迹象。对于这个迹象，我个人并不觉得是不可接受的，现在新科技、新能源汽车等将会给未来的产业带来巨大的提升，这也是科技发展过程中的一个必然。

二、5G 支撑下的工业互联网转型趋势

为什么自进入移动互联网时代之后，很多科技领域的发展都会提速？汽车有可能在未来成为替代手机或者融合手机发展的第二大移动终端，所以科技的周期到近代，尤其是近几十年，ICT-5G 发展受到产业的更多关注。2020 年年初的时候，工信部部长苗圩就提出，要进行 5G 商用试点。半年之内，国家便正式推出了 5G 商用。国家重视 5G 商用表明，5G 是科技发展非常强势的支撑，是一个科技新时代的供给侧改革。为什么叫供给侧改革？因为智能制造离不开信息科技的支撑。信息科技里 5G 又是一个重要的载体，工业互联网需要 5G 的支撑。

而工业互联网为什么是刚需？为什么是一个必然趋势呢？从宏观层面进行分析，全国人口已经从 2012 年到 2015 年增速放缓。随着人口老龄化的加快和生育率的下降，劳动力供给萎缩，造成工资不断上涨。如果 5G 叠加工业软件能够使企业的产能增效，使生产、采购等费用降低，同时提高企业的利润率。不论是工业互联网还是工业软件都将为产业带来比较大的变化。

上面是宏观层面的一些情况，再看下游需求。下游有很多方面也是刚需，信息产业是典型的服务于不同行业的一个产业，如教育、医疗、金融、政府、工业、汽车，包括军工航天等行业，它恰恰属于以上行业的一些上游行业，未来随着 5G 应用不断地落地实

现，将会改变社会，改变生产制造，改变产业的格局，许多产业将会同时受益。

上游景气度的提升，必将有效带动信息化的投入和提升。从而，更加利于下游行业的企业信息化。过去几年，包括医疗IT、金融IT等领域，均出现过高景气的情况。对于医疗和金融行业，工业信息化需求相对较低，行业本身也滞后了渗透率的提升。

近年来国家在供给侧结构性改革的推动下，工业领域需求持续复苏，涉及汽车、钢铁、纺织等多个行业业绩的回升。这些方面都反向推动工业行业的信息化发展。

鉴于此，认为智能制造是当前、当今国内制造业面临的多种不确定性环境下的必然发展趋势。而智能制造的发展也必然经历以下几个阶段：自动化、信息化、互联网化以及智能化。无论这几个阶段如何跃升，必然涉及设备层、控制层、车间层、企业层和协同层，分别涉及工业软件，如可编程逻辑控制器（PLC）、制造执行系统（MES）、产品生命周期管理（PLM）、企业资源计划（ERP）、客户关系管理系统（CRM）。

以上提到了这么多脉络，它们各自在信息科技领域围绕着工业软件进行自循环，这个闭环又不断反向验证促进提升。如果没有5G的支撑，没有工业软件，没有工业互联网，也没有云计算，这些产品完全是割裂式地发展，那么将很难形成真正的信息产业越级提升，也就难以达到所谓真正的工业互联网或者信息产业改变智能制造的目标。

智能制造的目标只有在多种技术融合体的支撑下，才能够达到理想的产业跃升，也就是说在理想状态下，可能实现产业互联网，类似于国家 2015 年提出的"中国制造 2025"。美国在 2009 年提出"再工业化计划",德国在 2013 年提出"工业 4.0",日本 2015 年提出"新机器人战略",英国在 2014 年提出"高价值制造战略",韩国在 2009 年就提出"新增长动力规划及发展战略",印度 2014 年提出"印度制造计划",法国 2013 年提出"新工业法国"。以上这些国家纷纷进行了"产业革命"。

再看目前国内在这种环境下的情况。如果按 2018 年国内工业互联网市场规模的统计数据,我国工业互联网市场规模达到了 5 000 亿元。工业互联网作为两化融合的承接体,也是突破口,在工业互联网时代通过工业创新进一步发展,有可能形成并和国际接轨。

工业互联网平台的架构,必然涉及包括边缘计算、云计算的 IaaS(基础设施即服务),也涉及 PaaS(工业平台即服务)平台层,同时更少不了 SaaS(应用软件即服务)层。IaaS 边缘计算、PaaS、SaaS,这些都没有离开一个领域,就是 IT 行业。所有的结合体、集成体,在所构建的逻辑框架里都是 IT 重构的过程。所以要真正实现工业互联网的跃升,实现工业互联网的安全,必然需要一个 IT 重构的过程。只有 IT 重构,才能够打通所有的环节,形成一个自循环体,才能够真正打造出来一个工业互联网的应用平台。

再看我国主要的工业互联网平台有哪些。典型的有树根互联、美的、富士康、华为、海尔、宝信、航天云网。以上分别涉及各个领域的主导工业互联网,具有象征性意义。尤其是在制造领域实现了一些相应的应用,包括机械行业的树根互联、家电行业的美的、电子工业行业的富士康、能源石化行业的石化盈科以及钢铁行业的宝信软件等。在信息技术领域，也有紫光云、东方国信、用友，都是相对比较完善的工业互联网平台。我国从设备链接、设备管理、数据存储、数据高阶分析、软件应用、平台应用开发到整合集成，包括安全方面，都有不同程度的涉足。

工业互联网平台化是非常重要的属性，以上各技术主体在平台化方面，在工业互联网技术能力方面已经有了相当的储备。

三、工业软件的重要性

刚才说到了IT，说到科技周期，也说到了5G周期性的必然性，而且也是实现智能制造2025，实现工业互联网，实现研制工业软件，打通工业互联网的神经系统。它是一张网，是一个闭环的脉络，是一个逻辑被验证的过程。

为什么工业互联网如此之重要？工业互联网里的神经系统被称为工业软件。工业软件如果能打通工业互联网的神经系统，必然对建设科技强国形成一个硬实力的支撑。所以我们认为工业互联网是中国智能制造2025的必经之路，同时也是一个科技强国的核心实力。这就是为什么国家发改委副主任提出要加快汽车和家电的消费刺激政策，之后又很快地提出5G商用试点，以及2019年6月6日官宣"5G商用"。这其中的脉络逻辑是什么呢？是国家希望5G能改变社会生产应用，以及提升C端用户应用互联网的感知，这些都是一脉相承的。所以才有今天的加速推进5G建设，以及在5G应用方面如火如荼的探讨。我相信在不远的将来，我们将会切身体会到一些5G应用落地，也能够对此有所感知。

2019年1月18日，中国软件产业年会上，工信部副部长陈肇雄指出，软件是新一代信息技术产业的灵魂。2019年3月7日，工信部副部长王江平也指出，国家要进行一个"振芯铸魂"的工程，软件是"振芯铸魂"的一个重要领域。

2018年，工业软件的规模已经超过了1 600亿元。在以上政策指引的背景下，跟国外在工业软件规模的差距还是非常巨大的。从时间维度上来讲，可能差十年不止；从体量上来讲，还不足国外5%。既然工业软件如此之重要，差距又如此之大，工业软件又是5G时代智能制造企业的核心竞争力，其能否在包括5G、云计算、物联网、数字工厂、数字孪生、大数据、人工智能等未来科技大融合的环境下，真正形成科技铁三角的支撑，实现智能制造2025的目标呢？有哪些途径值得探讨和关注呢？

我们要分析工业互联网到底有哪几部分，工业软件分别在这几部分起到了哪些支撑作用。工业互联网必然是智能制造的大趋势，这点已经阐述得非常清楚。同时，工业软件又是工业设计、研发仿真、生产制造、营销管理等刚需中的一个必然能力，更是智能制造落地的核心。"工"这一端是夯实了智能制造"造"的能力，"网"这一端是工业互联网打通系统脉络的关键环节。只有工业互联网在"工"一端和"网"一端能够平衡发展，才能产生真正的价值。如果仅仅是连接上网，没有"工"这一端能力的支撑，这将会是一个不全面的或者不均衡的发展过程。另外，"工"这一端也必须要有适应工业软件的能力。这是产业调研得出来的结果。

基于以上，分析出工业互联网具有五大特性，工具属性、网络属性、平台属性、数据属性和安全属性。软件定义一切，软件也塑造一切，软件也是工业互联网的服务属性。

工具属性：在软件即工具的状态下，在 5G 万物互联的状态下，工业软件必然是工业互联网贯穿一切的服务工具，同时也是工业互联网的基础能力。

网络属性："网"这一端，"互联网+"是智能制造能力提升的必然之路，工业软件构成了工业互联网的 IT 架构，工业软件在网络各层面的工具能力也是网络能力的一个表现，是工业互联网的底层核心能力。

平台属性：平台端，工业互联网最大的能力应该是平台化也是数据化，具有大数据属性，因为工业软件本身就承载了工业大数据的采集、处理方面的工作，同时也是工业互联网平台数据的重要来源。

数据属性：数据方面，工业软件支撑了实现工业大数据的系统基础和信息贯通。工业软件与工业大数据的结合，必然强化了工业软件的分析和计算能力，提升了场景可视化程度，实现了用户行为和市场需求的预测、判断。

安全属性：安全方面，随着 5G、移动互联网、物联网、产业互联网的融合发展，网络安全也是重中之重，工业软件更是工业互联网的安全目标，也是工业互联网的安全载体。

基于以上，总结了相关国家政策，为什么提出工业软件是重中之重呢？2018 年 12 月，工信部提出"加快工业技术软件化，加快制造业数字化转型"的政策清晰地指出，国家在打造工业互联网平台创新生态、支持产业实现或者工业互联网方面，将会有长足的规划和发展。

2020 年 3 月 5 日，工信部提出实施重大国家软件工程，解决关键软件的"卡脖子"问题。同时，一些基础软件，将通过实施国家软件重大工程，集中力量解决关键软件的"卡脖子"问题，着力推动工业技术软件化。

总结以上观念，在推动工业互联网的过程中，国家已经清晰地认识到工业互联网平台的重要性，以及工业软件在实现工业互联网的过程中发挥的重要作用，也可以说是必经的关口。

四、工业软件的中外对比分析

再看一下工业软件中外对比的体量差距，在目前能够获取的一些数据里，可以看出国内的增速与国外增速之间的差距以及对未来的预期。体量方面，2018 年准确的数据是 1 603 亿元人民币。到 2021 年，我国工业软件的市场规模预计将超过 2 000 亿元，达到 2 200 亿元。全球的工业软件市场的规模，在 2016 年已经达到 3 531 亿美元，折合对比国内的工业软件规模，依然没有超过 5% 这个范畴。增速方面，全球工业软件市场规模增速，2018 年处于 5.2% 增速。亚太区市场占全球市场份额 23.8%，亚太区市场规模同比增速 7.6%，快于全球水平，从体量上看有足够的成长空间，从增速上看差距在逐步缩小。

接下来是工业软件的基本形态。从类型上，分研发设计类、生产调度过程类、业务管理类，分别涉及相应的一些国外巨头和国内具有潜力的上市公司和非上市公司。我国无论是在研发类、生产调度过程类，还是业务管理类，都与国外市场形成了非常鲜明的对比，包括工业软件巨头——西门子，仿真和 PLM 的巨头——法国达所和美国 PDC 公司，也包括业务软件类的思爱普（SAP）、甲骨文。我们更希望以一种通用工业软件的形式呈现一些研究观点和研究结论。

工业软件不是空中楼阁，工业软件必然有自己的产业逻辑和产业链条，上游行业涉及硬件设备、操作系统、开发工具，还有中间件。工业软件有几大类公司，同时下游又有应用端，涉及汽车制造、航天制造、机械装备、电力能源。这三方面上游设备软件、中间工业软件和下游的应用，构成了一个闭环。这个闭环里没有应用，难以验证工业软件的精确度，没有上游产业的支撑，也难以形成一个产业链条。所以前文提到 IT 重构，从数据库、操作系统、中间件、服务器，甚至包括系统的解决方案，将是实现工业软件、工业互联网，这样一个闭环的技术支撑。工业软件 IT 重构的重要性不言而喻。

接下来分析工业软件三大类里，最典型的国内国外之间的差距对比，到底形成了怎样的格局，以及未来的发展空间有多大，国内目前处于什么阶段，以及未来的发展方向。ERP 领域本身是工业软件里面比较重要，对绝大多数企业来说又是刚需的领域，本文希望能够通过 ERP 对工业软件做一个比较全面的了解和呈现。

ERP，已经有超过 50 年的发展。20 世纪 60 年代，在库存，包括主生产计划，物料供给等方面，就已经有了一定完善的管理软件发展系统。在 20 世纪 70 年代形成了一个闭环的需求。什么叫闭环的需求呢？从计划到实施，到反馈，到控制，最后到生产制造，形成一种能力需求。20 世纪 80 年代形成了系统化，包括物流管理都融合到其中。20世纪90年代已经打通了全社会范畴的资源利用，也就是真正的网络化，形成了混合生产闭环或者平台化的ERP。发展到现在，用行业里的术语讲，ERP不但走向云计算，同时也走向了自我迭代。什么是迭代呢？专业人士称"砸掉ERP"，让ERP消失，融合到管理所有的角落或者环节里，这是ERP未来的一个指向。

ERP到底会对生产制造带来哪些收益和管理方面的提升呢？无论是在管理、控制、延期、采购和能耗方面，它都能节省社会资源。智能制造成本会下降12%，管理人员会减少10%，生产能力会提升10%，库存通过ERP会下降到30%到50%。时延方面，交货延期减少80%，损失交货率提升55%，采购会缩短到50%的预期率。损失供给，减少物料代工方面，会达到60%。这些方面都形成了一个ERP对企业运营方面特别的刚需，在降本增效方面有非常显著的效果。这就回答了人们在产业交流中的一个问题，ERP未来是不是真正的刚需。我认为ERP在未来而且在相当长一段时间内，随着云化，应该是企业尤其是一些中高端企业更大的刚需。

欧美发达国家ERP普及率已经非常高。ERP在国外大中型企业里都已得到比较充分的使用。国外相对小型的企业也纷纷尝试应用新一代ERP，尤其是云化ERP。这与我国的情况形成一个鲜明的对比。如果云计算公司在国内能够形成规模化，ERP领域就会是工具软件属性的一个刚需方向。什么叫工具软件属性呢？工具软件属性本身即使不是云化，也必然要形成生产工具或者刚需使用的一个软件系统，或者叫软件产品。ERP具有非常清晰的属性，同时叠加了云化的过程，所以ERP云化加上ERP领域的IT重构，在未来将会对产业、实业，甚至金融行业、投资领域带来比较大的变化。

增速方面，ERP 从 2012 年到 2015 年的增速，基本上维持在相比一般行业略高的状态，维持每年 15% 的增速。而工业软件最近几年复合增速基本上在 15% 左右的态势，尤其是相对细分领域的一些工业软件，基本上都在 15% 以上。所以 ERP 市场的发展是中规中矩，而且前景又非常可观的一个领域。在 2017 年，国内市场规模达到了 240 亿元人民币以上。预计未来在 2024 年，也就是说接近中国智能制造 2025 的一个时间点，国内的工业软件 ERP 市场规模预计会接近 500 亿元，这是我的观点。

近几年随着云化、ERP 云化，或者随着 ERP 在产业里发展的使用情况、刚需的争议，可以看出一个非常清晰的脉络，基本上 3 年到 5 年会有一个周期性的增长。分析 ERP 在最近 10 年之内的增速，2009 年开始到 2011 年是一个增速的攀升。2011 年到 2015 年增速逐渐有所放缓，到 2016 年，增速又有所提升。为什么呢？从 2015 年、2016 年开始，国内已经有比较清晰的云计算 IaaS 层支撑。刚才我提到 IT 重构底层是所有科技行业，至少是信息科技行业的一个支撑。这就是为什么说要先把底层 IT 重构脉络逻辑讲述清楚。认清了 IT 重构这么一个历程，知道它发展经历了哪些，有哪些机会点，才能清楚地认识到 IT 基础设施或者科技新基建的过程，未来会对上层应用方面带来哪些新的变化。在 2015 年、2016 年，国内 IaaS 云方面得到了蓬勃发展，包括阿里云、腾讯云，最近上市的金山云、华为云，都有所建树。这些带动了 ERP 领域云化的发展，包括中小企业云化的发展。对于 ERP，不管是大型企业还是中小企业，都要经历一个认同的过程。这类工业软件一度存在比较大的产业争议。随着云化增速的提升，一些 ERP 企业的云化比例将达到 30%，甚至未来几年营收方面将超过 60%。这意味着众多具有头部价值的企业都使用传统 ERP 的局面即将被打破，未来必然走向云，走向融入运营管理无处不在的环节，这必然会带来产业方面巨大的变化。

2024 年国内如果达到 500 亿元以上的市场规模，若都是云化，这些企业又比较倾向于接受，同时复签率和使用率非常高的话，这一类工业软件必然会有新的产业逻辑或者新的产业价值诞生。这将是今天有些领域没办法预知的，因为随着未来 AI 的应用，不管是底层公有云架构，还是私有云，还是 PaaS、SaaS 的融合，相信未来在 5G 应用方面，叠加云计算和 AI 的大周期，都可能带来企业运营方面非常巨大的变化。

商业模式正在逐步变化。传统的生产制造还是一个生产制造业端、销售渠道业端，最后才到 C 端的流程。未来可能是生产厂家对消费者（M2C），甚至有可能个人对个人之间的电子商务（C2C）的商业模式会出现。若干年前就有人提出，无论是顾客与企业之间、顾客与顾客之间的交流（C2B2C），还是企业对个人（B2C），或者消费者对企业（C2B）等这些模式，在不久的将来都会出现。尤其近年来，大家可能更清晰地感觉到，网红经济、直播带货在产业或者社会上引起了越来越大的反响。尤其是在疫情期间，很多包括在线科技的流量也得到了巨大的提升，给很多公司带来非常高的知名度。这些应用最后变成流量，未来会形成新的商业模式。这是必然的趋势。尤其随着 5G 网络的搭建，未来应用可能如雨后春笋般地诞生。

如果说人们在 4G 阶段初期，还没有清晰地感觉到移动互联网的优越性和便利性，4G 建设到一定程度以后，人们一定会感受到碎片化时间已经被微信所占有，这就是"4G 改变生活，5G 改变社会"非常好的一个验证。怎么改变社会，怎么改变生产制造模式，怎么影响到工作，影响到学习，影响到生活，所有这些都在一定程度上蕴含着一些产业科技逻辑。

IT 重构或者科技周期，以及将其贯穿于工业互联网神经系统的工业软件，这些未来都将在你不经意的情况下，改变你在生活中的思想和行为。因为它会改变衣食住行的方方面面。如果 AR、VR 实现，你的工作方式就会在极大程度上被改变。未来会通过全息的方式，通过 AR、VR 的方式实现虚拟数字人，那个时候你就能真正清晰地感受到，今天所讲的 IT 重构的基础设施、工业互联网、在线科技是具有革命性前瞻意义的。今天更多的是聚焦在几个领域，形成非常扎实的、刚需的，但略显枯燥的对工业软件领域的认识。

软件无非就是 MES、ERP、PLM 几类。全球四大 ERP 厂商是 SAP、Oracle、用友、金蝶。当然其他公司，如 IBM 等也会涉及这一类的业务和产品，在此就不一一列举了。国内 ERP 与国外 ERP 成立时间隔了 10 年到 15 年的时间。所以我说国内的工业软件和国外有 10 年或者 15 年的差距，这个数据是非常有依据的。从我国 ERP 成立的时间看，与国外确实存在一定的时间差，但是这是否意味着不可追赶呢？当然不是，这就是为什么要在工业软件产业方面提出想法，为什么说工业软件是非常值得深入研究。因为随着云化，时间差就不是最关键的问题了。换句话说，就是可能会实现弯道超车。事实上我不太认同"弯道超车"这个说法，我认为可以称为"换道超车"。

另外，在营收方面，跟国外公司比，我国的公司确实差得不止一个量级，这是现实情况。

再看看国外与国内第一款推出来的产品，在它们的上市时间、净利润等方面，也可以看出来差距非常巨大。如价格方面，目前国外明显要领先于国内。再就是产品推出的时间表，以及国外公司的一些产品研发人员、销售人员覆盖全球的方位，具有非常鲜明的数据验证性。

工业软件在云化的大趋势下，几大 ERP 巨头都会有比较鲜明的一些特征。尤其是云化逐年增速，比例越来越高。国外在 ERP 涉及的领域也比较全面，不但在财务方面，而且在销售、人力、供应链方面都会得到相应的一些呈现。对比国内，这方面的差距就非常大。无论是国外的 SAP，还是 Oracle，这些公司在产品成熟度方面、全面性方面以及并购案例方面，都是非常值得国内借鉴学习的。

另外，在产品成熟度方面，国内和国外相比有非常鲜明的差距，国外有的公司如 Oracle，可以达到产品覆盖全系列，尤其是 Oracle 之前在国内几乎是百分之百的市场占有率，这是国内公司望尘莫及的。

国内公司也有一些希望，这些希望是什么呢？就是国内有些公司已经实现了 ERP 云化非常可观的收入，如港股上市的金蝶，云的收入已经达到了 30%，未来一定会令海外的公司望尘莫及，这就实现了"换道超车"。如果传统的 ERP 难以追赶，那就换到云方面，看看是不是能追上。

国内有一种说法叫"南金蝶，北用友"。用友 ERP 在大型企业、中型企业和小型企业中，已经逐渐形成全系列产品的覆盖。目标售价也比较亲民。

总的来说，IT、IC、ICT 这三大产业是信息科技里的铁三角，也形成了一个刚需的闭环和支撑，相互之间会有巨大的影响。所以笔者认为 IT 重构这么一个革命性的历程，道阻且长。在这个道阻且长的过程中，一定会有波折、风险，这个重构的过程不是一帆风顺的，但是相信在科技周期或者国内 IT 的发展历程中，"三十年河东、三十年河西"这个传统的逻辑是不会被改变的。我们应该坚信随着 IT 重构逻辑的演绎，未来在 IT 重构这个信息科技基础设施方面，一定会有国内公司非常好地支撑其他领域、其他行业的发展。支撑重大行业发展的就是 5G、信息科技、通信行业。

铁三角的另一极是工业互联网方面的工业软件，这也是需要 IT 融合的支撑。在这方面不管是哪个操作系统——嵌入式操作系统、移动式操作系统，还是云操作系统，包括中间件，都能够很好地支撑工业互联网、移动应用方面的发展。工信部提出来"打造百万工业 App"，在这些方面实现支撑的情况下，必然出现 5G 改变社会脉络，未来会对智能制造 2025 有一个比较好的支撑。

"战疫"后，5G 和云计算驱动新基建

武超则 *

一、新冠肺炎疫情背景下 5G 加速布局

从 1G 大哥大时代，到 2G 功能机时代，然后到 3G 智能机时代，再到后来的 4G 大屏时代，最后到今年的 5G 时代，移动互联网经过了几十年的发展。谈到科技行业或者信息产业，一般会指云端到网络再到终端，它映射到电子行业、通信行业、云计算、互联网传媒行业等。从 2019 年开始，大家都在反复强调要加快 5G 的商用，同时做好 5G 发展带来的投资和基建。2020 年 2 月 22 日，国家工业和信息化部召开加快推进 5G 发展、做好信息通信业复工复产工作电视电话会议，会议再次强调要加快 5G 的商用步伐，特别是独立组网的建设步伐，切实发挥 5G 建设对稳投资、带动产业链发展的积极作用。2020 年受到新冠肺炎疫情的影响，线上经济以及远程云上经济对宏观经济增长和拉动的作用就显得更为重要。

---

* 武超则，中信建投证券研究所所长兼国际业务部负责人、TMT 行业首席分析师。

简单回顾一下3G，3G是在2009年得以商用、发牌的。事实上，从所谓的智能机时代的来临，到网络智能化正式商用，2012年后的云端部分，大量的App尤其是社交软件和电商软件，均伴随着3G智能化以及3G网络的商用，迎来了随后10年线上移动互联网的繁荣。3G创造的产值，有基础的信息高速公路修建、线上应用和内容的极速爆发，基本上全球都有一个1∶7的比例，每1块钱基建的投资对应上层内容可能有7块钱，甚至更多的产值。这就是为什么我们今天要站在新一轮技术创新起点去看，5G对未来上层的作用，这个圈里面的内容和生态的拉动作用是非常明确的。

2020年是全球5G商用的关键之年。除了我国市场，美国、日韩、欧洲，都在加速5G商用的进程。发展到这个阶段，不仅我国经济要更多地依赖科技或者线上的发展，在此类技术比较发达的北美，以及日韩、欧洲，也是类似的情况。我国在2009年商用了3G，全球商用3G元年是在2000年前后，日本基本是在2000年年初就开始商用3G，而我国的3G商用比全球晚了将近9年时间。全球4G商用元年是2010年，欧洲、日韩，基本上都在2010年前后实现了4G商用，而我国4G正式发牌是在2013年。在4G商用的周期上，我国相对全球已经有了一个较大的提速，但总体还是略晚。

2020年会是全球5G商用发牌的元年。在3G时代，我国更多的是跟随者；在4G时代，我国更多的是追赶者；5G时代，我国则更多的是领跑者。长期看，我国对于信息基建行业，尤其在新冠肺炎疫情事件的影响下，还是会有一个长周期的、基础性的贡献作用。

我国5G的商用基本上分为四段。

第一段，以政策与技术推动作为主导。

第二段，以业务和产业作为主导。

第三段，需求推动，商业主导。

第四段，学习复制。

任何新技术的发展都不是一蹴而就的，上文谈到 2000 年前后是全球 3G 商用元年、2010 年是全球 4G 商用元年、2020 年是全球 5G 商用元年，移动通信基本上是 10 年更新一代，它的周期性还是非常明确的。因此 2020 年到 2030 年应该是一个大的 5G 周期，2019 年市场仍然是以政策和技术的推动作为主导，到了 2020 年逐步过渡到以产业和业务场景作为主要的推动力，以云视频为代表的高清直播服务，都是未来 5G 商用典型的应用场景。这个就好比 3G 时代，推动了社交方式和电商行业的发展；4G 时代，推动了短视频行业，如大家最熟悉的抖音、快手的崛起；到了 5G 时代，同样会有更多与 5G 相匹配的应用发展起来，比如说高清直播、物联网、车联网等。

站在当下来看，为什么会觉得随着产业需求的发展以及这一轮疫情的加速，本身 5G 商用的节奏也会处于一个提速的进程中呢？

把 5G 摆在一个如此重要的位置，长期看，其原因在于 5G 与 3G、4G 相比其核心的差异。除了简单的速率提升之外，5G 还具有三大应用场景、八大关键技术指标，比如说频谱效率、连接终端的密度、实验指标、可靠性。5G 是第一张为万物互联（物联网）而设计的网络。

从 1G 开始，到 2G、3G、4G，都是典型的人联网，以人际通信作为核心网络搭建的目标，它更多用来解决人与人之间的通信问题。其不同点在于，1G 时代，更多以语音为主；2G 时代更多以声音加文本为主，比如发短信；3G 时代更多以声音、图片为主，实现了向上网的逐步过渡，所以它是有划时代意义的；到了 4G 时代，开始向更多的视频、音频、直播过渡。这也是 4G 和 3G 相比的较大提升。

总而言之，之前的四代移动通信系统基本上以人际连接为主应用场景。到了 5G，涌现了如车联网、远程控制、无人机等万物互联的场景，这时候和人联网之间最大的区别，不仅仅是网速变得更快、终端变得更密，还有对网络可靠性、终端连接密度、时延指标以及对环境适应度的要求都是有大幅提升的。

5G 有三大应用场景分别是增强移动宽带（eMBB）、低时延高可靠（URLLC）以及海量大连接（mMTC）。自 2019 年开始，主要还是围绕增强移动宽带的场景做商用；在 2020 年后逐步推出海量机器类的通信，从而满足像物联网、智慧城市这样的需求；再到最终高可靠、低时延的通信，典型的场景是自动驾驶、无人驾驶等。

5G 终端的普及和应用是对产业的一个基本判断。

对应投资方面来看，对于关心 2G 市场的群体来说，新基建的内容还是很热门的，市场也非常关心。要去拉动投资，保证经济的增长，或者在于新冠肺炎疫情之后要恢复经济的增长，新基建是一个非常重要的方向，它的投资大概是什么样的体量，什么样的周期，在这里也做了一个简单的测算。

5G 投资应该是未来三年到五年的一个长周期过程，其中 2021 年、2022 年将会有一个比较确定的向上趋势。按照基本的测算，从 2020 年开始，到 2021 年、2022 年的两三年内都会有确定的同比正增长，但在 2023 年以后增速会逐步降低，这也是对比了 4G 时代的情况做出的一个简单判断。

对于投资的体量和规模，总体来讲，未来 5 年基于 5G 的投资大概是 1.2 万亿元左右，是 4G 的 1.5 倍，这里可能涉及相关的供应链，对应的产业公司，在此不赘言。总体来看，对基础设施投资的拉动还是非常清晰的。尤其在现在大的趋势下，在信息基建的路上，每一轮周期性对应的都是技术创新周期。毫无疑问，2020 年是一个新技术周期投资的开始。

以上主要是围绕 5G 基建的情况论述。另外一条主线是围绕云计算的情况，这其中和新冠肺炎疫情相关的直接影响也是比较大的。工信部公布的最新数据指出，2019 年全年，移动用户单用户月均流量（DOU）基本上达到了 7.8G。这个数据表明移动流量增速非常快，相比于 2018 年同比增长了 69%。由此可以看出基础流量还是处在一个爆发式增长的过程中。

此外，在春节期间移动流量出现了同比增长，较 2019 年春节期间大约增长了 36%，从总体同比增速来看也是非常快的，有一个很高的基数，又有将近 40% 的增长。其背后原因是在春节期间有一部分人回家乡过年，很多人会用到阿里巴巴旗下的钉钉或者腾讯会议系统。并且在春节期间，基本上各家互联网企业都在前端做云办公或者云视频相关的项目，这也会导致从下载量到用户的使用量数倍流量的增长。

云基础设施也带来了新一轮移动流量比较快速的增长。我国在云产业链中，可能会涉及几个层面的公司，最大的公司是围绕底层的云基础设施服务，比如 IaaS、PaaS、SaaS 做公有云服务的厂商，其中最大的两家是阿里巴巴和腾讯。在 2020 年新冠肺炎疫情的背景下，因需求量的增加，这两家厂商在春节期间扩容了大约 10 万台云服务器、云主机，对应到服务器为 2 万到 3 万台。

在过去这么多年里，我国这两家云厂商本身服务器的存量基本上是在 100 万台左右的数量级。而在 2020 年春节期间，两家加起来再扩容了 100 万台，相当于 2020 年存量总基数上再增加 50% 的需求。从这点来讲，虽然云计算不是一个新鲜的行业，但受到一些事件的影响，可能对这个阶段产生一个跨越式的发展。当然就其本身而言，除了底层要去做云产业链中的云基础设施或者设备商用，再往上一层，也有大量的应用服务即内容服务的需求相应增加。

根据 2020 年的形势来看，可以简单对比一下我国云产业链公司与美国龙头公司之间的情况。美国是云计算发展速度最快的国家，有包括亚马逊、微软、脸书、谷歌在内的龙头企业，他们的云基础服务器保有量大约在 400 万台的量级。而我国互联网龙头企业阿里巴巴的云基础服务器保有量约在 100 万台左右，大约相当于亚马逊 1/4 的水平，从收入口径上来讲大约是 1/8。

从这个角度来看，未来云经济或者云计算的长期空间也是非常大的。从另外一个视角做一个对比，前文提到了 5G 基建的投资，与之相对应的就是互联网公司的云基础设施、云产业链的投资。

按照美国的情况，它在 2018 年发生了一个非常大的变化，互联网公司资本开支，谷歌、亚马逊、微软、脸书加起来已经超过了运营商美国电话电报公司（AT&T）、威瑞森电信（Verizon）的资本开支。相当于互联网公司，每年大约有 1 000 亿美元的基建投资。

对应到国内的市场来看，目前信息基础设施建设的投资主力还是运营商，每年这个数据大约是 3 000 亿元人民币。包括 BAT 和字节跳动，每年云厂商资本开支不到 1 000 亿元人民币。

从以上两个供给角度数据来看，云产业链投资空间还是非常大的。

新冠肺炎疫情只是一个事件，它更多地意味着 2020 年是新一轮基础设施创新的起点，是多种技术的复合创新。这里涉及 5G、云计算、人工智能、物联网等一系列硬科技之间的交叠式发展。这些发展会作为一个底层的生产工具或者一个基本的支撑，来拉动这一轮技术创新。

未来硬科技本身就是一种工具，这种工具应该越来越趋于标准化，越来越趋于易用，接下来重要的是怎么才能结合传统行业的场景用好这种工具。无论 5G 还是云计算，均需要比较抽象地去理解，还有什么样的技术指标、门槛等亟须解决。也许 10 年后的我们再看这些，就好像今天看待移动互联网、计算机一样，是一个非常普通的基础设施或者生产工具。所以接下来怎么利用这些技术来提升传统经济及传统行业的生产效率是更重要的问题。站在一个企业的视角，在这样一个大的宏观背景和行业背景下，面临大的技术变革，应该思考要如何做才能够更好地运用好这些工具。

二、数字化和智能化加速发展

数字化和智能化的加速发展是新冠肺炎疫情对企业带来的一个最主要的影响。3G 时代或者 4G 时代，一方面面向 to C（个人客户）互联网和消费者相关的业务更多一些；另一方面，如果同步看市场的需求，较发达的也是 to C 的部分。

到今天再来看，可能会有一个非常大的区别，就是在 to B（企业客户）市场里怎么用好这些信息化的工具，这与 3G、4G 带给我们的影响会有一个本质上的区别。在过去 3G、4G 时代，更多的是解决网络化问题，如何通过线上线下的工具做生意。那时候送外卖或者滴滴出行这一类的平台企业和电商行业，很多都是与线上到线下（O2O）相关的，本质上还是获得了线上与线下网络化的红利。

之所以叫作数字化到智能化的过程，首先要去观察，当越来越多的用户行为开始在线上实施以后，第一代互联网公司，更多是解决 B2C 的模式，就是线上线下网络化连接的问题。

第二代互联网公司比较有代表性，它更多解决的是 C2B 的问题，也就是怎么通过算法和算力的红利或者精准数据，去实现把用户的需求第一时间精准地送达商家，然后由商家组织生产。非常典型的公司，如拼多多、今日头条。这两个公司没有什么相关性，完全是在不同的行业，但用过这两个软件的人都知道，今日头条代表的是信息流获取，而不再是过去的主动搜索，它会通过算法和用户习惯来给用户推荐真正喜欢看的内容，或者感兴趣的部分，这就大幅度节省了用户搜索的时间。拼多多这两年在电商行业也是"杀"出了一条"血路"，大家对这个公司的看法或多或少有一些分歧，它所面向的用户也是非常精准的，且更多面向于单品海量的市场。拼多多通过先找到真正愿意买这类产品的人，然后把所有对这类产品感兴趣的人组织起来，进而进入生产上游环节，找到对应的代工厂生产，这个本质就是 C2B。

第三代互联网公司（3.0 时代），应该是 C2B，然后再回到 C

端,一方面要进行精准的画像,知道用户在哪里;再通过大量的数据,把信息提炼出来;同时上游组织在生产端生产的时候,可以对应下游的需求,形成一个精准的响应,这就是所谓的柔性生产、智能生产。对上游能不能做到精准决策,是下单还是产能的调配等都会做到更加智能化的匹配。

由此可见,3.0 时代将用户端及生产端智能化匹配这两件事形成一个闭环是非常重要的。现阶段很多企业只能实现一段,要么对用户端智能化,要么对生产端智能化,还无法将两者匹配起来。在工业化时代,用户喜欢的是单品海量,同样一个产品越多的人购买,由此产生的成本就越低。未来智能化和数字化带来的巨大改变将使每位用户即使买到的硬件产品不同,也不会额外增加生产成本,从而不会提高价格。

做到这一点之前,还是要从基础的工具做起。自 2015 年开始,阿里巴巴就提出了数字化中台的概念,这是一个很有战略性的方向。

现在对于中国的大中型企业来说,可能都是有痛点的。当业务量从 1 到 10 的时候,企业可以通过简单地扩张前台人员去增加产能来匹配业务量的增长;在现在线上经济如此发达的情况下,当业务量从 10 变成 100 或者 1 000 的时候,通过简单地堆积前端的前台人员,会导致业务量线性上升,但又无法满足业务量扩张的需求。比如,疫情时期的远程视频、在线教育等,这些业务量的需求会出现一个数倍的增长,这个时候对于大中型企业来说,瓶颈不是在前台,而是在中台。2015 年阿里巴巴就提出了大中台、小前台的概念,它的核心理念就是把前台和后台通用的一些业务能力或者频繁变化的能力，抽取到一个共享业务事业部中，这个共享业务事业部可能包含各个业务部门涉及的通用型需求，比如会员服务，包括商品、交易、营销、结算等底层技术，以及再次输出这些技术能力，以支撑行业前端的应用。

这时候，首先内容要适应瞬息万变的市场需求，因为接下来大家的个性化需求会越来越多；其次要减少在企业内部重复地"造轮子"或者"造烟囱"。在云计算时代，第一步打掉的是底层每人部署一个"炉子"的情况，变成每家一个"炉子"，最后开了一个云厂商，它是一个统一的"发电站"。接下来要把这些"烟囱"打掉。可能没有办法每做一个产品，每发展一个业务就重新造一个"烟囱"，因而要考虑怎么把这些"烟囱"统一起来，能够共用或者共享。这时候也是接下来大中型企业非常重要的一个趋势，再往上一层到了前台这一块，提倡的是一种更加智能化、精简的、非人为化的流程。例如现在美团每天大概有2 000万单外卖量，对应到外卖小哥大约要调配60万名。这样一个智能化匹配的过程，不可能简单靠人为来完成，接近上文中谈到的大量多业务爆发式的需求，而美团配送调度整体效果的显著提升，归功于很早就建设了基于数据驱动流程把控的"超级大脑"调度系统。

过去大中型企业流程更多是将业务人员作为主导，将业务系统和数据仓库作为辅助去决策。现阶段过渡到一个新的业务模式下，企业开始以真正意义上的数据驱动作为主导，怎么从业务系统到数据中台再到业务中台，要把这些内容重新搭建在一个技术平台上，就可以实现真正以技术中台和数据中台为决策流程的主驱动。此时业务人员更多地起到一个辅助的作用，这样才有可能使得传统经济在大量前端业务爆发式增长的过程中满足业务量从10到100，从100到1 000，甚至到10 000的爆发增长。由此可见企业数字化转型和搭建中台是大中型企业的当务之急。

对于中小企业而言，更关心的是在一个不是很好的宏观背景下怎样渡过经济寒冬。这时候云计算除了在前端提升效率的优点之外，更重要、最直观的就是降低成本。根据调研，上云的企业当中大约有30%核心诉求是降低成本，21%是简化业务流程，还有28%是为了随时随地获取数据，其他的诉求还包括方便升级、较低资本开支、较快的部署速度等。对于企业来说，有了这么多开发硬科技的技术公司，但是如何运用好这些工具，首先要解决的是怎么从3G、4G时代的网络化转向5G时代的网络化。如今大部分企业都有线上的网店、微信公众号以及自己的线上线下叠加的渠道。

接下来要解决的是数字化的问题，即如何做到将生产数据和管理数据全部转变为数字资产。再往下一步是智能化的进程，即有没有可能真正用这些数字资产，通过大量的数据处理或者人工智能算法，更好地实现服务客户的业务流程优化。智能化的第一步是要先上云，未来云端70%的应用都将是一些AI类的应用，包括应用于支付以及身份验证环节的人脸识别功能。

除此之外，我们在考虑技术创新浪潮的同时，也要主动用好这些技术。一个需要考虑的基本要素是，以上内容更多和自新冠肺炎疫情以来的云办公、远程办公直接相关。未来对于科技企业而言，核心技术以及基础设施的自主可控和信息安全，将尤为重要。

在云办公环境之下处理一些公司的事务时，除了觉得方便和相对灵活之外，也出现了很多新的问题。如何保护隐私，所有流程、决策大量在线上进行的时候,怎么保证信息和数据安全等,这种问题会比过去线下时代的安防更为复杂,这将是一个巨大的市场。

科技类的企业需要思考,过去在全球技术红利下,用美国的芯片,韩国和日本的存储、面板、原材料甚至设备,造出了很多伟大的商业模式。但是长期来看,如果全球分工博弈加剧,我们就要从底层考虑,若有一天没有这些别国设备可用,商业模式创新还能否继续。

在这样的背景下,我国企业的自主创新会迎来一个相对向好的阶段,在市场容忍度和市场包容度方面会有一个很大的提升。

在电子产业链当中,过去很多厂商是以一般性组建和零组建为主,比如说手机中的天线、电池、摄像头,就是以结构件、连接器、外观器件这些零件生产为主。就拿苹果手机来说,它的品牌和设计利润大概占到80%,而我国所做的组装相关环节的利润占比只有5.3%左右,这其中大量的企业赚的是5%的部分,真正品牌和设计相关的大部分利润,还是掌握在美国企业手中。从这个角度来看,需要思考的一个问题就是怎么从过去相对粗放的增长,走向一个更加以核心技术驱动的经济增长模式。此时进行研发投入,长期团队的布局就显得尤为重要。

现今韩国最发达的存储和面板两个行业,其背后得益于长期的基础学科投入,以及在制造环节的长期资本开支、研发投入所带来的结果。如果10年后,要从中国制造到中国创造,作为企业,从现在开始一定要从一个更加根本的底层去思考和创新。

当然,作为一个分析师,对我国企业还是比较有信心的。举一个最典型的例子,半导体或者芯片行业的技术差距没有太大区别,更重要的是关注市场的需求。从 5G 和云计算市场空间来看，需求还是非常大的，另外，像人才团队、持续稳定的政策支持、下游终端厂商的接纳度对整个行业都是十分利好的。包括 SaaS 在内的芯片行业，也是一样的，都是需要不断地在市场中磨炼。在接下来 5—10 年有核心技术的科技企业，将会迎来一个最好的发展周期，从市场包容度、政策支持度，以及从资本市场支持的力度上来讲，都是非常有利的。

回顾 2013 年 3G 和 4G 商用发展起来以后，底层硬件渗透率的提升带来了后来 5—6 年移动互联网飞速发达的阶段。2020 年 5G 用户数量在 1 亿到 1.5 亿左右，但是从物联网的终端来看，远远超过这个数据，因为 5G 所面向的终端肯定不仅仅是人，它是跟万物互联相关的，大量物与物的连接也是非常重要的。

高德纳咨询公司（Gartner Group）预测，2020 年全球物联网的连接数会达到 1 000 亿个。也就是说按照全球 50 亿人口来算，基本上每个人有 20 个终端，这个终端可能是除手机之外的计算机、手表、智能手环、智能眼镜，甚至是汽车，或者家庭里的电视、空调、机器人等。

每年全球 1 000 亿个物联网连接终端，它所产生的数据量相比于移动互联网时代一定是一个指数级的增长。另外在细分市场里，如白色家电，安防相关产品，包括智能家居、车联网、工业互联网，这些相对现在智能化渗透率都比较高。

再比如说汽车，以新能源车为代表，整车成本一半以上是汽车电子相关的部分，像特斯拉汽车内的大屏幕等，已经解决了汽车智能化的问题。这种改变也像功能手机到智能手机的进步一样，智能家居行业、车联网行业智能化的过程正在发生。应用爆发的临界点，相比于存量智能化连接的硬件，30%渗透率是一个比较有用的数据。类比手游行业以及很多互联网的场景，当移动用户数超过30%时，内容行业将迅速崛起。

前文列举的应用场景，非常值得关注。最终 5G 的应用不会简单地复制 4G 模式，未来更多的还是要从 to C 走向 to B，需要从消费互联网走向更多的产业互联网，从而更多地服务于企业。可能中后期，现在比较好的一些场景，像工业生产控制，包括智能电网、网联无人机等，都会是一些比较有趣的 to B 的场景。

总体来讲，2020 年应该是应用的元年，是商业模式创新非常好的阶段。

在投资方面，需要探讨估值，现如今，板块指数和个股涨幅还是非常大的，是否会有泡沫化的风险，或者未来的空间还有多大，是更值得关心的。对比中美市值前十的公司情况，美国现在市值排名第一的是苹果公司，如果将特斯拉算进去，市值排名前六的公司全部是科技公司，其中包含微软、亚马逊、谷歌、脸书。排到第六名是一家金融公司摩根大通，然后是支付公司维萨和万事达，剩下只有两家能源和消费类公司，分别是强生和壳牌石油。

再看中国市场，市值前十的公司 80%都是金融企业、各家银行以及中石油、中石化这类能源企业，这与过去 10 年中国经济的增长主要驱动力以资本和能源作为核心要素有很大的关系，而美国则是以技术和科技作为核心驱动力。未来 10 年，中国经济还希望有一个更加持续、长远、高质量的增长，这取决于技术升级或者以技术和科技为驱动的主线。只有坚持这条路径，才能够在当下的大环境下，在资本和能源驱动不可能无止境增加的背景下，继续推动经济高质量增长。

简单对科技公司进行比较，中美之间的差距也是非常大的。如果把阿里巴巴和腾讯算上，这两家公司加起来的市值相当于苹果公司。而第三名到第十名，这 8 家中国公司全部加起来，市值还是没有亚马逊一家公司高。中美之间科技公司市值差距和收入差距都很大，这给了我们发展的空间和追赶差距的动力。

一般科技公司都会用到市销率（PS）、市盈率（PE）两种估值法。美国科技龙头 PE 和 PS 估值并没有比 A 股更加便宜，最典型的就是亚马逊常年是 10 倍的 PS，这个与阿里的情况很相似。再比如说英特尔，在做芯片相关的公司中，它的估值常年相对比较高。还有英伟达，在做人工智能相关的公司中，它的 PS 也是常年在 10 倍以上，如果看 PE，基本上在六七十倍。如此对标 A 股的京东、立讯精密、海康威视这样的公司，基本上也有相当大的差距。

总体来看，美股对于科技行业的定价，是要契合它所在的细分行业和细分板块，在这个框架下讨论估值才是有价值的，而不是把科技想成单独一个板块，或者把科技、媒体和通信这三者结合在一起的概念板块（TMT）想象成一个东西，因为 10 年以后可能所有公司都跟科技有关，但不可能所有公司都有同一个估值。一定要看在这个赛道里，哪些是成熟企业，可用 PE 结论估值；哪些企业是在一个快速成长期，可能用 PS 估值更合适。到底哪些赛道处在一个高速研发投入、产品研发的周期，可以用研发指标和团队产品指标去估值更合适。哪些企业处在一个用户高速增长期，此时可能用现金流折算，比如说现金流折现估值模型（DCF）的方式更合适。尤其对于科技行业，相比于静态估值，看未来动态的变化肯定是更重要的。经常用市盈率相对盈利增长比率指标（PEG）去考虑增速的方法来估值是一套相对完整的方法。

纵向与自己比较，电子、传媒行业最近12个月市盈率（TTM）都在30倍左右，计算机和通信行业的TTM大约在40倍以上。但是相比于2015年市场泡沫化阶段比较严重的时候，高点大部分在100倍以上，虽然还没有到泡沫化阶段，但并不意味着这个位置就很便宜，只是说相对当年所谓的科技泡沫破裂的风险是很小的，远未达到泡沫化那种程度，但是接下来会是什么样的情况，我们拭目以待。在2020年对这个行业的观点是非常明确的，就是从上证50向科技50迁移，这个过程中也有更多的公司，尤其是能代表中国科技生产力的公司受益。

三、总结

第一，长期看，"科技+疫"背后蕴含着的是新一轮技术创新加速的进程。没有新冠肺炎疫情本身，2020年本身就是新一轮技术创新的起点，因为疫情加速了这件事情，不管是用户习惯还是传统IT上云的速度都在加快。

长期看，就是从3G、4G网络化时代走向5G所代表的数字化和智能化时代。这个对应两个方向，一是信息基建中比较看好的两条主线，云计算和5G，以及和信息化相伴相生的信息安全；二是5G应用里，会涉及一些to C的场景，其中发展比较快的是云游戏、VR、高清直播，to B方向下，像云办公、车联网和工业互联网，也是值得关注的。以上是长期的技术趋势对行业带来的一些影响。

第二，企业本身除了要考虑怎么能够用好智能化的工具和新的技术，来提升自己的生产效率、降低生产成本之外，在未来可能也要更多地去考虑怎么从赚辛苦钱走到赚核心技术，如何做一些更有技术创新突破的产品，只有这样，长期竞争力才会更有保障。

在此提三个建议。

一是，2015年人们喜欢讲"在风口上的猪"，也就是板块效应。现如今与那时候已经有了区别，我们还是要聚焦到每个行业的龙头公司，因为行业基本面已经有了比较大的分化，非常清楚细分的基础赛道里对应的龙头公司是谁，并且这样的公司在经济增速大大放缓的背景下，它的抗风险能力、团队和研发能力都相对更强。前提是在目前阶段，龙头估值也没有泡沫化，总体还是要从投板块到投龙头。

二是，从5G新基建到5G新应用。接下来总体应用的弹性优于硬件，2015年大家最喜欢买的是一些商业模式创新的公司；2017年、2018年，大家都喜欢硬科技、技术创新的公司；2020年以后又要回到商业模式和内容的创新上来，这就是一个轮回。本身这两种创新没有优劣之分，最重要的是怎么能够最终把这种创新和实体经济结合起来，真正提升效率，而不只是简单的虚拟经济。

三是，对科技的理解需要转变。3G时代，大家最喜欢讲"互联网+"，那时候把互联网放在最前面。在那时由于看不懂或者看不清，传统行业对互联网本身是一个比较排斥的态度。最终还是会走向技术标准化，此时科技更多的是一个标准化工具，可能10年后，这些硬科技就像现在使用计算机、网络一样普遍，它是一个基本要素。这时候更重要的是如何让传统行业的公司或者产业用好这些工具，提升生产效率、降低生产成本。这时候是"产业+"，产业要放在前面，加的是5G、AI、云计算、物联网，技术本身并没有太多的神秘之处，更多的是产业用好这些工具，工具赋能产业。最好的技术还是要反哺实业，真正能够服务实体经济，这才是长期有生命力的。在投资方面，传统行业中能够很好地利用新技术的公司，是更值得关注的。比如过去在金融科技方面做得非常好的中国平安，市场投资者对它的估值体系更像是对一个科技股，而不是像一个传统保险公司，这种例子接下来会越来越多，这也是传统行业接下来转型的重要机会。

新冠肺炎疫情下大数据的机遇与挑战

羌 薇[*]

一、背景与现状

面对新冠肺炎疫情，国家密集出台了相关政策。2020年2月3日，国家卫健委办公室发布了《关于加强信息化支撑新型冠状病毒感染的肺炎疫情防控工作的通知》，要求充分发挥信息化在辅助疫情研判、创新诊疗模式、提升服务效率等方面的支撑作用。2月4日，工信部发布了《充分发挥人工智能赋能效用，协力抗击新型冠状病毒感染的肺炎疫情倡议书》。2月7日，国家卫健委办公室发布《关于在疫情防控中做好互联网诊疗咨询服务工作的通知》，要求充分利用"互联网＋医疗"的优势作用进行疫情防控。2月14日，习近平总书记主持召开中央全面深化改革委员会第十二次会议并发表重要讲话，鼓励运用大数据、人工智能、云计算等数字技术，在疫情监测分析、病毒溯源、防控救治、资源调配等方面更好

---

[*] 羌薇，陕西省工业和信息化厅总经济师、致公党中央经济委员会副主任。

地发挥支撑作用。2 月 18 日，工信部发布了《关于运用新一代信息技术支撑服务疫情防控和复工复产工作的通知》，要求充分运用新一代信息技术支撑服务新冠肺炎疫情防控和企业复工复产工作。

大数据、人工智能、云计算、5G 等技术在抗疫过程中发挥了巨大作用，新冠肺炎疫情成为一场对我国包括人工智能技术在内的各项技术发展情况的最严格的现场检验。

为了推动疫情之后以人工智能技术为代表的各项相关技术的快速落地与产学研融合，我们应该以需求为导向，以效果为依据，关注大数据智能分析、医疗大数据、疫情大数据、基因测序、药物研发、远程医疗、肺炎自测、互联网医疗、智能问答、智能服务机器人（医疗场景、非医疗场景）、智能医疗辅助诊断系统（CT 影像、移动超声）、智能医疗云、智能语音、智能识别（AI 测温及其他）等产品类型。并大力推动新冠肺炎疫情之后的各技术及产品的快速落地与应用普及，推动人工智能产业在各领域的快速发展。

在新冠肺炎的治疗过程中，由于缺少特效药，有基础疾病或者高龄的患者易转入重症，发生急性呼吸窘迫和炎症风暴，最后导致死亡。利用医疗大数据对患者的病情进行实时监测和预警，并对患者的治疗方案进行大数据分析，建立临床诊疗决策模型，及时为医生推荐最佳的治疗方案，改善患者预后。利用大数据技术对新冠肺炎的早期筛查和诊疗决策等进行预测分析，有利于控制疫情的发展，降低死亡风险。

新冠肺炎疫情暴发初期，临床数据相对较少，临床核酸检测作为诊断的主要参考标准，随着临床诊断数据的积累，新冠肺炎的影像学大数据特征逐渐清晰，CT 影像诊断结果变得越发重要。目前已有通过大数据结合人工智能影像分析，对新冠肺炎影像做辅助判读的技术。根据国家卫健委公布的诊疗方案第五版，临床诊断已无须依赖核酸检测结果，CT 影像临床诊断结果可作为新冠肺炎病例判断的标准。

二、医疗大数据

（一）医疗大数据的研究背景

如何根据流行病学、接触史、体征等信息对人群进行疑似病例的筛选，如何有效地将新冠肺炎与其他肺炎进行区分，如何针对确诊患者进行精准治疗，如何对患者进行合理的随访等问题接踵而来。同时，快速、有效地将新冠肺炎诊疗经验与全国各地的医生分享是疫情防控的关键一环。当前，国家高度强调利用大数据加强应对新冠肺炎疫情的重要性，凸显了收集、处理、分析健康医疗数据的紧迫性和未来巨大潜在价值。

对于复杂又特殊的新冠肺炎医疗数据，仅靠个人或者个别机构基本无法挖掘其潜在价值，无法对各医院临床业务数据、医学影像数据持续进行数据汇聚、融合、挖掘、分析和展现，因此搭建安全、可用、有效、灵活的新冠肺炎大数据平台是疫情期间面临的重要问题，只有平台搭建成功才可对患者的全方位医疗数据进行管理，为完善公共医疗服务应用提供技术与数据支撑，实现医疗数据资源全面汇总、有效利用以及资源共享，为科研、医疗、管理和教学、公共服务提供服务。

（二）医疗大数据在新冠肺炎疫情中发挥的作用

医疗大数据平台可通过强化人工智能和区块链技术创新，加强数据增值服务能力和互联网服务产品供给，将公共卫生与预防医学、临床医学、医学检验学与现代信息处理技术有机结合，基于流行病学特征、临床表现及 CT 影像进行新冠病毒研究以指导临床诊疗。同时，医疗大数据平台将更多区域和更多大型医疗机构联系起来，推进健康医疗大数据平台建设和服务运营，助力政府公共健康与疫情防控大数据服务体系建设。

有效利用医疗大数据，利用大数据科研平台，可助力医师进行快速高效的科研，推进新冠肺炎的相关科研进展，并逐步临床验证，助力新冠肺炎诊疗；与此同时，搭建医疗大数据教研平台，结合医学影像人工智能，可形成高起点、宽领域、全方位的长期稳定协作形式和培养模式，所以要在疫情初期及过后培养高层次、复合型人才，搭建起既注重研究和解决实际问题的能力，又面向社会需求的人才培养平台。

（三）存在的问题

医疗大数据应用面临产学研融合方面的不确定性。基于临床诊疗数据的应用，难以形成从数据采集、存储、整合、分析到应用的完整闭环。诊疗数据主要来自医生个性化的诊疗行为，可能使采集后的数据难以匹配数据应用的需求。而医疗大数据应用催生出的新的生产和组织形式也需要经过验证后才可逐步推广。医学数据较为庞大，复杂的格式、不规范的整理都会使大数据研究面临或大或小的问题。因此，切实从临床出发考虑问题，建立医学大数据系统，统一医学大数据的格式与规范十分有必要，企业应支撑不同场景需求的分析系统，建立可靠、可扩展的系统，在更短的时间内处理更多的数据，服务于临床诊疗。

（四）发展方向

医疗大数据产学研融合越来越受到大家的关注，其发展过程中也存在一些方面有待改革和完善，主要有以下几个发展方向。

1. 医疗大数据基础研究与前沿应用研究能力有待增强

培育原始创新能力需要兼顾短期目标和长期目标，我们应将部分资源投入医疗大数据的基础性和前瞻性研究中，以源头创新保障增长的可持续性：一是逐年增加医疗大数据的基础研究经费在全社会研发支出中的比重；二是加大对基础研究和前沿应用研究高端人才的引进；三是发挥各地优势，聚焦基因治疗、异种移植、干细胞与再生医学、精准医学等关键技术研究，发挥好对老年疾病、代谢性疾病、精神心理疾病等国家临床医学研究中心和抗癌药物、精神疾病诊治等国家地方联合工程实验室的作用，将领域内最前沿的基础研究与医学应用进一步"挂钩"。

2. 加大力度支持校企、院企深度合作

国家应出台政策鼓励建立高校教师、研究员定期到企业从事产品研发和企业工程技术人员定期到高校从事教学的制度；对在医疗大数据产学研融合中成果显著的个人，在职称评定、荣誉授予、奖励等方面予以倾斜；鼓励支持各地科技人员多交流合作，开展医疗大数据的产学研融合；在规模企业设立研究生工作站，吸引高校研

究生团队入企开展技术服务,使之成为研究生人才培养的重要创新实践基地和校企产学研合作的重要平台。

3. 线上线下数据与服务联动

只有线上线下一体化才能更好地发挥大数据在新冠肺炎疫情防控或其他卫生安全事件中的作用。例如,城市中不同小区可以根据大数据提供的各个维度信息来自主治理,尽量平衡疫情防控和居民正常生活。此外,线上数据的高效传递可以大幅度提高决策效率并增加可供居民选择的具体生活方式,从而使国家在疫情最初期就制定出了应对政策并落实到基层。

4. 医疗大数据和人工智能最大限度赋能公众

通过此次新冠肺炎疫情,可以发现公众在医学常识储备上的薄弱,医疗大数据工具可以通过终端设备下沉到广大群众,发挥很好的医学启蒙和科普的作用,帮助公众持续学习医学知识、逐渐养成良好卫生习惯、快速评估自身身体状况,从而在提升整体公民素质方面最大化医疗大数据和人工智能的价值。

(五)新冠肺炎疫情给医疗大数据带来的机遇与挑战

医疗大数据的产业化绝不是单纯的"技术+场景",大数据技术能够对医疗产业互联网中的海量数据进行储存和分析,用新的算法技术更新医疗行业中既有的解决问题的框架,但因为现实世界的种种限制,部分技术的调整需要从实际场景的需求出发。而新冠肺炎疫情为医疗大数据技术提供了真实世界的落地场景,加速了医疗大数据产业的发展和应用。同时,在抗击新冠肺炎疫情过程中,医疗大数据工具的开发也为大数据应用在应对公众卫生事件方面提供了宝贵的经验，这些经验也将帮助我们快速迁移相关应用工具，以匹配日后未知的突发公众卫生事件或其他医疗健康事件。

1. 新冠肺炎疫情下医疗大数据产业的机遇

新冠肺炎疫情带动医疗大数据新产品研发和升级。医疗大数据结合"互联网+"、人工智能、区块链等技术，开发智慧医疗系列产品，从而促进医疗大数据产业发展。如基于大数据的新冠肺炎智能辅助分析系统等智能医疗产品，既能有效助力患者救治，还可最大限度地保护医务工作者与患者健康。在依托大数据和健康医疗产业基础较好的地区，应建设健康医疗大数据中心、应用创新中心和科技文化产业园，加快发展人工智能技术、生物 3D 打印技术、可穿戴设备以及相关微型传感器件，从而推动健康医疗大数据相关产业的发展。

大数据可以优化新冠肺炎疫情期间的社会治理，促进医疗大数据产业发展。医疗大数据结合交通、运营商、公安等大数据进行流行病学调查，利用大数据可以建立确诊、疑似、密切接触者等各类人群的数量、状态、防控和治疗需求等数据库系统，为社会经济恢复期间人员和车辆规模的空间分布、各种交通系统的运行状态和人员流动状态，提供基础数据应用于应急管理的决策。同时，大数据还可以用于疫情期间的社交媒体、传统媒体等各种媒体发布信息的采集、统计、监测，对舆情进行识别、分析和评估。大数据能够助力疫情防控和社会治理。我们应认识到大数据的重要性，从而更加推动社会医疗大数据的发展。

医疗大数据助力中医药产业发展。新冠肺炎疫情期间，中医药在新冠肺炎的预防、治疗和康复过程中效果显著，取得了有目共睹的成功。通过大数据分析，对不同治疗方式的效果进行监测和评估，筛选出疗效显著的药方投入患者治疗过程，并总结经验，在对传统中医针对不同流行病的共性和特征分析的基础上，形成中医诊断诊疗手段工具包。通过本次新冠肺炎疫情，国民认识到了我国传统中医药的作用，这有利于促进中医药的发展。后期，若能加大促进传统中医药医治现代化、中西医结合科学和中药资源开发产业化，将会形成"大数据＋产业＋基地"的良好态势。

利用大数据驱动医学科研模式创新，可以助力更多的医院与企业合作，进行产学研应用的开发，挖掘医疗大数据，更高效地开展科研，加速临床应用产出，辅助医生进行智能分型分级诊断、智能疗效评估及智能预测生存和预后。

利用新冠肺炎大数据驱动医学教学模式的改革，可以将系统性教学与案例教学结合起来，以学生为中心，激发学生的创造力和学习兴趣，从而培养学生的批判性思维和创新能力。

2. 新冠肺炎疫情下医疗大数据的挑战

数据质量难以保证。由于临床诊疗是医疗大数据的重要来源，其目前的信息化水平、数据质量对医疗大数据应用产生了许多挑战。不同医院、不同地域采用的医疗信息录入、编码、格式等标准难以统一，新冠肺炎疫情出现得很突然，未制定相关数据标准，在大数据分析前需耗费大量时间和人力成本。另外，由于目前医疗资源紧张，原始数据存在缺失、错漏的风险，这对数据挖掘也产生了较大影响。

数据分析难度较高。对医疗健康大数据价值的深度挖掘，不仅需要关注分析数据间的相关性，还需要严格验证其中的因果性。对数据相关性进行分析可能有助于判断流行病学的趋势，但难以进一步在临床应用中产生具有较大参考意义的明确结论。

相关监管规范有待明确。医学大数据如何授权、如何保证安全性等问题仍有待明确，企业等行业主体在数据获取、使用过程中会遇到阻碍，收费标准也难以明确。

三、大数据技术在新冠肺炎疫情研判中的应用

（一）背景与问题

1. 研究现状

面对突发公共卫生事件，探索用科技手段提高预警与监管的精准性和及时性十分必要。卫生应急处置的及时有效，以及事件危害减轻的程度，不仅取决于风险的早期发现和及时研判，也取决于卫生应急资源信息的掌握情况。

专业高效的疫情研判，有助于分析疫情发展趋势变化，能够为科学决策提供有力支撑，还可以助推疫情防控工作更加务实高效。同时，也有利于统筹调配医疗资源，协调持续的战力救治患者、抗击疫情。

近年来，新的技术和计算模式层出不穷，云计算、大数据、物联网和移动互联网等新技术的出现使具有空间位置的自然环境、医疗健康、社会经济数据迅猛增长，形成海量的时空数据集，个体时间和空间的定位也为实现精准到个人的疾病智能个性化防控建议提供了基础，大数据时代的来临使大数据技术成为疾病防控领域的前沿研究热点。

人工智能技术在助力疫情态势研判、传播路径分析、精准防控及后续治理中都扮演着重要角色。对于政府机构来说，区域医疗智慧化性能的提升，能够为政府决策、应急管理、资源调度、重大事件研判及预测提供直观的支持，让决策者基于关键的动态变化了解区域内应急事件的发展情况及态势，以便结合实际情况迅速做出重大决策。

2. 在疫情期间所面临的问题及作用发挥情况

疾病的发生、传播扩散受多种因素影响，包括病原学、人口信息、地理信息、环境气象条件、社会经济因素、卫生政策（例如疫苗）、防控实施情况、舆情等多个方面。鉴于信息的不对称和行业的局限性，完全由人对事件进行应对在不同程度上存在认知度、敏锐性和决策力的差异。利用大数据分析对防控政策效果定量评估的手段目前仍比较缺乏。

在新冠肺炎疫情推演中，由于传统易感者—潜伏者—感染者—康复者模型（SEIR）、高斯过程回归（GPR）、重症急性呼吸综合征（SARS）传染扩散等模型很难考虑人口流动、管控措施等综合因素，对实际的防控决策支持力度不足，无法提供给决策层制定政策并影响疫情发展的有效方案。用于疫情研判的信息仍然存在着"信息孤岛"，急需医院和各级相关部门之间搭建信息交互接口，以及一个可供各方协同实时共享的平台，使各个医疗机构之间、医疗机构与区域各行政部门之间根据授权实现信息数据共享，对相关部门进行管理以及公共卫生应急响应决策给予有效的依据支撑。

另一个很大的挑战是数据质量，它会影响到疫情信息的可用性与准确性，因此需要进行专业的数据治理。同时数据治理不能脱离应用，了解应用的实际场景，有助于形成更准确的决策模型，有利于长期的迭代处理。

（二）解决方法

1. 数据孤岛问题

考虑到城市或社区防控过程中产生的多维异源数据中可能含有隐私信息，一旦公开传播会造成不利影响，因而通常会把它们限定在专有存储或网络中，因此这部分数据通常量级大、整理清洗难，仅靠建设方或使用方在专业性和投入力度上均有不足。数据清洗、融合建模更多时候可被定义为一系列科学问题进而纳入研究范畴，引入科学的研究将极大提升数据的价值产出，但通常产业研究人员、高校教师团队无法触及此类数据，仅可以构造特性相似但量级很小的模拟数据进行研究，其真实性和泛化能力均无法保证。由隐私问题产生的数据孤岛非常明显。

相关部门可以考虑对数据采用分级管控机制，结合脱敏操作或数字水印技术进行数据的去隐私化并建立整套流向跟踪体系。研究人员可在与管理方签订合作研发协议和安全保密协议的基础上，获取已脱敏数据并进行流程管控。

2. 平台化研发和资源共享机制不完善

由于企业和高校的投入程度与投入方式不同，在计算密集型、数据驱动型研发过程中，企业通常会占有主导地位而导致高校团队被迫减少对应方向研究工作。但企业之间在市场化竞争中难以产生合力研发的局面，技术路线、资源均具有封闭性，导致较多冗余工作，且研发前瞻性、覆盖面均存在局限。平台化研发和资源共享机制不完善将导致新技术成果的产出效率低、难以自主创新。

相关部门可结合本次新冠肺炎疫情中联防联控机制的相关经验，针对社会运行和疫情防控中的关键技术进行梳理，建立平台级资源共享和联合研发机制，让更多研究人员群策群力。

（三）大数据在疫情下的发展方向

自新冠肺炎疫情发生以来，大数据在"查输入、防扩散"的疫情防控工作中发挥了重要作用，为疫情态势研判、防控部署和精准施策提供了重要依据。同时，疫情期间不同部门间数据标准不一、数据质量参差不齐等问题凸显，且缺乏数据共享机制、交换通路，必将推动全国部门间数据共享体系的建设。经历了新冠肺炎疫情防控的实战检验，同时在社会治安防控体系建设和新基建投资的驱动下，未来我国将加快推动全国智慧平安社区建设步伐，充分发挥物联网、大数据、人工智能等信息技术优势，开发适用于社区防控工作全流程和各环节的功能应用，有效支撑社区监测、信息报送、宣传教育、精细治理、困难帮扶等防控任务，构筑起人防、物防、技防、智防相结合的社区防线，提升城乡社区积极应对突发事件的处置能力。但同时对新兴技术的应用成效提出挑战，从社区管控面临的痛点切入，考虑社区管控工作中的实际需求，深入应用新兴技术手段解决不同场景，尤其是非常时期、特定场景下的应用效果（如佩戴口罩时的人脸检测与识别准确率提升），进一步加强社区安全防范及综合治理能力，完善社会治安防控体系，提高动态化、信息化条件下掌控社会治安局势的能力。

四、大数据技术在疫情防控下的应用

（一）研究背景

准确、及时地追踪到密切接触者，一是需要一线的流调人员进行大量、细致的流行病学调查；二是需要借助大数据智能平台；三是需要基层社区组织、基层医疗卫生组织和疾病预防控制机构的密切配合。这些措施既有利于防止疫情的扩散，也有利于及时发现密切接触者自身的健康状况变化，一旦发病及时就医。应用大数据、人工智能等新技术手段做好新冠肺炎疫情筛查、风险监测与防控，精准服务决策、精准研判推送、精准指导一线。新冠肺炎疫情暴发期间，公众希望获得及时、准确、权威的疫情信息，包括了解疫情相关知识、学习疫情防护方法、了解国家疫情政策、获悉疫情热点动态等。

随着疫情发展，公众的关注点也有了一定的迁移拓展。在疫情初始，公众希望了解如何在家进行防护和更多有关疫情起因和传染途径的信息；在疫情高峰期间，公众想了解居住小区周边的确诊情况、如何自我诊断、如何进行自我心理状态的疏导、如何在不占用公共医疗资源的情况下自我诊断是否感染新冠病毒；在疫情后期，公众则更倾向于了解如何在复工途中进行自我防护、如何购买到合适的口罩。

整合公众的关注点对疫情防控工作提出了新的挑战，利用医疗大数据和人工智能技术更好地服务疫情成为防控工作的一个重点。为落实以社区和企业园区防控为主的综合防控措施，指导社区及企业园区科学有序地开展新冠病毒感染的肺炎疫情防控工作，有效遏制疫情扩散和蔓延，减少新冠病毒感染对公众健康造成的危害，应建立疫情防控排查系统，改变不切实际、烦琐复杂的表格防疫等落后的工作方式。

一线防控工作中面临如下问题。

1. 涉疫人员精准发现难

在复杂的人口流动背景下，依靠人力逐一排查，无法发现全部海量流入人群中的涉疫人员，存在疫情外部输入风险；无法精准定位确诊人员密切接触者，存在疫情内部扩散风险；无法及时发现潜在病毒携带者，存在疫情二次传播风险。

建设疫情风险监测与防控大数据平台，结合大数据追踪溯源，可以有效对涉疫人员进行精准识别，极大减少排查人力和工作量。

2. 社区一线联防联控难

疫情快速蔓延背景下的社区防控压力剧增，依靠人力逐一管控，将导致社区防疫工作任务巨大，且存在社区防疫"最后一百米"无法打通、社区人员核查管控无法全覆盖、日常通行及信息登记带来交叉感染等风险。

制定智慧社区疫情排查防控解决方案，能够有效针对社区人员进行精细化管理，做到一线全覆盖，减缓社区人员防疫工作压力。

3. 涉疫警情跟踪回访难

依靠人力逐一筛选无法快速掌握涉疫警情态势全貌，存在重点区域警力部署不足的风险；无法全面发现咨询求助类警情，存在群众诉求无法得到妥善解决的风险；无法精准定位关键违规事件类警情，存在妨碍防疫行为无法得到及时处置的风险。应结合疫情风险监测和防控大数据平台与智慧平安社区疫情排查防控解决方案，自下而上快速汇报，自上而下及时处置，形成统一的涉疫警情管理体系，有效全面提升跟踪回访能力。

（二）现有问题

大数据在疫情期间面临的问题主要有如下四点。

1. 疫情趋势预测问题

疫情趋势预测对于防控策略的制定和实施具有关键的指导作用。然而疫情趋势预测变量繁多，人口迁移、防控策略、流行病学因素、人口数量、城市规模等，这些都会在不同程度上影响到预测结果。有效地收集和利用相关大数据，并利用人工智能算法提供更准确的疫情预测模型非常重要。

2. 疫情个人风险评估问题

尽管各机构发布了一系列新冠肺炎相关诊疗方案，但由于专业知识缺乏、个人理解偏差等原因，普通大众很难对个人疫情风险有准确的认识，如何利用专家知识及人工智能技术开发可靠、准确的疫情个人风险评估引擎非常重要。

3. 疫情知识教育科普问题

由于疫情期间线上线下的专业医疗资源非常紧缺，如何利用人工智能和大数据技术开发精准防疫知识科普智能化系统显得非常重要。从已有的问答系统迁移到针对疫情的智能问答系统，需要大量的时间调整甚至重新训练模型，在现有模型的基础上快速识别用户意图并且实时反馈给用户所需的最新权威信息，成为问答系统所面临的问题。

4. 疫情信息自动化提取问题

公众对于疫情相关数据的准确率要求极高，不准确的信息会对公众造成极大的困扰，人工校验所有数据则会极大地增加时间和人力成本。因此，利用大数据和人工智能技术自动快速提取疫情相关数据显得尤为重要。

在防控初期及之后的病毒传染溯源极为关键。此前，病毒传染溯源主要通过人工分析患者信息找到相关性，再经推演现场验证得出结论。但该种方式存在对新信息响应慢、对复杂场景处理能力有限等诸多弊端，同时由于很难实际观测到传染事件的发生，使得传染路径及传染方向的推断变得异常困难。

在疫情防控中，高风险易感人群的精准筛查非常关键，通过找出此类人群，采取及时发现、及时告知、及时隔离等措施，能够有效防止疫情的扩散。传统的筛查规则系统是通过判断是否和确诊或疑似人员在同一地区同时出现，规则简单，易于操作，但供判断分析的数据源获取难度大，基于有限数据源获得的筛查结论，其准确度还有很大的提升空间。

（三）解决方法

在统一的安全体系和标准体系下，可基于各地政务云平台建设健康医疗大数据平台，采集、汇聚治理区域内的健康医疗数据，同时与政府相关部门、运营商等进行数据对接，形成疫情防控综合数据集；可在医疗大数据平台基础上，以"平台＋生态"模式建设应用系统，包括大数据疫情分析平台和应用服务平台，向各级政府、医疗机构和社会公众提供服务，提升区域内各级政府疫情防控综合能力。利用"大数据+人工智能+区块链技术"提供疫情健康防护查询、疫情同程查询、疫情救治点查询、疫情实时播报、疫情发展态势预测与溯源、疫情研判和辟谣等功能。通过出行轨迹信息、社交信息、消费数据、暴露接触史等大量数据进行建模，根据病患确诊顺序和密切接触人员等信息定位时空碰撞点，进而推算出疾病传播路径。基于对各级卫健委官方公布数据的实时获取，结合疫情新增确诊、疑似、死亡、治愈病例数，借助传播动力学模型、动态感染模型、回归模型等大数据分析模型和实践技术，提供疫情发展动态，对疫情峰值、拐点等大态势进行研判。分析病情并推荐治疗方案、就诊医院和医生，提供公众就医方向、新冠病毒预防与保健护理方案等服务，实现智能自诊，为用户建立个人专属健康云档案。智慧疫情防控平台实现了疫情防控排查、重点关注人群监管、电子通行证管理、居家隔离监控、体温每日监测、密切接触者监管、防疫物资数据统计等功能。对辖区内小区信息实行密切管理，并在地理信息系统上标注坐标位置，根据位置确定某人的密切接触人群。对辖区内人员信息进行排查，实施信息上链保证数据真实，防止篡改。通过监测体温数据和行程轨迹数据，对体温异常或有过疫情高发区旅行史的信息进行自动预警。一旦发现告警数据，系统将会第一时间通过出行轨迹信息排查密切接触者，并自动将数据推送到指挥中心大屏，同时该信息也会被推送到各级工作人员移动终端。

具体可采取的措施如下。

1.建设全量数据动态更新的健康医疗大数据平台，实现区域内全部医疗卫生机构、卫生行政管理机构、健康管理机构等全量数据汇聚治理，满足不断变化的业务需求，为公共卫生突发应急事件提供快速有效的支撑。

2.形成疫情防控标准化主题库，可实现疫情防控决策支持、疑似病例筛查、流感大数据分析、流行病学分析等疫情防控应用的快速开发，帮助疫情防控部门快速掌握区域的医疗资源、疫情发展趋势、物资保障等疫情防控工作的全局发展动态。

3.打造城市级的"互联网＋医疗"服务平台，支持省、市两级快速部署实施，全面整合区域医疗卫生医护资源，为区域医疗机构开通发热门诊咨询、云诊室、远程医疗等服务，使患者能通过统一服务入口实现线上问诊就医。

5G助力数字经济擘画新蓝图

李立委[*]

一、产业数字化、数字产业化、数字化理论的含义

当前经济社会已经从工业经济步入数字经济时代。国家也高度重视数字经济的发展,自2016年中共中央政治局第三十六次集体学习以来,党中央提出了很多关于数字经济发展的政策及发展思路,其中习近平总书记多次强调数字经济发展的重要性。2020年政府工作报告中指出,"电商网购、在线服务等新业态在抗疫中发挥了重要作用,要继续出台支持政策,全面推进'互联网+',打造数字经济新优势。"这是对数字经济发展的一个很重要的定位。

从理论上看,对数字经济的认识也在逐步深化,信通院(中国信息通信研究院)2016年提出数字经济、数字产业化、产业数字化的概念;2019年又出了数字经济白皮书,进一步对数字经济的深化,提出了数字化治理。

---

[*] 李立委,中国信息通信研究院数字技术与产业研究中心副主任。

首先解释一下到底什么是产业数字化，什么是数字产业化，什么是数字化治理。

数字产业化总体可以概括为两大部分、三大点。两大部分，一是网络和技术，信息基础建设中的第一个信息技术的基础设施建设是网络和技术的设施建设，这也是数字产业化的一个很重要核心，更是数字经济发展的一个重要支撑；二是信息通信技术（ICT）产业或者电子信息产业，包括电信业、互联网行业、电子信息制造业和软件业、信息服务业四大行业。这是数字产业化，也就是传统理解中的信息产业大概念。

产业数字化就是新一代信息技术、"数字产业＋各个产业（第一产业、第二产业和第三产业）"带来的数字化、智能化和网络的升级变化。简单理解就是新一代"信息技术＋产业"带来了新增产业的变化，就叫产业数字化。

数字化治理的概念是 2019 年之后提出的。数字化治理主要包括三个大方面：数字政府、数字化公共服务（如智慧城市建设、"互联网＋医疗"、数字交通、智慧养老等）以及平台治理和互联网平台监管。

从规模上看，我国数字经济现在发展得非常快，2018 年根据信通院测算的数据，我国数字经济规模达到了 31.3 万亿元，大约占 GDP 比重超过 1/3；增长也非常快，名义增长达到 20% 以上，远高于 GDP 的增速，已成为我国经济增长以及高质量发展最主要的一个因素。

从政策上看，我国出台了大量数字经济相关的政策。从政策演进路径来看，数字经济的政策由最初支持信息技术的政策到信息技术与产业融合的政策，再到 2017 年后开始以工业互联网、分享经济、平台经济、区块链，演变为以数据为关键要素的经济社会发展新形态，就是现在提出的数字经济含义的整体政策。随着技术的发展和人们对政策的认识，政策的力度也在全面升级，从技术创新到融合应用，从垂直行业到经济形态呈现了一个不断深入的态势。

同时，各地非常重视数字经济发展的布局，近年来我国政策明显呈现出从中央到各地下沉的趋势，根据"十三五"期间，对副省级城市与计划单列市以上的数字经济政策做的不完全统计，部委提出的政策是逐年增加，2019 年比 2016 年增加了大约 3 倍。各地的政策增长得更快，在 2019 年各地数字经济政策大约是 609 个。

对这些政策进行深入剖析发现，产业数字化和大数据技术是当前的政策热点。数字经济政策方向最重要的就是融合与应用，新一代信息技术如何与各产业融合发展，这将会是政策着力点。

同时，从具体信息产业政策角度来看，大数据概念政策占比是最高的。5G 商用是从去年刚刚开始，近两年各地大量出台支持 5G 的一些政策。

在数字产业化领域，我国现在主要的方向、发力点，主要围绕以下三个方面。

第一，大数据，要推进大数据融合开放，包括数据开放应用、标准体系和保障措施等。

第二，人工智能。

第三，5G，现在也是发展最快的领域，各地大力推进网络规划建设，包括创新能力建设、产业生态以及谋划"5G+"与各行业的融合应用。

从产业数字化领域来看，根据我国形势，三产数字化程度相对较高，预计 2019 年比重能接近 38%，增速大约 2%。但是一产、二产迅速超赶的态势已经呈现出来了，2018 年第三产业的增速大约是 3.3%，同比 2019 年降了 2% 左右。相对来看，农业和工业增速远比 2018 年快很多，逐年赶超的态势是非常明显的。特别是第二产业，工业领域的智能制造、工业互联网、智能工厂等领域发展得越来越快。

在数字化治理领域方面，现在来看"互联网 + 医疗"、政务服务、智慧城市的应用已经相对成熟。比如"互联网 + 医疗"，基本上每一年国家都有相应的支持政策出台，全面支持通信领域的"互联网 +"或者互联网发展。

关于国家智库，信通院从包括测算、评估，到规划落地，开展了全面研究，在数字经济的概念内容、测算方法、评估体系、传导机制、作用路径、策略建议等方面形成了大量的研究成果。

二、5G 技术与 5G 产生发展情况

要了解 5G，首先要看什么是 5G 产业。对 5G 产业的定义、产业链的定义包含几个方面。

第一，5G 产业硬件基础设施，包括基础软件、仪器仪表，以及相关的制造产业。

第二，软件，包括超级操作系统以及各种物联网、车联网、工业互联网等应用的信息操作系统。

第三，产业链的延伸，5G 泛终端设备。包括手机终端，AR、

VR 等新型终端以及各种行业终端，如车载机器人等大终端概念。

第四，5G 网络，包括核心网、无线网，特别是在中频领域，包括承载的设备以及光纤。

第五，最主要的产业链环节就是 5G 的应用，包括互联网企业以及"5G+"在各个行业里的应用。

第六，最后一个重要的环节是 5G 网络的运维服务，以及网络端的一些产业链环节。

在了解 5G 产业链视图基础上看 5G 的发展趋势、现状，5G 目前已成为各国优先发展的一项战略，特别是近一两年来，包括美国、法国在内的国家，基本上都开发过 5G 的一些战略，并已将 5G 纳入国家战略，设计了大批项目并加大了在此方面的投入。我国也在加紧布局 5G 的发展，截至 2019 年 7 月，各省市共出台了 35 个项目的政策，其中省级市 5 个，地级市 20 个。随着新冠肺炎疫情的蔓延和"新基建"概念的提出，"5G"作为新基建中的一个核心内容，出台了很多对应的政策。

现在 5G 的产业现状如下。

第一，认为运营商和设备商仍是推动 5G 应用发展的一个主题，通过对"绽放杯"5G 应用征集大赛的结果进行总结发现，来自企事业单位的应用占 90% 以上，来自团队和个人的应用占比相对较少，这也说明现在 5G 应用创新主体还是企事业单位；进一步研究企事业单位创新发现，三大运营商以及华为、中兴等设备厂商仍是创新主体，其他民营企业相对来说较少。

第二，我国 5G 中频产业处于世界领先地位，基站、核心网的标准数量也是在全球名列前茅的。比如说芯片，华为的海思芯片，紫光的展锐等，也是在全球比较领先，还有的终端，比如说小米终端、OPPO终端、华为终端、vivo终端，加起来的5G终端出货量，在全球名列前茅。

第三，更多的是趋势。未来移动边缘计算（MEC）和5G小基站将成为5G里一个重要的产业方向。

第一个判断，在边缘计算领域，根据互联网数据中心（IDC）统计数据显示，到2020年边缘计算领域超过50%的数据需要在网络边缘侧分析、处理与储存，边缘计算市场规模化巨大，这是因为5G发挥了很大的作用。5G的情况下，很多传输的数据大增，对增加的5G数据可以在本地做计算方面的处理，因此在5G的情况下，边缘计算会成为核心关键。

边缘计算涉及产业链环节，最主要的是在芯片、硬件和软件领域。在硬件领域可以分为两大类，一是电信设备商，包括传统的电信设备商还有互联网企业，比如说浪潮集团等企业，现在也在提供一些设备。二是5G运营商，传统运营商也做一些5G业务，此外还有大量互联网公司、设备商也在开展5G运营服务。下游更多的是大量5G用户，边缘计算的用户，这是"5G+边缘计算"的一个关键点。我认为边缘计算有可能成为未来5G网络部署的一个关键。

第二个判断，5G与行业融合将激发小基站快速增长。5G的应用80%在产业互联网，其中需要进行更加深度的覆盖，这又需要小基站来满足行业需求，无论是工业领域、商场还是体育场等，很多场景都需要5G小基站来满足。据预测，2023年其市场安装总量将达到2 500万以上，对小基站来说这个市场未来增速还是比较快的。

第四，新型 5G 终端将成为一个重要的蓝海。这个终端分为两大块，一是 5G 以手机为核心的终端，现在 5G 手机的更换是行业很大的一个利好，其他设备的更新换代，也是 5G 新终端未来的方向；二是新型 5G 终端将成为未来的一个蓝海，比如 AR、VR、移动机器人，再比如工业无线计量仪表。5G 新型终端推广起来有一定的困难，原因在于它对于网速的要求比较高，因此 AR、VR 场景会受到一定的限制。随着 5G 的到来和 5G 的商用，会使这个限制逐步被打破，此类新型终端将会迎来一个很大的爆发期。

第五，5G 的新兴解决方案基于网络服务市场，将是一个很重要的主战场。未来 5G 的核心应用方向 80% 是产业互联网。因为产业互联网里更多是垂直行业，即 "5G + 各行业"。未来 5G 应用解决方案将成为焦点，根据信通院的监测，目前 5G 应用中垂直行业应用的占比情况为，智能制造行业占 20%，能源电力行业占 15%，远程医疗行业占 3%。未来随着经济社会的发展，更多的领域也会和 5G 深度融合。

在这里还有一个判断，认为行业的 5G 专网将催生网络运维和服务这个新的市场。现在 5G 和行业的融合，特别是在工厂内一些 5G 专网、小基站、边缘计算，需要由一个一个专网来运作。但是这些专网如何能满足各行业的需求，这就需要有专业、专门的运维市场、运维主体去进行运维。未来 5G 虚拟专网网络运维和对外网络的能力服务，将会孵化出新的更重要的产业。

在工业和信息化部的指导下，信通院在 2019 年成立了 "5G 应用产业方阵"。这个产业方阵从政策、标准、应用、产业等方面全方位服务 5G 产业的发展。现在 5G 产业方面大约有几百家企业，现阶段产业方阵主要从以下三个方面开展工作，从而全面支撑 5G 行业、产业的发展。一是产业研究组，主要是做一些 5G 相关政策、产业的应用监测、创建数据库。二是创新平台组，在全国建立包括创新实验室的 5G 创新中心，开展 5G 相关的产品和方案测试认证，争取未来能够满足制作 5G 重点应用的团体标准。三是生态组，打造一些产业的对接平台，包括 5G 的孵化应用的平台，推进产业落地，协助企业、政府组织招商活动。

目前，依托这些方面，我们也在面向全国开展 5G 创新中心布局，且已在北京中关村 5G 创新中心已经运营了一年多，与此同时广州、成都、青岛等地的 5G 创新中心也在加速推进中。

同时，"5G 应用产业方阵"计划在各地举办 5G 大赛，包括区域赛、专题赛等，通过大赛了解一些 "5G+" 产业应用的情况，帮助好的应用在地方落地。同时还组建了 5G 应用仓库，应用仓库会把 5G 应用的案例集中起来，包括为 5G 的供需做对接。

三、5G 在数字经济里的应用与实践

2020 年以来最热门的一个内容就是新基建的发展，新基建是数字经济发展的重要支撑。而 5G 又是新基建当中最为核心的内容。

从提供新的基础设施角度来看，5G 作为传输系统，为数字经济提供了一个全新的关键基础设施，共同构成数字世界。

从对产业的带动作用来看，可分为以下两方面。

第一，5G 将推动 ICT 技术在各产业中不断深化应用，ICT 技术已经逐渐被大家认可，包括人工智能、大数据、云计算、边缘计

算，同时也一定程度上受益于网络基础设施技术的发展。从网络基础设施角度来讲，5G 与关键技术深度融合的水平提升能够催化更多的智能应用场景，创造更多的智慧生活、生产方式，因此推动社会数字化转型，就是推动 ICT 技术在更多领域、更多场景上的应用。

根据对人工智能在"5G+"目前的应用分析来看，"5G+ 人工智能"应用大约占比 58.61%，主要广泛应用于公共安全、应急、工业互联网、医疗健康等领域。人工智能现在的快速发展也离不开 5G，包括以上提到的边缘计算，边缘计算现在的低时延场景和"关键技术 +5G"的应用达到了 33%。边缘计算发展对于需要低延时有明确的要求，5G 的到来，也使边缘计算发展迎来一个春天。

另一方面，5G 技术将拓展产业数字化新领域、新空间，这里更多强调的是"5G + 产业数字化"，它会重塑传统产业的发展模式，使各行业呈现出的数字化、网络化和智能化进程发展得更加快速。

以下重点介绍四个"5G + 产业化"的场景，来说明拓展出的新领域、新空间。

根据信通院测算，到 2025 年 5G 将拉动中国数字经济增长 15 万亿，其中 ICT 产业增加值大约是 3.3 万亿元，产业数字化增长大约是 11.9 万亿元。

产业数字化的应用场景如下。

第一个应用场景，现在"5G + 云多媒体"将是一个非常核心的应用场景。如超高清视频在内的 VR、AR 等相关多媒体应用对带宽要求非常高，例如央视 4K 的视频频道播出，所需的宽带大约是 36Mbps。现在平均互联网固定宽带和 4G 宽带大约是 30Mbps，按照央视的标准，已经基本上达到运营级的上限了，但是 5G 现在是100Mbps以上，能够满足超高清视频的要求，未来8K要求则更高了，所以未来还得依托5G。目前VR、AR虽然推广得比较快，但是实际使用过后会出现头晕的感觉，这是由于其对延时和带宽有很高的要求。现在部分沉浸式体验产品对网络宽带的要求达到90Mbps以上，而5G的到来会推动这些行业的快速应用，这对"5G＋云多媒体"来说是很好的机会，也是一个重要的应用场景。

第二个应用场景，"5G＋智慧医疗"。对智慧医疗发展进行分析可知，传统广泛使用的数据无线采集监测护理类医疗设备，如无线监护、输液、实时定位等内容所需的宽带4G基本上能满足。但是对于未来深入发展智慧医疗，比如视频与图像交互，对一些实时数据的传输，包括这个数据的一些时延有比较高的要求，以及无线手术、无线诊断，这些对于数据时延都有非常高要求的场景，这样就需要5G来介入，只有在5G的情况下，才能得到很好的发展。这其中的视频与力反馈远程操控类的，比如说远程机器人操控建设、远程机器人手术对带宽和延迟要求更高了，5G的应用在这个领域将会起到很大的作用。

目前智慧医疗已做了以下几个应用场景。

一是院内医疗业务协同，也是5G医疗发展的一个重点。上海第一人民医院与中国移动共建了一个5G智慧医院，通过5G物联网技术对重点医院区域、设备以及物资进行调配，包括数据视频汇总和管理，做到全方位模式的创新。药品、器材，从进入医院开始，一直到库存管理，再到使用，最后到出医院，全部都是智慧化、可监控的，5G在其中起到很大的作用。现阶段对病人的监测、识别，甚至治疗，也是智慧医院的一个业务协同，这也将是未来在智慧医疗里非常重大的应用场景。

二是医院间的远程医疗，比如北京的医院和西部地区的一些医院进行资源的共享，包括开展远程会诊、远程医学教育、手术事项等，对网络要求非常高，特别是远程医疗，基本上要求带宽达到 300Mbps 以上，分辨率达到 4K，甚至到 8K，并且要求时延在 20 毫秒以下才能满足要求。5G 在未来将能够同时满足这些要求，对医院间远程医疗将会带来很大的支撑和支持。

三是医院外远程应急救援方面。在 2019 年郑州马拉松活动现场，以及新冠肺炎疫情期间，5G 急救车的应用也是一个非常好的例子。急救人员可以将患者的基本特征、病情图像等，以毫秒级速度上传到医院，这样医生就能够快速及时做出一个抢救方案，可使图像更加清晰，数据传输"丢包"更少，更快速地解决这些问题。

四是 5G 远程手术，未来应该是一个很重要的应用方向，在 2019 年，很多医院都已经在尝试推进、探索 5G 远程手术应用，但目前来说，由于 5G 网络稳定性等各方面的原因现阶段还难以实现。

第三个应用场景，是"5G + 工业互联网"。工业互联网应是 5G 应用的一个绝对核心内容，根据 2019 年的应用对比情况发现，20% 以上大规模的应用是在工业互联网和制造业。

从 5G 技术相关性与 5G 成熟度之间的关系可以看出，在目前"5G + 高清视频"的质量检测中，包括视觉在内与高清晰度相关的融合应用相对来说已经比较成熟。现在的机器视觉、运维包括移动巡检也已经非常成熟并显现出很大的经济价值。

现在在物流、设备状态检测等方面，很多企业正逐步探索，也有一些成熟的应用。但是受限于 5G 模组等原因，成熟度还是稍微弱一些，但是预计在一两年之内将会快速实现大规模应用。

还有 5G 远程控制，包括远程吊车、"5G + 孪生"，这些核心的控制业务目前已有部分应用的案例，但是未来还需要验证，特别是模组、芯片，阶段仍不太成熟。这是一个很大的制约因素。

下面是几个"5G + 工业互联网"应用示范内容。

一是"5G + 高清视频"助力产品质量检测。5G 以它的大宽带、低延时特性，并且能够获得高清的图像和点状云图数据、精准地与云端和人工智能等技术相结合，同时实现质量缺陷检测、机器精确引导等功能，最后再反馈给前端去执行。目前这个技术已经非常成熟，也已经在很多工厂得到了快速应用。

二是 5G 在智能电网中的应用。现在国家电网和南方电网也在牵头探索 5G 在智能电网中全方位的应用，包括配电、抄表、保护、移动作业等，现在来看成熟度已非常高。5G 在各个行业、领域里，已经开始大量应用。但是目前来看，在产业链各环节，如无线运营商、电网切片服务提供商应用中什么样的模式现在还看不清楚，5G 的整体智能电网商业模式仍然不是很清楚。未来运营商还应对电网切片服务模式和方式进行进一步探索，以使其更加清晰化。

三是"5G + 智能港口"的应用，也在全面推进，青岛是全球第一个实现 5G 智能化码头改造试点的城市，目前在吊车设备、高清视频回流和回传等环节，基本上实现了应用。未来也将会在定位和自动驾驶等领域，逐步实现"5G + 智能港口"的一些应用。

四是"5G + 车联网"应用。车联网领域除了信息化的发展，最早在 2G、3G、4G 公网领域当中，主要是以导航、拥堵提醒等汽车电子信息服务为主。到了 2018 年，工信部印发《车联网（智能网联汽车）直连通信使用 5905–5925MHz 频段管理规定（暂行）》，提出支持 LTE-V2X 等技术在车联网中的应用。此应用当中，更多强调的是围绕安全与效率方面提出的一个应用场景，可避免大多数碰撞事故的发生。

5G 未来的一个重要应用方向，就是构建一个"人车路云"高度协同的互联环境，实现车路协同的控制，包括车辆编队等，当然这可能是 2025 年左右才能最终实现的一个愿景目标。在短期内，车联网应用能够达到 L2 到 L3 的水平，L4 的水平是完全无人驾驶，完全车路协同。

首先看一下长期演进技术（LTE）阶段的定位，2018 年工信部发布文件提出在 LTE-V2X 的阶段，主要是支持安全预警、效率提升类应用，融合多接入边缘计算，通过计算、存储资源的边缘化部署，实现更丰富的车路协同应用场景的定位。

5G 阶段的定位，未来是智能化方向，包括车辆编队、高级驾驶、车辆传感器扩展和远程监控。为什么 LTE 当时不行？5G 对时延、可靠性的要求，以及对数据速率要求非常高，车辆编队时延要求 10 毫秒以下，远程驾驶要求 5 毫秒以下，车辆传感和高级驾驶要求 3 毫秒以下，且对可靠性要求也非常高。

5G 的实现将推动以上这些内容成为现实。

总体来看，5G 助力数字经济发展节奏有一个初步的判断，自 2019 年商用以来，工业互联网主要是应用在远程监控、智能化仓储物流以及设备远程维护等方面

未来工业互联网里，云化、机器人以及远程自动化控制，随着 5G 网络成熟，且覆盖完善，应该都能够在"十四五"期间逐步

实现。

在医疗健康等领域,现在移动查房、远程数字会诊,包括无线专科诊断等,也会成为比较可行的应用。

5G 对各行业有很大的支撑,融合应用是 5G 发展的一个重点,也是一个难点。未来 5G 行业的成功应用需要挖掘更多的应用场景,这些应用场景也是非常重要的一个挑战,所以现在通过建立应用仓库,包括举办一些"绽放杯"5G 大赛,也是考虑能够挖掘更多的应用场景。现在的网络解决方案,要彻底改变制约 5G 芯片及模组、"缺芯少魂"的一个现状,包括应用的成熟度、商业模式,这些内容需要在未来逐步地去探索,去摸索,去创新,去实现 5G 应用的大发展。

四、对 5G 发展的政策建议

第一是,未来应该加强的是网络和应用匹配性研究,制订相关的标准。包括 5G 网络运营方和行业方应该共同开展不同行业差异化需求和 5G 网络能力的匹配性研究。就像每个行业可能对 5G 的速率、对 5G 的宽带、带宽、丢包率有不同的要求,因此建议相关运营方开展差异化的研究。制订 5G 应用的业务标准、互联网互通标准、测试相关标准,形成全国统一的应用标准。只有行业运用统一的标准才能对不同的区域、不同的企业进行同质化服务,这是产业能够发展起来的一个很重要的内容。

信通院建立"5G 创新中心"的目标也是共同推动一些行业标准或者团体标准的制订。

第二是，加强顶层设计与相关政策的研究，深化 5G 的应用示范，包括各地市鼓励建设 5G 应用示范区、产业中心，从而吸引更多的行业参与 5G 创新，每个地方都可以做这些 5G 创新中心。

再就是部门间、行业间等层面的交流对接，形成"横向协同、纵向联动"的 5G 应用协调机制。

进一步加快研究不同行业的个性化政策需求。因为每个行业要求不一样，所以建议地方根据自己的行业特性，研究不同行业个性化的政策需求。

第三是，建议建立跨行业的 5G 产业生态，探索多方共赢的合作模式。建议培育一批既懂 5G 通用技术，又懂行业专业技术的复合型人才。现在也是"以赛促用"，打通 5G 应用的合作链、创新链和资金链的好时机。

第三篇

产业互联网的道与术

产业互联网的十大判断

李大学 *

一、未来十年大机会在产业互联网

1995年互联网来到中国,那时就是把信息搬到互联网上,诞生了新浪、网易、搜狐等公司,以2005年百度上市作为一个结束,这十年其实是把信息的传播成本降到零。

从2005年到2015年的十年,是把交易搬上网的十年,也可称为"电商十年",这其中以2014年阿里巴巴、京东上市为代表。

我认为,2015年到2025年是产业互联网的十年。2018年底,我们看到中国互联网公司三巨头(BAT)都宣布要进入产业互联网领域。2020年,我国又提出加快新基建建设进度,其实新基建是产业互联网的一个战略基石,有了新基建,产业互联网将会得到一个助推,从而进入新的阶段。

以上是我的第一个判断,未来最主要的机会应该在产业互联网。

---

* 李大学,磁云科技CEO、京东集团原高级副总裁。

图3.1 未来十年的大机会在产业互联网

二、产业互联网的三大机会

注：iABCD 即 IoT、AI、区块链、云计算、大数据。

图3.2 产业互联网的三大机会

第一个机会，即很多行业，特别是一些万亿级的行业都呈现小、散、弱的特点，其行业发展的规律一定是整合。在西方产业革命发展道路上，是用资本进行整合，在互联网时代，整合的方向应该是利用"资本＋互联网"的手段，更快地完成产业互联网的整合。这样就会出现一些产业互联网的平台。用平台模式把中小微企业团结起来，让行业变得有序，重构行业规则，并且用"互联网＋产业金融"这种新的供应链金融模式来完成产业互联网的加速。

第二个机会，就是我国行业的数字化程度和工业化程度都比较低，可能落后西方十年，在 BAT 的推动下，在云计算、大数据、移动计算作为一种普及技术深入人心的情况下，产业的数字化在加速，所以，数字化的红利是中国这一轮产业革命、产业升级最重要的一个红利。

第二个机会，就是要拥抱数字化，拥抱数字经济。

第三个机会，由于很多行业小而分散，而且信息不对称，数字化程度低，所以中小微企业普遍面临融资难、融资贵，甚至融不到资的问题。虽然我国一直在呼吁银行来解决中小微企业的融资问题，但是实际上缺乏有效手段。那么在产业数字化升级、产业互联网加速，以及新基建正式成为国家战略的大背景下，就能够获得四流（商流、信息流、物流、资金流）的数据，然后再利用大数据风控手段，就可以变革传统金融的范式，由此金融的创新就会更加脱虚向实，能够切实帮助中小微企业融资。

产业互联网的 SEI 模型，思考的第一个维度是"产业+互联网"，第二个维度是金融科技，第三个维度是金融服务产业。

第一个维度，"产业+互联网"的本质是提升行业的协同效率，降低行业的交易成本。

第二个维度，用科技手段帮助金融机构创新，包括业务线上化以及在产业场景数字化的基础上，利用大数据风控的手段，包括利用区块链技术来变革金融机构服务产业的方式，这是金融科技维度。

第三个维度，金融服务产业，或者说金融为产业赋能。在物联网技术、区块链技术，以及在供应链上升为国家战略的大背景下，区块链和供应链结合形成双链金融模式，能够为金融脱虚向实助力。

以上是我看到的产业互联网的三个主要机会。

三、产业互联网的终极是去链结网

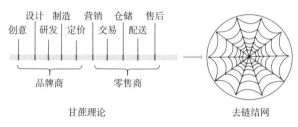

图3.3 产业互联网的终极是去链结网

产业互联网最终的一个结局应该是去链结网，平时人们谈得最多的是"链"，这几年受关注最多的就是区块链、产业链、供应链，但是这些链的模式可能是产业互联网的早期阶段，最后的结局一定是形成一个产业价值网络的形态。

因为链的形态是一个串联的模式，任何一个节点的延迟或者破坏，都可能使行业受影响，那么是否可能把链条打碎，去掉一些价值小或者没价值的环节，然后进行重构，最终变成一个网络？

internet最早被称为web，就像蜘蛛网一样，这张网上的任何两个节点都能找到最佳路径，如果中间有一个节点断了，可以寻找其他路径，网络还能保持有效。所以，产业互联网最终是一个去链结网的形态。

四、产业互联网的双螺旋基因

产业互联网若要成功，可能需要两种人一起来干，一种是在产业里扎根多年的人，他们有产业基础，对产业发展有洞察力，能够了解产业的规律，并且，他们能够学习互联网、拥抱互联网，去改变、去创新。另一种是互联网人，他们看到对消费互联网已经到达了天花板，互联网的下半场的集中施力方向将是产业互联网。互联网公司的技术已经过剩了，而互联网确实培养了非常多的人才，特别是科技人才、运营人才，如果这些人才能够到传统产业里去，就能够帮助传统产业拥抱互联网，进行产业升级。这两种人结合到一起，产业互联网就可以成功，可以将这两种人比喻成两种基因，当这两种基因分别形成一个单螺旋，再组合在一起时，这就形成了产业互联网的双螺旋基因结构。

当然，在这过程中一定要强调发生基因变异。比如，传统产业一定要改变观念，传统产业转型升级面临几大问题，第一个问题就是要把观念转变到以客户为中心上，这是一个非常大的变化，这也是互联网公司以客户为中心的一个思维。第二个问题是传统的生产模式实际上是一种"推"的模式，产品经过研发到生产的过程，再把它推到市场上去，对于市场销量如何，没有人关心。

在物质不太丰富、供不应求的时代，无论生产什么都能卖出去，但现在是一个商品过剩的时代，要想知道市场的需求，特别是客户的潜在需求，就要从需求出发来对供给侧进行改革，以需定产，这就可以看作是一种"拉"的逻辑。所以，怎么从"推"转变成现在的"拉"，这是传统产业进行转型升级面临的比较大的一个问题。

互联网天生是以客户为中心,是由需求来拉动后端的生产,由需求来准备库存。像很多互联网公司,如京东的优势就是库存周转率非常高,能控制在 20 天左右,而传统的零售可能在 60 天以上。所以,互联网的资金使用效率就很高。

然而这几年出现了很多 B2B 的平台,但这些 B2B 平台并不是很成功。一个主要的原因就是他们想把电商模式,特别是这种交易模型用到产业互联网上去,想要颠覆或者改革传统产业,结果发现很难。因为产业端是一个相对稳定的关系,是一种协同的关系,而不是交易关系,所以,做产业互联网要轻交易、重协同,产业互联网实际上是互联网的一个更高级的阶段。

五、产业互联网升级要"三软一硬"

产业互联网的实现还是要依赖于一些核心企业,特别是一些已经完成了整合的龙头企业,这些龙头企业也要拥抱互联网。核心企业首先要从以自我为中心慢慢演变成一个平台模式,对行业进行整合的同时将自己进行解构。原来可能是一个自营模式,现在要把它变成一个平台,变成一个赋能模式,在平台化、赋能化的基础上,对行业进行重构,将很多核心企业或者行业里的龙头企业演变成一个平台公司。

典型的例子就是海尔。海尔一直强调小微,"平台 + 小微"或者叫"平台 + 创客",把自己变成一个平台的同时在内部孵化很多小微企业。我离开京东后,做了一个服务模式,我称它为"三软一硬",即为这些行业龙头企业提供三个软服务加一个硬服务。

图3.4 产业互联网升级要"三软一硬"

第一个软服务,对核心企业进行模式创新,战略转型,为其提供咨询服务。一方面利用互联网基因,另一方面利用产业互联网的实战经验,并将两者结合起来,让龙头企业或者行业头部企业可以进行模式重构,使之形成"平台+创客"的模式。

第二个软服务,互联网最核心的目标是要进行组织结构的创新,互联网本质上是对一种组织形式的重构。传统企业都是层级化的组织,分成很多条线、很多部门,领导也分很多层级,所以效率就会非常低。互联网公司往往是一种网络化的组织结构,其内部有很多小的团队。这些小团队通过一套信息系统,可以直接上下通达,并且小团队之间还会运用"丛林法则"进行竞争,如果有一个重要的项目会同时交给几个团队来做,那么最后做得快、做得好的团队将会胜出。微信就是这么产生的,最早微信在腾讯内部是由三个团队在研发,其中的一个团队做得非常好那么就在竞争中获得了成功,这就是"丛林法则"。所以,可以看出,互联网公司是一种网络化的组织结构,在这种组织结构里,信息的传递是非常流畅的,组织之间的沟通也是非常直接的,而且很多活动,特别是创新活动，是由底部向上发起的，由基层发起，而传统的组织是领导让干什么就干什么，不像互联网组织具备一种鼓励创新的文化，一种包容犯错的文化，所以互联网组织的基层小团队的活力、创新力更强。

第三个软服务，就是怎么引入互联网的架构，特别是科技如何支撑传统企业的互联网转型。在这方面，互联网的架构师还是稀缺的，特别是能打通五层架构的架构师尤为稀缺，这五层架构分别是：第一层的架构是董事长和高管思考的战略架构；第二层是业务架构；第三层是应用架构；第四层是数据架构，即数据在公司怎么流动，怎么得到有效利用，就需要打造数据中台能力；第五层才是技术架构。所以，很多公司里，董事长很难与首席信息官（CIO）或者首席技术官（CTO）对话，是因为有这五层架构，CTO和CIO必须要把这五层都打通才能理解公司的业务架构和战略架构，这就是对科技人员的一个比较大的挑战。

很多传统企业进行数字化升级加互联网的转型，都需要外部的这三个软服务，还有一个硬服务——孵化和加速。传统企业进行互联网转型的时候，最好采用孵化模式，采用"平台＋创客"的模式，而创客做的就是孵化，这些孵化有外部力量进行指导。

有五个能力，是可以共享的。有了这五个共享能力更有利于孵化团队快速验证商业模式，做出数据价值。

第一个共享能力，是技术共享。

第二个共享能力，是互联网人才共享。

第三个共享能力，是模式共享。在模式创新方面，由于还在产业互联网的早期，很多探索需要做样板，这些样板就需要给大家共享。

第四个共享能力，是数据共享。有很多企业建立了很多信息系统，可以把这些信息系统比喻成烟囱，烟囱和烟囱之间如果没有横向打通，就会形成数据孤岛。所以，要消除数据孤岛，就要让数据在企业间共享起来。

第五个共享能力，是金融赋能。金融可以为孵化的项目进行赋能，所以，在做"平台+创客"的时候，一定要做金融赋能，特别是产业金融的赋能。

六、区块链是产业互联网的基石

图3.5　区块链是产业互联网的基石

产业互联网离不开区块链，区块链一定会成为产业互联网的基石。现阶段产业是小而分散的，而且是以中小微企业为主的形态，这个形态里最大的问题就是无序，甚至是乱，包括劣币驱逐良币、价格战，甚至诚信机制缺乏，那么，解决这些问题，区块链可能是一个有效的手段。

因为区块链不可篡改，还具有可追溯的特征。如果人做坏事都能被记在区块链上并且不可篡改，就有可能规范人们的行为，所以，区块链有利于建立行业的监管体系，有利于社会的治理。

在此通过一个例子来说明区块链。某人给昔日的女同学写一封情书，由于区块链网络是一个P2P网络，实际上是一个广播形式，那怎么保密就是一个需要解决的问题。

在区块链里有一个非对称加密的算法。所谓非对称加密，是相对于对称加密来说的，因为传统的加密就是一把钥匙开一把锁，把 a 加密成 b，用 c 钥匙，那么，把 b 解密回 a，还是用 c 这把钥匙。

在区块链上，有一对钥匙，称为公钥和私钥，公开的叫公钥，另外一个是只有自己掌握的叫私钥。那么，非对称加密就是我用公钥加密，必须用私钥才能解，用私钥加密，必须用公钥才能解，区块链就有这样的一个机制。

那么，那封情书，可以用女同学的公钥加密，但因为公钥是公开的，可能大家就都能收到这封情书了。可是，用女同学的私钥加密，别人就无法解密，只有拥有私钥的人可以解密，才能读懂。

另外，在加密后，情书后面会有一个签名，这个签名实际上就是把加密后的情书用区块链中的一个称为哈希（Hash）的算法进行压缩，形成一个字符串。对这个字符串用私钥进行加密，作为指纹，女同学收到后可以用公钥去解开指纹，而且，她同样可以用哈希算法把加密后的情书算出一个指纹，与解开的指纹进行核对。如果核对上了，她就可以肯定这是某个人所发出的情书，不是其他人发的，也不是伪造的，而且发情书的人不能抵赖，因为他的指纹证明了这封情书就是他发出的，所以，这个故事要表达的是，区块链第一是安全，第二是不能篡改。

如果在传输途中文件被改变了，那么算出的指纹就不同。指纹算法的一个特征就是即使原文中只有一个标点符号改变了，算出来的指纹也不一样，那么，再用指纹去核对时，就对不上，说明被改变了。如果指纹与签名核对上了，那说明这就是签名人所写的，所以，区块链的特征是不可篡改，传输安全并且不可抵赖。

通过这个故事，可以让大家对区块链有一个基本认识。当然，区块链最核心的是对很多商业范式会进行一场革命。其应用有五个方面。

第一，在存证方面，如果把商务活动的很多数据在发生的时候都上链，那么，自然就形成了一个证据链。很多互联网法院已经在采用区块链上的数据或者事实作为证据，所以，存证是区块链的第一个应用。

第二，区块链实际上是一个分布式的共享账本，这个账本实时记账，并且这账是公开共享的，大家都可以实时对账，这能让产业链上的参与者产生互信，同时，实时对账又能提高效率。

第三，区块链有智能合约，可以比喻成传统合同里规则的程序化，用代码来表达。那么，智能合约就是一段代码，当这段代码满足一些条件时，进行一些输入，它就能产生对应的输出。就是说，给它一些条件，它就会触发一些动作，而且，这些触发条件以及产生的结果，在程序里都已写好了，任何人不得修改，所以，合同都可以用智能合约去表达，且不能篡改，并且可以自动执行，降低商业的交易成本。

第四，在共享经济里最核心的就是劳动组织形式和生产要素的共享，以及产生的劳动价值的分配。刚才谈到存证、记账，然后，又能把这种分配机制按照智能合约来写好，这样就能构建一个共享经济的区块链的模型。无人驾驶汽车如果变成可能，在滴滴出行平台上的汽车自己就会去挣钱了，挣来的钱按照拥有这辆车的股份进行自动分配，并且自动记账，这就是典型的共享经济模型。所以，区块链对共享经济会有一个促进作用。

第五，数字资产，特别是很多供应链资产可以数字化。比如，将供应链上的应收应付上链并信用化，资产就变成了数字资产，可以拆分、流转，还可以融资。数字资产可以碎片化，具有流动性，使资产效率提升，所以，区块链是产业互联网的一个基石。

七、三轮驱动助推产业互联网

图3.6 三轮驱动助推产业互联网

三轮驱动（区块链、供应链和双链金融）会助推产业互联网。区块链的核心价值有数据可信、重构信用体系、利于监管治理。所以，这是建立穿透式监管和治理体系的有力工具。另外，供应链也很重要，2017年国务院发布了《关于积极推进供应链创新与应用的指导意见》，将供应链创新与应用上升为国家战略。2018年商务部等八大部委发布了《关于开展供应链创新与应用试点的通知》，批准了供应链试点企业200多家，试点城市55个。国家在这时候重视供应链是非常重要的，因为关注单一企业提高效率，已经不足以影响供应链的效率了，所以，现在用科技手段对产业链的效率进行一次重构，这是产业互联网初级阶段最应该做的一件事情。

那么，供应链协同的核心有三大问题。

第一大问题是信息的获取及流动,大量采用物联网的手段,确保信息上链的时候是真实的,同时,通过区块链进行信息的流动,让信息不可篡改,这样信息就可以大大降低供应链的交互成本。

第二大问题是在供应链里有商务活动、商务合同,通过智能合约构建一个大家互信的环境,也可以降低产业链的交易成本。

第三大问题是对创新的保护。区块链可以登记知识产权,以实现按照登记的时间保护创新。在产业链里知识产权得到保护,创新得到扶持,有利于供应链的发展。国家非常重视供应链的发展,这也是现阶段产业互联网比较重要的一个机会。

当然,在"区块链+供应链"双链融合的基础上,可以创新传统供应链金融,创新的核心是解决供应链金融里的两大核心问题。

一是保障交易真实性以及资金闭环的问题。如果是基于区块链的供应链,特别是供应链已经数字化,这些数据已经四流合一且都能互相核对,环环钩稽,那么造假就很难。另外就是资金闭环。原来没有区块链的智能合约,不能规定资金的用途,也不能管控资金的流向,那么供应链金融就不安全。当运用了区块链技术,在供应链金融里,融资是不把钱给到融资方,而是给到他的供应商。当融资方订单回款时,钱回到共管账户或者监管账户里被先扣掉贷款,所以资金的闭环对供应链金融的风控也非常重要。

二是传统的供应链金融里一单多融的问题。同一笔应收账款有可能在多个银行进行了融资,这就是一单多融的问题;还有仓单质押,同样一个仓单进行了多次质押,最后银行都收不到钱。通过区块链能防止这些问题,因为区块链能解决"双花"问题,同样一个通证不允许质押两次,这个逻辑可以解决一单多融的问题。基于供应链这个场景来做金融,四流合一、资金闭环、场景金融这三个要素是供应链金融创新升级的最核心要素。

我国有一万多家保理公司都在做供应链金融,银行也在参与供应链金融,但是供应链金融一直都没有做起来,主要原因是数字化程度较低,而且缺乏区块链跟供应链融合的手段。那么,现在实现双链金融将有利于解决传统供应链金融无效的问题。

八、产业互联网成就产业银行

思考产业互联网的发展路径可分五步走。

第一步,传统企业特别是行业的头部企业,首先要做好自己的"数字化+互联网"。

第二步,在产业链里,我们能否看到供应商的供应商以及客户的客户,将整个链条拉通,并促使他们也用上数字化的手段。把核心企业或者龙头企业已有的能力提炼出来,形成一些共享能力,赋能上下游,对产业链进行一次重构,这也就是我谈到的去链结网。

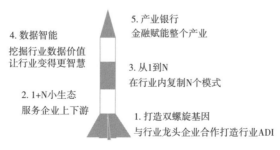

图3.7 产业互联网成就产业银行

第三步，看行业，去链结网的这张网能不能构建一个三层结构——云、网、端。云，建立共享平台，包括共享的交易平台、数据平台、结算平台、金融平台，那么，能不能建立行业的共享平台，新基建就可以围绕各个地方的特色产业来建立行业的共享平台，共享研发、科技、结算、金融等。

有些城市已经提出了产业创新联合体这样的机构，把共享平台建起来，而且政府给中小微企业发券，让他们以最低成本享受这些共享平台的服务。这就是新基建一个值得研究的方向。

第四步，数据智能也叫大数据智能化。怎么来重构商业、社会，通过大数据与 AI 的结合，形成 ADI 这样一个体系。

第五步，基于大数据有可能把产业银行逻辑做出来，通过大数据和科技的手段，来创新金融产品，让金融产品更好地服务实体产业，也就是实现金融的脱虚向实。

综上，产业金融可能要经历这样五步，最终完成产业金融和产业银行这种模式的打造。

九、双链金融加速产业互联网

双链金融的五层架构，有利于创新传统供应链金融的模式。供应链金融对解决中小微企业的融资问题特别重要，但要有一个架构才能更好地解决传统供应链金融的"爆雷"问题，包括银行缺乏有效的手段来解决中小微企业的融资难、融资贵的问题，否则很难服务中小微企业。

双链金融的五层架构中，最底层是场景层。场景层的第一个场景，也是其典型场景，是核心企业的供应链。如果核心企业能够完成数字化的升级，那么这个场景就更容易与创新的双链金融结合。第二个场景是很多物流企业都开始转型为综合的供应链服务商，他们把供应链结算、供应链金融的服务与物流服务相结合，变成了供应链平台。中国的产业也呈现出了产业集聚的特征，在产业集聚区，包括自贸区、自由贸易港，都可以作为供应链金融的良好场景。第三个场景是产业互联网生态，特别是围绕一个行业的产业平台，是最好的供应链金融的一个场景。

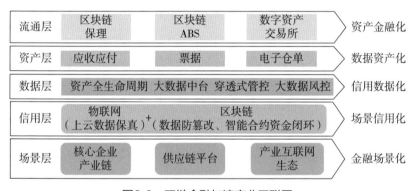

图3.8 双链金融加速产业互联网

第二层是信用层。信用层的核心有两个，第一个是通过物联网来获取数据，以前的数据都是人工录入的，存在录错和人为串通的问题，道德风险很难规避掉，数据的真实性很难保证，所以通过物联网获取数据，而且这些数据是多点的数据，可以互相核对、环环相扣、互相钩稽，来保证交易的真实性。第二个是"+区块链"，既能保证数据在传输过程中不被篡改，让数据可信，又能构建一个智能合约的逻辑，让资金形成闭环。

原来融资的时候，不能规定资金的用途，所以融资方拿到钱以后，可能干别的去了。在供应链金融里，钱的用途是被规定的，同时订单的回款，是回到共管账户，那资金就是安全的。

第三层是数据层。构建一个数据层，有物联网加区块链，这个数据是可信的。基于四流数据，就可以构建大数据的风控层。

第四层是资产层。应收应付、票据、电子仓单等资产，统称为供应链资产，是可信的凭证、可信的资产。

第五层是流通层。这些可信资产可以进行流通。我现在研究的主要是四个出口，第一个是保理公司，可以购买这些供应链资产；第二个是金融资产交易所，在那里把供应链资产挂牌，其他资金方可以来摘牌，所以，金融资产交易所也是供应链资产的一个出口；第三个是通过信托的方式，把这些资产加工成标准资产，然后进入银行间市场；第四个就是做资产证券化（ABS）。

综上，只要通过这五层架构，使资产基于可信数据，资产就变得可信了，那么资产进入这些通道就可以流动，这样供应链金融就能做大做强，真正实现金融的脱虚向实，真正帮助国家解决中小微企业融资难、融资贵的问题。

十、产业互联网消灭了产业

产业互联网最终会消灭产业。这个判断是基于原来对一产、二产、三产的划分，是工业时代的一种划分，产业互联网时代大家会发现行业的边界现在变得模糊了，而且现在第一、二、三产业都走向了融合，特别是有了互联网之后，可能从田间地头到餐桌，都是通过互联网的方式完整地组织起来的，所以很难再区分三个产业了。真正实现了行业的去链结网，并且通过大数据对行业进行重构以后，社会进行了网络化的协同，产业之间会进行融合，而且很多行业的边界也会消失。

所以，产业互联网会是新基建的一个高级阶段。我认为，在新基建的助推下，我国数字经济进入更高的阶段，就是产业互联网，而产业互联网最终会把产业的边界进行融合，然后把产业消灭掉。

工业互联网助力数字化转型

冯丙强[*]

一、工业互联网出现的时代背景

近几年,工业互联网已经成为企业数字化转型的必经路径。我国从过去的农业时代发展到工业时代,直到 2010 年,才进入后工业时代。美国在 1950 年,英国在 1955 年就进入了后工业时代。从这个角度上看,在工业领域,我国和西方国家的差距还是相当大的。我国是制造业大国,而不是强国。在数字经济时代,发展数字经济,才有希望或者能够赶超西方国家。"数字化转型"或"弯道超车",实际上是通过数字化经济的力量,使得我国在这个领域有机会赶超西方。

数字化时代和传统的工业时代有很大的不同。2020 年 4 月 9 日《中共中央国务院关于构建更加完善的要素市场化配置体制机制的意见》对外公布,首次将数据作为一种新型生产要素写入文件。这

---

[*] 冯丙强,北京东方国信科技股份有限公司副总经理、中国通信工业协会两化融合委员会副会长。

对行业来说意义很大，数据作为生产要素体现了数据在发展过程中一个重要的作用。在农业时代，资源的关注点就是土地、劳动力，到了工业时代，资本和技术成了资源的关注点。在今天的数字化时代，数据是一个重要的生产要素。这也是数字化转型一个很重要的基础。

产业互联网的出现使得产业链上下游之间、利益体之间的边界越来越模糊，边界的约束越来越小。今天所有的企业存在的优势或者未来，并不是一种博弈的关系，而更应该叫"共生"和"利他"的关系，就是所谓的"双赢"。

从这个层面上去看消费互联，不管是阿里巴巴、京东、腾讯还是其他一些企业，都对国家做出了巨大的贡献，包括对 GDP 的贡献也是非常大的。这些企业在互联网时代遵循了这个时代的竞争理论体系，他们之间也在竞争，但是这种竞争是共赢的，也是利他的。

在今天，不管是企业家，还是个人，都要意识到最重要的一点：过去企业和企业之间，同行是冤家，而今天不仅同行是利益共同体，而且只有产业聚集、协同、共享，才能有更多的盈利。从竞争理论上来说，企业关系已经从早期的竞争走向利他和共生，这是一个很重要的观点。

同时，在当时环境下产生的一些理论体系也会发生变化。过去强调短板理论，哪一项不行，我去补短。而今天在这个互联的时代，长板理论、强强联合已经成为主旋律。工业互联网的出现，包括一些新的产业模式和技术手段的出现，实际上都是由于时代的竞争体系发生了变化。企业不再是单独的个体，而是社会的一部分；个人是企业的一部分，也是社会的一部分；现在讲究的是社会、企业、个人的一体化。从这点上来说，不管是生意模式，还是企业生存模式，"共生"这个逻辑现在都是主旋律。

因为时代发生了变化，所以思维方式也从竞争走向了共生，这是一个非常重要的基础。因为传统工业时代人们的思维往往是线性思维，经济的增长也是线性的。传统工业时代有很多优势企业甚至垄断企业，包括一些资源性企业。现如今的数字化时代，打破了原来的线性思维，比如我今天盈利10元，明天可能盈利1万元或者1亿元。这种思维方式更跳跃，更具不可预测性，不仅使得生产模式发生变化，商业模式也会发生变化。过去的边界约束更讲究企业内部的提质增效，强调内部的风险控制。所以，过去不管是发展信息化也好，做转型也好，更关注的是企业内部成本的控制和市场的拓展，更注重以表单驱动，以流程控制风险。而今天，市场更强调数据价值驱动，合作协同，通过这些手段来给新经济赋能。

实现数字化转型，首先要弄清楚到底什么是数字化经济。最通俗的说法就是用信息技术推动传统经济的提升和转变，其核心是要用信息技术去实现数字化转型。实际上信息技术并不是一个新的概念，不管是十七大，还是十八大，一直都在强调"两化融合"，今天"两化融合"已进入新阶段。数字化转型的核心就是发展信息技术。对于企业来说，传统企业怎么转型，第三方怎么在转型过程中获得自己的生存空间，是必须面对的关键问题。

用信息技术驱动传统经济的提升和转变主要体现在以下几个层面：

一是数字化层面，对传统企业进行数字化转型和升级，即利用数字化对传统企业进行赋能。在赋能的过程中，也会产生新的经济方式，如共享经济。新一代的信息技术会催生新的服务，且通过数字化转型会产生新的经济增长点，如现在的互联网金融、人工智能产业。

二是采用模式创新。要实现产业技术的融合，就要从生产向服务化转型。

三是价值驱动。过去多年的生产经营产生了大量的数据，企业应该利用这些数据提高决策能力以及预测能力，实现以价值驱动为宗旨的目标，即现在的大数据技术。另外，关于如何进行体制创新，政府也提出了很多新举措，如加速产业升级和新旧动能转换等。这些举措主要是从产业模式和体制上，利用数字化技术、信息化技术对行业进行赋能和升级，这是应该遵循的一个策略。

数字化转型，是指企业从传统向数字化、智能化、网络化转型。有数据显示，在数字化转型的过程中有84%的努力是失败的，数字不一定那么准确，但是表明了一个现象：智能制造取得的成果不尽如人意。关键的一个问题是转型路径，未来5年到10年，工业互联网一定是实现数字化转型的关键路径。

新基建在国家层面上有七个领域，核心领域是工业互联网，此外还有5G、人工智能、大数据等。工业互联网不是一项单一的技术。我认为，它是大数据技术、物联网技术、人工智能技术的融合。

人们通常认为，工业互联网促进了5G的发展，因为工业领域大量数据的传输和建模，对数据传输的基础设施提出了更高的要求。5G所具备的低延迟、高可靠性特质迎合了这个要求，因此工业互联网也通过5G得到了发展。如果5G仅被用来下载一部电影，玩一些游戏，那么它的发展前景就局限了。

新基建的核心是"工业互联网 + 5G"。这是未来的趋势，给业务的发展指明了方向。从政策上来讲，新基建未来会达到数十万亿元的规模。

为什么说工业互联网的出现是数字化转型的关键路径？前文讲到过去企业和企业、行业和行业之间的竞争，更关注一个企业，更关注场内效率的提高、运作效率的规范。而在今天这个时代，企业开始外延，即从企业的内部到了外部，更关注和外部合作伙伴的关系、和上下游之间的关系。通过边界的减弱，实现产业上的共享，也会产生一些新的业态、新的模式。

二、什么是工业互联网

互联网的发展经历了从过去的 PC 机到互联网、移动互联网，再到如今被称为"三张网"的互联网（消费互联网 + 产业互联网 + 物联网）。工业互联网要实现工业全要素、全产业链、全价值链的深度互联，在企业内部实现多专业、多体系的互联，并一直延伸到上下游。所以，要通过互联来实现工业要素、工业模型、工业基理的共享，实现产业链上的资源优化配置。即工业互联的出现，本身就是一个非常高的定位。

工业互联网呈现出一个"三明治架构"：

最底层叫采集侧，是工业互联网的基础。它负责采集高质量的工业数据，这些数据是运营、运算和决策的基础。不管是设备数据，还是其他实时数据，包括已经运行系统的数据，都可以作为采集侧平台的数据源。采集侧有一个概念叫边缘计算，如果需要对数据进行大量、实时、快速的计算，往往在云端对性能有影响的时候，可以采用边缘计算进行实时数据处理。任何底层数据采集侧都是工业互联网平台一个很重要的层面。

平台侧。它可以通过大数据工具、微服务组建以及其他表单定义等一系列方式，实现对数据的加工，不管是算法还是模型。

应用侧。对数据进行加工，对服务进行组合，产生新的应用。

从工业互联网这个架构来看，主要分三层。底层实现数据的采集，中间平台进行加工和处理，上层做一些信息的应用。

这个架构与传统信息化架构有所差异，传统的信息化架构基本上采用五层架构：底层设备侧、集散控制系统（DCS）控制侧、制造执行系统（MES）侧、企业资源计划（ERP）和决策层。

工业互联网架构不仅在思维上是一个产业互联的概念，从技术层面上来说，它的架构会更清晰，从采集到平台，再到应用，基本上是按三层架构去做的。

目前我国大力扶持的就是国家级工业互联网平台，尤其是"双跨"平台，即跨行业、跨领域的平台，建立工业的操作系统。不管是哪个企业，作为平台厂商，基本上都是按照工业互联网的三层架构去做，这是一个宏观的要求。

在一个典型的工业互联网架构中，底层实时采集的不仅是设备数据，还有物流数据，以及过去的经营数据，还有图像等非结构化数据。

中间这一侧叫PaaS，就是所谓的工业互联网平台侧。这个平台侧有数据的存储技术，也有数据的清洗和源数据的管理，更重要的是工业微服务体系，包括页面、可视化开发的一些平台体系，以支撑应用的生成。

在平台侧有一个很重要的概念，就是微服务。在很多企业的转型和信息化建设过程当中，没有平台侧也一样能生成上面的应用及设计，也能完成设备的管理、供应商的管理等一系列应用。那么为什么要提到微服务这个概念呢？工业互联网的初衷并不是为了一个单独的企业，而是为了全部产业，它提出了一种思维和技术架构。通过微服务这个概念，可以把很多的模型、算法和知识固化、标准化、力度化，利用这些标准力度的微型服务单元，来重构业务，包括建设新的业务模式。

下面解释一下工业互联网和数字化转型中所要求的一些路径关系。

今天社会上充斥着太多的概念，不管是赋能还是升级，颠覆还是重构，大数据还是人工智能。实际上这些概念很多都不是我们发明的，很多概念都已经实现了。很多不同的概念是从数字化转型的不同角度描述同一件事情。

实际上工业互联网在采集侧解决了采集和 IoT 的问题，在 PaaS 侧解决了大数据、建模、智能分析的问题。从某种程度上讲，工业互联网在今天这个阶段是物联网技术、大数据技术和人工智能技术的一个融合，这个技术体系还是非常完整的。

三、为什么工业互联网是数字化转型的关键路径

首先要看工业互联网和智能制造到底是什么样的关系。

不管是政府，还是企业，尤其是一些行业中的龙头企业，都一

直在关注国家关于智能制造的政策。国家的政策引领制造行业发展，引导我国从制造大国向制造强国发展。2015年国务院印发的《中国制造2025》为我国智能制造的发展、企业的发展指明了方向。智能制造的内容从体系建设角度来说是非常完整的，我国希望用10年左右的时间，使传统企业实现智能化转型。这个路径是没有问题的，而且需要一段较长的时间。

如何完成智能制造的转型，主要分为四个阶段。

第一个阶段，因为数据是智能工厂、智能企业的基础，所以对数据的采集和自动化改造，是智能工厂或者智能制造建设第一个阶段非常重要的内容。在智能制造过程中如何实现自动化的自动改造，是一个很重要的层面。现在我国很多企业或者行业都处在自动化阶段，控制还是一个占主流的条件。国家这些年投入了大量资金和政策来刺激智能制造，但是今天来看，国家还是希望通过智能制造第一阶段的建设实现自动化，包括设备的转型升级。目前来看，虽然企业的设备自动化程度还有很大的提升空间，但是不代表自动化阶段就不能往后推进。

现在自动化无法实现并不代表不能进行智能工厂的建设，自动化最终的目的还是要提高效率和性价比，这是很重要的层面。如两个工序之间需要焊接，可以首先考虑自动化，但如果为了实现自动化，要投入几千万元，是不是比两个低成本的劳动力不合算得多。实际上自动化升级还实现了数据的流动，在某些环节，并不是一定要做无人工厂、全部自动化。

第二个阶段，构建了自动化基础以后，数字化车间的建设最好首先能把企业的生产过程和经营过程可视化。从专业的角度来说就是把实体虚拟化。只有掌握这些数据，才能进行指导，数字化车间是智能工厂的第二个层面。

第三个阶段，有了大量的数据，通过模型和算法才能对工艺调优，对设备健康进行预测，对生产、销售进行决策。所以第三个阶段是智能工厂。很多企业刚做了自动化改造，又加了一个智能工厂，随后又加了智能工厂2.0、3.0或者4.0。实际上智能工厂的建设是一个循序渐进的过程。

第四个阶段，是希望智能工厂能够进行上下互联，能够在产业链上引领行业。这不单纯是一个企业的事情，而是整个产业的事情。

为什么智能制造做了很多，也没达到预期要求？如何从技术架构或模式上去实现它？如何实现从企业内到企业外的转型、变化、支撑？过去路径不是很清晰，但工业互联网平台和技术的出现给智能制造提供了强大的动力。可以基于工业互联网来建设智能工厂，实现自动化的设备数据采集，包括智能化分析以及通过对外互联实现产业的互联。

工业互联网和智能制造是什么关系？基于工业互联网技术进行智能制造，这是一个非常切实的路径。可以将已有的系统作为平台的数据侧，利用平台进行重构，或利用数据和一些流程业务进行重构，生成新的业务模式。

在发展的时代，智能制造的建设要基于工业互联网技术，这是未来的一个趋势。

另一个关系是两化融合。两化融合这个概念是很早的一个概念了，如今政府还是希望通过信息化和工业化的融合来带动发展，但是这么多年来，两化融合并没有取得预计的成果。原因是什么？一个企业的 ERP 也好，销售也好，往往被称为 IT 侧、管理层，属于信息化维度。而生产侧、OT 侧，过去在企业内部都是两层的，企业内网和管理层是分开的，问题就在于没法连接，如果要连接的话中间就需要 MES 侧，通过 MES 侧来实现上层 ERP 和底层控制体系的融合。但实际上 MES 侧解决不了融合的问题。

工业互联网技术下连数据，上连应用，真正实现了两化融合。而且它还有第三个连接，即通过外部连接实现上下游之间的连接。所以两化融合进入新阶段的标志，就是工业互联网。

另外和大家分享的一个概念是工业大数据，现在很多大型企业都在项目招标或者建设过程当中建立工业大数据。工业大数据和工业互联网的关系是什么？这要看制造的阶段。过去建了很多系统，建了 CRM 来实现客户管理，建了 NCM 来实现供应链，实际上都实现了分层数据的汇集，这是过去的一个阶段，也叫数字化制造阶段，它实现了分层数据的可视。但是为什么要建大数据？因为大家认识到，做一个总体决策的时候，需要的不是一个数据，而是一个综合数据，需要多个数据的加工。怎么才能把不同系统异构的数据融合起来？这就产生了大数据的概念，通过数据治理，形成不同维度的决策模型或者分析。也就是说，要实现跨层级的数据汇集。直到今天还有很多企业都在建设工业大数据平台，实际上是要实现不同系统、不同结构数据的汇集和分析。

在今天的工业互联网时代，工业互联网是一个平台侧，它通过对这些数据进行加工产生新的模型，一方面，可以推动知识库、知识湖的建立；另一方面，可以产生新的模式以优化方式等层面。

从工业互联网层面来讲，分层数据、跨层都实现了应用的创新。目前，很多企业都在建立工业大数据，基于工业互联网的建设形成工业数据，进而生成新的业务模式。

以上是从大数据和工业互联网关系的角度所作的阐述。

还有一个观点认为，工业互联网需要进行数字化转型，但是工业互联网不纯粹应用于工业，从更高的角度看，工业互联网是实现工业要素、全要素、全价值链的互联，我更愿意称它为"产业互联网"。

我们对消费互联和 BAT 这样的公司已经很熟悉。国家大力发展工业互联网，是希望把消费互联的成果嫁接到工业互联网上。但是工业互联网和消费互联网是不同的概念。消费互联是 to C 的，主要服务对象是 C 端的服务。C 端的服务就是一个交易，不管是买一个台灯，还是一辆汽车，只是一个交易行为，是价值的交换。所以从服务对象来说，要讲消费互联、企业数据中台的概念，还要把共性的数据作为服务来提供。但是工业是 B 端。B 端有不同的行业，如一个化工企业和一个电力企业，即使同样是化工企业，也是有差异的，对它们服务的深度也是不同的。所以从消费互联角度来说，我更愿意称它为"产业赋能"。对工业来说，这是一种颠覆。

在消费互联领域，服务的对象共性化更强，它会产生垄断或者独角兽，而工业领域的细分领域很多，因此在工业领域则会产生大量的"独角兽"。

讲这个，就是证明工业互联网和消费互联网不一样。而且因为工业互联网是希望对每个工业客户进行深度服务以产生深度黏性，产生的是另外一种形式的引流。

从工业互联网市场前景来说，政策引领不仅来自国家层面，各个省市这几年都出台了大量的政策，通过资金来刺激发展。比如，青岛要建"世界互联网之都"，实际上都是通过政策和优势刺激工业互联网的发展，工业互联网市场前景还是非常大的。

为什么说工业互联网是一个产业互联网？比如农业也可以和工业互联网融合应用，用工业化的方式做农业，做深度服务。产业之间，在共生逻辑下，有利益关系，有不同，有分工，但是通过工业互联网进行产业之间的互联，可以把这个边界打穿。

产业互联网对传统产业实现了无缝合作、资源整合。对资本方和很多企业家来说，中国的市场机会很大，尤其在工业领域。现在工业互联网建设正在进行中，但是整体集中度很低，企业规模都很小。还是那句话，现在是一个大市场、小企业的状况，机会还是非常多的。

在数字化转型时代，不管国家是通过智能制造进行转型，还是通过两化融合转型，实际上它的核心或者它在未来都是通过工业互联网这种综合技术进行转型。所以大家关注工业互联网，不仅要关注它的技术，还要关注它的思维和产业上的形式来进行转型。工业互联网是数字化转型的关键路径。

四、企业进行工业互联网转型的案例分析

目前来看，许多大型国企、民营企业，包括传统行业企业，都在进行工业互联网的建设和转型。

下面通过几个例子给大家简单分析一下。

首先，工业互联网是一个产业互联网，但对一个企业来说，企

业做智能制造，它如何进行转型？正如前文所说，企业现在应采用共生逻辑，即企业是产业链上的一环。对一个企业来说，生产和销售是两条主要的业务线。企业利用信息技术可以支撑生产，支撑销售市场，控制成本，保证质量和安全等。

过去的企业只要保证企业内部的风险控制、效率提高就可以了。但今天的企业，如果在共生逻辑下，一个化肥厂或一个电厂，只是环节上的一部分。从信息化建设和转型路径来讲，现代企业的数字化转型就是要打破企业的封闭和约束，如将企业的设备和设备厂商进行互联。现在很多设备厂商都对设备提供远程运维、故障提醒和备件提供服务。实际上，这种情况就是设备和设备供应商产生联系，在此基础上社会化维修就成了现实。过去企业均采用自修、养维修队伍等方式，而现在设备维修的原料可以从供应商处获得，采用社会化库存。更重要的是同类企业从竞争对手变成合作伙伴。如湖北有三宁化工，河南有心连心化工，它们都生产化肥，本来是竞争对手。但是如果在湖北的企业，它的客户在河南，为什么还要将同类产品运到河南呢？实际上同行企业如果在同一产业链上，就可以对一些订单进行合理的分配。

今天的企业转型的基础是什么？

第一点，思维的转型。现在互联网时代或者数字化经济时代强调三种思维：一是价值思维，价值驱动一定是企业的核心；二是互联网思维；三是服务思维。这些思维的基础都在于现在是一个共生的逻辑。

企业进行数字化转型，首先要看企业的特征是什么。现在政府和很多企业正在做"十四五"规划。"十四五"规划和前面的规划的不同之处在于逻辑会发生变化。很多企业在"十四五"规划中面临的一个很难的问题，就是如何在这个时代做新型企业。

我觉得有一点很重要，就是一定要认同企业是社会组织的一部分。这是企业转型的基础。

第二点，现在很多大型企业都处在整体数字化转型过程中，如果要向智能化企业转变应围绕以下几个层面。

一是以价值创造为宗旨。企业、社会、个人三个要素是一体化的，围绕这个宗旨，要实现组织的虚拟化、资源的共享、业务的协同、决策的智能。过去存在单一的一个环节，如业务协同环节，一个集团式企业下面有上百个电厂，还有其他企业，即使一个企业内不同的领域体系也可能存在孤岛。国有企业要转固，就要通过项目建设来形成资产，所以说，转固是一个体系，项目管理、资产的运行是另一个体系，设备的实物运行又是一个体系。每个体系都有一套系统，实际上是生生把一个设备、一个实物资产从时间和空间上分开了，目的是通过工业互联网在一个企业内部各体系之间实现协同。

二是要通过体系、模式的改变去实现数字化转型。对一个集团式企业来说，不能纯粹依靠一项技术转型，只有上百个企业一起才能实现标准的统一，才能实现备件、其他资源的协同和共享。

企业转型，首先是从模式上去转变，这是很重要的一点。

以工业锅炉云平台为例。现在很多企业都有工业锅炉，这种工业锅炉燃烧的是煤，但对很多企业来说，第一个问题是维护这个锅炉系统很难，因为企业不是锅炉专家，也没有能力聘请更多的人员来维护；第二个问题是不同的企业燃烧不同的煤，不利于城市环保。在这种情况下，在某一个城市建立一个工业锅炉云平台，目的是把不同企业的锅炉都连上来，把它们的 DCS 数据、安装数据、生产数据、设备数据，包括煤的数据，都提取上来。在这个平台上可以看到每个锅炉的控制情况或者其他一些状况。利用工业互联网技术，把一些控制以及安全、模型进行固化，从而可以连接更多锅炉，从 10 个到 40 个，甚至到 400 个。这个运营不需要企业具体做，而是由第一方企业或者国有体制背书的企业负责，连接都是免费的。

这就是工业互联网的一个应用，只是对单一的设备做集中运维。它有一个商业模式，就是这些连接的企业必须用同一种煤，这样从城市侧来讲，可以保证煤质的统一；从运营侧则能促进效率的提高。对锅炉拥有方是有利的，对平台运营方也有利。通过不断地连接不同类型的锅炉、不同企业的锅炉，未来还可以把锅炉制造厂、配件商都连在这个平台，形成一个完整的产业和生态网络，这个平台的价值很大。

所谓的转型，有很多种方式，并不是说生产锅炉的就只能做锅炉平台，现在往往第三方，即非专业方提出的商业模式，对这个行业的颠覆是最大的。

举一个典型的例子，一家传统煤矿企业如何转型？因为它的煤运量很大，自有车辆不够，它就需要大量的社会车辆或者个体车辆。在这种情况下，企业的初衷是建一个平台，开发一个软件，简单地把这些车辆管理起来，但是还要考虑到加油费、司机的餐饮费，这个投入是很大的。从这个角度来说，还需要开发服务配套的生态圈，这是从生态链角度考虑这个事情。

另外一些问题是，有了平台以后，卖煤的企业是不是也可以卖电？怎么和当地能源供应商进行合作？怎么和渠道、交易市场合作？如何形成一种生态？

每个行业的情况可能不同，但实际上所谓的工业互联网平台，其理念也是推动平台把不同的要素连起来。怎么去连？就是通过工业互联网给这些要素提供深度的服务，使得他们愿意在这个平台上互惠互利、共生。

另外一个例子，就是一个润滑油的生产商。如果纯粹是生产，它对应的只是甲方和乙方；如果是一个平台运营方，所有的用户可以在这个平台上共享，这也是一种转型，生产向服务的转型。所以说所谓的工业互联网转型，是在产业层面上，用工业互联网技术来实现对深度要素的互联，这都是转型。

工业互联网在数字化转型过程中是一个关键路径，大家要关注这种技术，它的转型牵涉到企业模式和商业模式。在转型的过程中，对每个地区、每个企业、每个个人来说，技术都是很重要的东西，因为它带动了思维。但是人的需求同样也很重要，不同的行业、不同的方向，对技术的要求也是不同的。在工业互联网时代下，通过这种技术的支撑，根据人的需求来设计新的商业模式和管理模式，这几乎是各个行业发展都会选择的路径。

行业基础设施智能化与知识数字化再生产

周亚灵 *

一、传统工业体系需要重塑的时代背景

人类从工业社会发展到现在一共经历了五次技术的浪潮。每一代技术浪潮的发展周期大概是 60 年。在这 60 年中，前 30 年基本上是基础技术本身的发展阶段，后 30 年是技术加速应用的阶段。现阶段我们进入了信息技术阶段，前 30 年出现了大量著名的信息技术公司，包括亚马逊、谷歌、IBM 等，后 30 年信息技术开始加速应用到各行各业。同时产业发展将进入下一波产业数字化周期，ICT 技术加速推动各行各业数字化，且逐步深入生产作业主业务流，持续提升供需闭环效能，各行各业广泛开展数字化转型。如何抓住这波数字化的机会，使自身的业务更加高效，进一步优化生产作业资源并提升品质，是目前各行各业遇到的一个共同的挑战。

---

* 周亚灵，华为技术有限公司工业互联网发展总监。

首先，从工业体系发展历程来看，过去30年，规模经济时代工业获得了非常快速的发展。企业的自动化水平、工艺水平、信息化水平都有了很大的提升，但随着技术逐步演进，通过工艺、信息化等手段所获得的提升基本上达到了饱和，进一步优化则需要投入巨大的资源，最终获得的投入产出比是非常有限的。

在中国、德国和日本等国家，下一步的工业发展脉络、发展曲线本质上都是工业和信息化的深度融合，将催生出新的模式，包括柔性制造、满足小品种多批量需求等。制造业即将进入一个工业和信息化深度融合的全新领域。

回到具体工业企业发展的微观领域，过去大部分企业的信息化解决的都是企业运营管理的信息打通的问题，也就是说服务于企业的管理流。数字化可以服务于企业核心作业流和产品本身，是各主业务流和数字技术的深度融合：依托数字技术把分布在各个作业流领域的行业知识，通过数字平台进行沉淀和智能分析之后，再注入这些主业务流，从而使得企业核心的业务流进一步提升效率，实现产品创新。其基本的动能就来自知识生产力工具的变革，通过数字技术，将行业知识赋予生产工具，优化企业的核心作业流，极大地释放潜力，创造新的产品、新的商业模式，使得企业的每个作业流人员都可获益。

其次，工业体系的架构变革。通过与国内外产业组织以及伙伴进行大量的交流，我发现工业体系的系统架构非常关键。ISA-95体系架构定义了现代工业体系的产业分工，在统一的体系架构下，产业链上的各个角色各司其职，发挥最大的产业链协同能效。但是现在产业面临新的挑战，消费者需求提升，对于小批量、多品种、数字支付等产品和服务产生了新的要求，传统的工业体系架构越来越难以满足产业界发展的诉求。

在这样一个大背景下，很多产业组织都在讨论工业体系架构如何满足新的产业需求。国际上对产业发展趋势的认识基本趋同，现在的工业体系架构越来越难以满足现代工业发展的诉求，众多的国际产业组织都在探讨下一步工业架构如何演进，研究新的体系架构。同时，ICT 与运营技术（OT）的融合仍然存在众多挑战，包括复杂的产业链、高昂的试错成本等。

具体对一个企业来说，企业价值有"三链"：产品链、价值链、资产链。一个企业的核心作业流都是围绕价值创新的产品链、价值变现的价值链，以及价值续存的资产链展开的，大部分企业都面临着在资源有限的情况下如何对三链进行全局优化的问题。

对于产品链来说，产品上市周期要求越来越短，如何在更短的时间内推出更多样化、更智能化、质量更优、更易用的产品，这是越来越多的企业面临的挑战。

对于价值链来说，一方面，企业面临用户多样化、个性化定制诉求；另一方面，他们也在通过数字平台模式更接近用户，以便更了解用户的需求。

对于资产链来说，要考虑企业的资产如何通过数字化方式创造增值服务，并使业务模式成功升级转型。

在三链优化过程中，有一些关键共性技术。一个是数字孪生技术，打通产品的设计态、生产态以及运行态的全要素数据并反向优化；另一个技术是数据主线，通过数据主线贯彻企业的全流程数据优化。

基于三链来看企业在技术架构的演进过程中需要适配在新产业下的发展需求。

第一，对于工业企业，首先要满足兼容现有系统，这是最基本的需求，因为对于大量的工业企业要保证现有生产的稳定持续运转。

第二，优化使能工业三条链，包括产品链、价值链和资产链。通过信息通信技术，迭代优化三条链，使得每一条链都能够满足客户的需求。

第三，面向未来的平滑演进，快速构建融合应用，灵活开发新应用，构建统一的数据湖。

二、新形势下制造业如何构建行业基础设施

大部分传统企业都拥有自己的基础设施，包括能源基础设施等。结合这轮新基建，每个企业都在考虑通过数字技术对这些基础设施进行升级。

在能源基础设施之上的网络基础设施和计算基础设施构成了数字基础设施，这些是构建物理世界数字镜像的基础。未来面向企业的三条流——创新价值流、产品价值流和客户价值流，应通过数字平台的模式，将行业知识进行沉淀和模块化、生态化。针对很多跨行业或者跨领域的数字平台，可以服务于产业集群以及产业集群上下游，具有通用的领域级数字平台特性。很多行业知识富集的龙头企业或行业集群，会沉淀出越来越多的行业数字平台，通过这种行业的数字平台协同研发设计会提升行业整体效能。对于企业来说，未来大部分制造型企业的生产制造环节还是在本地完成，部分领先

企业也在探索制造服务化模式，并促进制造能力的共享化，越来越多的行业组织也在探讨这种新模式。

技术领域发展趋势：

第一，连接。各行各业存在多种连接诉求，未来行业对连接的诉求会逐渐增多，连接的对象种类也会更多。除了人之外，机器、装备、传感，还有更多的工艺材料都可以连上来，数量也非常庞大。连接的协议越来越多，各行各业的协议都是千差万别。对连接性能的要求也越来越高，人对连接的感受是比较小的，但是对于机器来说，它要求时延更低，可靠性、确定性、安全性更高。但大部分企业是不具备连接相关的专业能力的，行业连接要求网络能力强，网络管理简捷，实现网络的自动驾驶。

面对这些诉求，总结连接未来有四个趋势：一是 New IP，协议层统一；二是 5G，现在已经开始推进融合应用；三是第五代固定网络技术（F5G），面向固定连接，固网光纤接入每个机器；四是自动驾驶网络。

第二，智能。未来会有两个基本特征，一是多样性的计算，面向传感的、面向终端的、面向边缘的、面向中心云的计算是不太一样的。未来这种多样性的计算架构是能够使得不同场景的经济效能最高，也是性价比最高的一种计算架构模式。二是普惠性的，随着 AI 深入各行各业，无论是从易用性还是从成本上来讲，它都会满足越来越多的行业需求。在人才知识结构上，越来越多的企业会培养跨界人才——懂 AI 的、懂业务的、懂工艺的。将来 AI 会渗透到各行各业，"人工智能 + 行业"有助于催生新的业态和商业模式。越是传统的行业，越会成为人工智能技术的受益者。

第三，分布式架构。通过计算能力和 AI 能力，智能将越来越下沉到传感、装备侧，装备也将逐步具有自连接、自发现能力，逐步能产生数据，形成一些知识。知识被分享之后，会形成更多的协作。通过学习协作化的数据，又会对原来的装备形成进一步优化，增强自主化。我们从这个过程中会发现，未来的智能是分布式的，终端有终端的智能，边缘有边缘的智能，中心有中心的智能，这对未来的智能分布式架构也提出新的诉求和要求。

1. 使能四类协同。除了现在的人与物协同之外，将来物与物的协同、物与本地系统的协同，以及边缘与云的协同会越来越广泛。

2. 通过工具链聚合 AI 算法。现在传统的工艺机理模型，通过获得大量的数据，让数据结合 AI 以形成持续的迭代和优化，聚合一个新的算法和模型。

3. 算力出现多种模式。不只是 x86 的模式，以及各种低功耗的 CPU，低功耗、实时性、多核的堆栈也越来越广泛。

4. 实时全量数据。用一些新的连接技术来保证实时数据的获取，实时数据库也有新的诉求。

第四，新的产业协同。除了技术之外，还需要新的产业协同模式。工业和信息化，这两个产业过去发展的模式截然不同。过去通信产业的发展遵从标准代际模式，2G 之后有 3G，3G 之后有 4G，4G 之后有 5G，基本上每一代标准制定出来之后，都会先启动试点，最后全球规模商用。每一代是 10 年生命周期，产业节奏是可预测的。

面向垂直行业，特别是制造业，很多都是先用起来，解决实际问题，再通过市场推广把它变成事实标准，因为"事实标准为王"。

而且两个产业演进的节奏完全不一样。类似智能手机，有一年到两年的演进周期；移动通信产业则是 10 年一代；很多垂直行业的周期更长，特别是像钢铁、化工这样的行业，周期超过 30 年。不同的演进周期和演进节奏与不同的技术背景，给深度融合带来了很多问题。工业企业关注的是可靠性、稳定性，是能效比；ICT 企业关注的是技术参数、技术指标。不同的思维方式组合需要在融合过程当中探索一种新的产业发展路径，通过这个新的路径探索，合作的能效、效率更高。

与国内外大量的行业组织、客户和伙伴讨论之后，我们明确了需要一种新的产业发展模式。首先，要共同制定一个新的顶层参考架构，通过参考架构，牵引大部分产业意识到自身在产业链中的位置，达成基本的共识。其次，有了共识之后，再针对具体的问题做一些概念验证（PoC）和测试床前期的创新孵化，打样板。最后形成行业标准。这种模式在行业内得到了大家越来越多的认可。

未来制造业数字化转型的核心就是行业知识，行业知识是价值创造的源头，它会催生一个新的生产模式，会有两个层面的变革。

首先，针对现在散落在各个工人师傅身上的经验和工艺知识，通过数字平台的方式，将其模块化、软件化地沉淀下来，逐步进行积累和优化迭代。其次，从技术架构上分为两层，第一层是生产装备。装备是大部分生产制造环节的核心生产设备，装备能力的提升决定了供给能力的水平。在将来，装备产业富含的装备知识可以通过装备数字平台构建行业的知识中心，孵化面向工艺流程的新的生产工具和软件。第二层是供应链和研发协同。面向行业的供应链和研发协同，同样也会形成行业的数字平台，通过行业知识的组件化，按需柔性生产。最后，将行业知识沉淀成工业软件，构建知识仓库和数字市场，塑造新的工业软件形态。

三、华为对工业互联网转型的理解

通过上面的分析，我总结出工业互联网本质就是工业与新一代信息通信技术的结合。它服务于工业，通过工业知识再生产，借助知识工具变革，最后将行业知识软件化和模块化之后重新注入工业主作业流，从而提升质量和效率。所以它本身要遵守工业基本规律和特点。如前面提到的工业演进的大周期，工业本身有"三不"原则：不在落后的工艺上搞自动化，不在落后的管理上搞信息化，不在不具备数字化、网络化基础的情况下搞智能化。基本的工艺流程还是要一步一个脚印地落实。同时工业创造价值的核心部门是生产部门，工业互联网一定是围绕制造业的核心生产系统、核心作业流去做优化，做提升，这才是价值驱动投资的关键。

对于一个工业企业来说，通过工业互联网进行转型与过去的信息化不太一样，需要面临五个方面的转变。

第一，转意识。推进工业互联网，首先要回归业务本质。大家都说 ABC（人工智能、大数据和云），技术驱动是一方面，但是真正要形成商业闭环，就要回归以客户为中心，回归业务，架构牵引。通过"业务＋技术"双轮驱动的模式才能真正为客户、为用户创造价值，才能形成一个真正的商业闭环。所以，我们首先要求意识到不只是技术驱动，而是"业务＋技术"双轮驱动。

第二，转组织。传统的公司组织架构是以事业部门为核心，但数字化业务的开展是不太一样的。数字化业务要直接嵌入每个事业部，也就是说，数字技术和主业务流程是紧密结合的。同时，在集团层面会搭建一个大的共享数字平台，很多的知识、能力、流程等会逐步沉淀在大平台中，以便集团共享。

团队也不太一样，过去是业务方赞助的模式，集团有一个信息化团队负责实施，业务部门赞助。而现在更多的是混合项目团队模式，由业务团队和数字化团队形成一个综合团队，联合进行开发。

第三，转文化。规模工业时代每一个企业都由许多不同的功能部门组成，每个部门都是以个人创造价值为导向。未来将是平台化的模式，大平台支撑精兵作战，强调每个人能从平台中拿到什么，并能对平台、对他人贡献什么。企业对于个人的评价体系都有很大的转变。

第四，转方法。总结为两步：第一步是针对核心业务对象、业务流程、业务规则，从线下转到线上，就是把物理世界中的产品、对象从人工记录变成在线数据。这样，很多业务活动都可以变成在线活动，这在新冠肺炎疫情期间尤其重要。第二步是拥有大量数据之后，做数据驱动分析。通过大量的分析计算，企业会逐步对产品、流程，甚至规则进行大量的优化和自动化处理。

第五，转架构。对于架构转型要做好三件事情。大部分存量应用都已经存在很多年了，所以应对其采用"双活"的模式。第一件事，传统的软件延续瀑布模式，服务化应用采用敏捷开发模式。第二件事，对于新增应用，直接采用云原生构建，用微服务架构模式将其构建在平台上。第三件事，数据统一入湖，实现数据同源共享。

华为在工业互联网解决方案架构上也遵循前面讲的基本原则，基本定位是企业智能化转型的增量业务底座。首先，不对传统工业体系架构做改动，因为这些是存量成本，也是保障系统稳定运行的关键。其次，在增量的工业智能化基础设施上通过数据、采集集成之后，做进一步优化、叠加，并与存量工业系统形成闭环反馈与协同，立而不破，并存双活。

包括如下模块：

第一，开发与运行态分离，云上敏捷开发，边缘可信运行。

第二，5G MEC 助力边缘站点回源，或本地流量就近处理。

第三，工业 OT 数据采集、时序存储、生产域数字化建模分析。

第四，"机理 +AI"的工业智能开发态/运行态工具链。

具体到华为的 Fusion Plant 工业互联网平台架构的情况，简言之，就是在大平台里面划分三大平台核心模块。

三大平台：

一是连接管理平台，包括边缘层的连接管理和边云协同。

二是工业智能体平台，智能数据底层解决的是数据如何进行存储和优化的问题，以及基于"机理 +AI"的工业智能。

三是工业应用平台，大量异构数据的集成。

华为的工业互联网特点：

一是软硬兼优。即除了软件上的优势，还有硬件上的，特别是全栈、全场景的人工智能和计算系列芯片，以及中间件。

二是边缘协同。除了云端有大量的云计算能力之外，在边缘端也有大量边缘硬件服务支持。这样云端能够支撑好企业敏捷开放，同时在现场侧真正跟工业基础设施、OT 侧做深入的融合。

工业体系是一个非常庞大、复杂的体系，很少有企业能够提供完整的解决方案。所以华为的定位是提供工业互联网基础平台，也就是 ICT 数字化基础平台。在此基础上，会跟各行各业合作伙伴进行合作，赋能行业伙伴构建行业平台，最终面向客户提供端到端的解决方案。首先要找出有价值的场景，以价值场景作为切入点，与伙伴、客户一起孵化面向价值的样板点，打造结合"OT+ICT"的融合方案，最终面向行业进行推广。

从研发设计、采购供应链、生产制造、经营管理、销售、营销，一直到运维服务，每个环节都有一系列合作伙伴共同面向客户，解决客户的问题。通过赋能合作伙伴，为千行百业解决一系列问题。

此外，也有一系列体系化的生态服务设计，包括开发者、Open Lab、生态会议以及生态运营系统，认证培训以及生态营销等一系列生态服务设计，来赋能合作伙伴。

第一个案例，针对生产制造环节。大飞机制造是一个非常复杂的、典型的高端制造行业，号称"工业皇冠"。这么一个复杂的系统工程，生产过程中涉及的生产要素、生产原材料和生产装备确实是非常复杂的。

在飞机制造过程中有几个典型的案例是结合"5G + AI + 云"的创新应用。

首先是辅材检测。原来通过人工的模式检测上面是否存在裂痕、缝隙等瑕疵，40 分钟才能完成一次检测。但通过"AI+5G"

的模式，8分钟就能完成检测，所以效率提升极大。

还有其他案例，如飞机外观检测。飞机是一个非常大的工业产品，它的外观是一个曲面，非常复杂。过去靠人工检测，不但工作量巨大，质量也很难保证。在试点过程当中，通过"无人机 + 5G + AI"的模式，无人机绕着飞机外观飞一圈，把所有的数据通过5G传输到后台，通过人工智能分析，快速对飞机表面质量做判断。这个方式对生产制造过程的效率提升是显而易见的。

第二个案例，针对供应链环节。中国的物流效率在全球都是非常高的，但是很多物流环节往往有一些暴力装卸的行为，而且也很难追溯到底是哪个环节出现了问题。过去出现问题之后，都是靠人工去看，回溯看录像，检查13 000路视频需要耗费400天，现在通过AI的模式，只要有问题就能发现，并自动告警。AI的方法特别适用于这种海量重复场景，对物流效率有很大的提升。

第三个案例，针对资产运维的环节。现在的电网，传统都要靠人工爬上电线杆去定期巡检，检查一次不但工作量大，而且人身安全也受到威胁，耗时也长，检查一次20天。现在采用5G和AI结合，无人机智能巡检电网，用"视频 + AI"替代人工，用5G技术保证视频稳定无线回传。特别是山区里电网人很难爬的地方，通过这种模式，很快就能完成无危险远程检测，耗时从20天直接变成2个小时。这个案例告诉我们，通过"5G + AI"能非常有效地提升资产运维的效率。

前面都是大企业的案例，第四个案例关于如何通过平台赋能中小企业。中小企业是制造业的主力军。以东莞工业互联网平台为例，与大家分享一下。

制造业是东莞的一个支柱产业，特别是三个有优势的产业集群：电子信息产业集群（全球大部分手机都是在东莞制造出来）、装备产业集群和模具产业集群。东莞有大量这三类产业的中小企业。

通过和政府以及 ISV 的合作，打造服务于东莞制造业产业集群的平台。通过平台赋能的模式，中小企业很快覆盖到了东莞 90% 的企业，达到 500 家企业上云，形成行业辐射，通过平台快速把企业信息化以及基础 IT 用起来。通过标杆企业带动中小企业协同上云的模式，协同效应明显。

第五个案例，华为自己。华为自身数字化转型也经历了很长的一个过程，提出把数字化转型作为未来发展的必经之路，率先提出 ROADS 体验，以客户满意度和运营效率提升作为数字化转型的最终目标。通过打造统一的数据底座、统一的 ICT 基础设施，来打造数字化的产品、数字化的流程以及数字化的规则。这产生了几个具体的效果，一是手机产品研发构建时间从 2 个小时缩短到现在的 40 分钟。二是消费者门店开业周期原来需要 3—6 个月，缩短后 1—2 周就能完成。三是交付项目资源调配，过去需要 2 周，现在秒级就能生成。

结合前面的实践，讨论对工业互联网的基本认知。产业界对于工业互联网的定位就是第四次工业革命的基石，通过全要素、全产业链、全价值链的全面连接，形成数字化、网络化、智能化拴性，以及催生新业态、新模式、新产业。它有三大体系认知：

第一，本质是工业和 ICT 产业协同与深度融合，以工业为本体，以工业知识为核心，以优化工业生产力为目标。

第二，工业互联网是利用数字孪生、数字主线、人工智能、大数据、云计算等关键技术对生产制造、研发以及销服体系的重塑，也是对企业的核心作业流进行重塑，帮助企业提质增效和加速创新。

第三，过去传统的工业机理建模现在已经到了一个瓶颈，工业互联网是基于机理的工业知识与数据，与 AI 代表的 ICT 知识进行深度融合和生态重构，解决过去通过传统模式无法解决的问题。通过 AI + 工业机理、工业知识的融合会产生一种新的路径。

第四，工业互联网时代，人工智能、5G、大数据等 ICT 技术需要直接嵌入生产系统。同时，也因为工业的复杂性和场景的多样性，所以需要不断适配工业场景的独特性，对 ICT 技术端的供给也要做优化和升级。ICT 技术供给品如何优化和升级，如何适配，这是将来工业互联网落地实施部署的关键。

第五，工业互联网发展过程中一个基本的逻辑，就是龙头企业通过数字化能力赋能中小企业，能够提升中小企业的数字化认知水平，通过赋能的模式，快速拉平中小企业对数字化的认知水平。

四、华为的价值主张与价值定位

第一，对于 ICT 技术供给品行业来说，有以下五项主张。

一是产业自律。工业互联网是通过 IT 和 OT 融合的一个新生态，所以一定需要产业自律。行业知识、工业知识是价值创造的源头，垂直行业是数据和知识的价值主体，这与消费互联网不太一样，互联网时代，大量的数据是免费使用的。在工业互联网时代，工业的数据、工业的知识是价值主体。所有 ICT 技术是行业知识的一个容器或者连接器，要完成好知识生产力工具革命的使命，承担好工具使命。如何把 ICT 的工具和容器用好，使得行业的知识能够沉淀下来，并且最终注入行业本身核心作业流，包括原材料、装备、生产制造以及消服体系，使得它原来的生产体系和销服体系进一步提升能效。

二是数字平台。数字平台能够有效地提升知识速动率，使行业知识的生产装备以及生产作业流与行业知识富集者、生态伙伴紧密协同，未来行业数字平台或者行业基础设施是分层的，通过各层平台之间的协同配合，一起来构造一个面向各行各业三个价值流的平台经济，共筑行业数字平台与生态。

三是普惠 AI。以更低的成本和更高效的经济成本来完成对数据的转化，通过 AI 使得大量分散在企业的隐性知识显性化、软件化以及模块化，以获得更大的经济价值和社会价值。

四是多样计算。各行各业的知识体系是多元化的，特别是到生产环节，场景多元化使得计算架构必然也要跟场景紧密结合，这也是多元异构计算的技术堆栈。这样就会形成更为经济、实惠的算力技术堆栈供给品，使得在给各行各业做数字化转型过程中的成本结构达到最优。

五是极简网络。这是对 ICT 行业的要求，面向行业要高带宽、低时延、广连接、可靠、安全、可信、确定性、按需，这些都是诉求，网络连接则是基础，是构建万物互联的基础。

第二，面向行业，也有几个共同探讨的价值主张。

一是装备智能化升级。要尊重装备制造业行业知识的价值。在此基础上，要面向装备制造业的升级方向，探索以 OS + 平台生态的模式，形成柔性的智能作业岛。

二是智能生产服务。基于行业级平台知识构建市场化的共享、复用，跨越于各作业段的基础软件和复杂系统集成的产业断点与经济性洼地，促进生产服务市场向平台生态升级。

三是普及知识经济新业态。数据是生产原料，所有信息和知识都是知识经济的价值要素，数据是核心生产要素。

过去认为软件不值钱，就是变相地认为知识不值钱，因此知识经济、数字经济基本上就缺失了动能。所以要提倡软件业务、软件生态，要支持价值闭环，必须要把软件以及知识重视起来。

华为提供 ICT 基础平台，与各行各业合作共赢。华为在面向行业数字化和工业互联网时，作为产业一分子，特别在 ICT 基础设施以及智能终端领域，是产业发展非常重要的贡献者。对于连接产业，通过标准推动产业的发展包括类似 5G、F5G 等，计算产业倡导新的架构模式和端边云一体的建设框架。同时也是很多产业组织的主要参与者，包括工业互联网联盟、第三代合作伙伴计划（3GPP）、TMF 等，会形成一个深层次的合作和战略互信。最后也是产业环境的积极构建者，倡导成立 GIO 这样一个多边产业组织的"罗马广场"，促进跨界的产业对话，把 ICT、OT 两个产业通过"罗马广场"，群策群力，共谋产业发展的模式。

面向工业互联网领域，华为也在很多产业组织里积极作为，在工业互联网产业联盟、5GACIA 联盟以及在 GIO 全球行业组织论坛，华为都是一个积极贡献者的角色。同时华为也探索出产业发展的新路径，从参考架构到技术标准、产业孵化，探索不断完善和演进的过程。

最后，是华为的价值定位。华为的使命是把数字世界带入每个人、每个家庭、每个组织，构建万物互联的智能世界。为了支撑这个使命，华为有四个价值主张。

第一，无处不在的连接。华为有一系列的连接技术支撑，包括无线、有线、企业、IoT 的网络，还有基于网络的自动智能运维和运营，希望在各行各业中推进无处不在的连接。

第二，无所不及的智能。终端有终端智能，面向运营商有网络智能，面向企业有企业智能。华为希望构建智能基础的硬件平台，包括智能计算、智能存储和智能安全，支持各行业的智能应用。

第三，个性化体验。针对智能终端，在人、车、家、办公环境下，构成端边云整体协同的优化以及体验模式的提升。围绕手机、可穿戴设备、家庭终端，打造全场景的生活体验服务。

第四，数字平台。首先是打造可信的、开放的云平台，兼容公有云、混合云的模式。其次是建设开放的混合云架构，以及端边云协同的 ICT 基础设施，包括面向各行业、开发者、伙伴打造的开发者生态服务。

随着数字经济的到来，特别是新基建热潮的到来，各行各业的行业知识是知识经济和数字经济主要的价值源头，我们主张通过 ICT 提供技术手段带来一系列知识生产力工具的变革，通过工具变革将各行各业的数据和知识，最终通过数字平台进行沉淀并模块化、组件化，再注入各行各业的核心作业流，从而提升全业务流的能效。

新基建下的中国产业链生态变革

刘大成 *

一、新基建诞生的背景

2018年的中央经济工作会议提出了"新基建",即新型基础设施建设。当时它包括5G、人工智能、物联网和工业互联网这四个部分。到了2019年,中央政治局会议依然不停地在完善新基建。但是2020年的情况比较特殊,疫情最严重、风险最大的时候,中央政治局常务会议再次提出新基建,而且这次的新基建已经扩展为七个方向、七个领域。

2020年4月28日,国务院常务会议提出加快新基建,是以市场投入为主,以"一业带百业"的方式,重新对它进行了定位。国家发改委也结合新基建提出,未来新基建和传统基建的区别与未来的发展方向,实际上起一个承前启后的作用。

传统基建的重点是能够为我们经济、生活、文化所需的物理

---

* 刘大成,清华大学互联网产业研究院副院长。

空间布局以硬件为主的基础设施建设，英语称 infrastructure。中国从亚洲金融危机（1997 年）就开始将传统基建主要定位在"铁公基"，即铁路、公路、水利等基础设施建设。事实上，过去 20 多年，基础设施建设确实起到了非常大的投资作用和经济拉动作用。特别是每到经济遇到停滞或者增长乏力的时候，都把"铁公基"放在前面。

未来的新基建和"铁公基"实际上有所差别。这个差别在于周期变短了。首先，5G 基建和人工智能，更多的是研究未来通信和人的替代。其次，大数据中心和工业互联网是以数据和互联网的形式不断发展，后文将专门介绍。最后，特高压实际上是指正负 800 千伏的直流电和 1 000 千伏的交流电，这种特高压设施比我们现在使用的 500 千伏设施节约 60% 的土地资源，线损也较少。特高压已经使得高压和特高压的输变电变成第六种运输方式，解决了煤电一体化，也就是坑口发电的问题。特高压输变电不仅对西部的光伏和风电产生了新的拉动，更重要的是它直接解决了我国资源和产业结构分布不均匀的问题，同时改变了大宗货物物流体系，还有利于我国物流的降本增效。

新能源充电桩解决的是新能源汽车未来的使用问题。我们知道，在机械制造当中，中国被称为"世界工厂"，但是我们在世界工厂上一直处于中端和低端位置。如汽车产业，虽然我国是最大的消费国，也有很多的汽车厂，但是却不敢去德国汽车展上展览，为什么？因为汽车展要求拆解汽车，我们拆解之后没有自主研发的部件，特别是以发动机为核心、以一些特殊技术为核心的东西。

我们过去都是靠逆向工程，利用三坐标测量机和激光照排。许多技术在行为上很容易仿造，但是在工艺上很难抄袭，我们自身科技水平有限，所以我们和国外技术有几十年，甚至上百年的差距。但是新能源汽车的出现改变了这一切，因为新能源汽车是直接永续电机驱动，因此我们对控制系统有优势。但是新能源汽车研制也有风险和不足：一是储能，二是充电能力。

城际高速铁路和城际轨道交通、特高压和充电桩都是在弥补过去的"铁公基"基础设施建设的不足。

二、新基建后中国产业链生态的变革

全球产业供应链开始发生变革。供应链最早来源于彼得·德鲁克提出的经济链。1985年，迈克尔·波特在《竞争优势》一书中提出价值链，主要是价值增长。1990年，沃麦克在《丰田精益生产方式》一书中提出价值增值链。1996年，美国学者Porirer和Reiter提出了供应链。1998年，全球影响力最大、物流影响力最大的美国物流管理协会提出物流向供应链转移。2005年，它甚至更名为美国供应链专业管理协会。同年，该协会的第一个专业管理协会大会奖颁给了牛津大学的马丁·克里斯多夫教授。马丁·克里斯多夫提出，21世纪的竞争不是企业和企业之间的竞争，而是供应链与供应链之间的竞争。

2012年1月，美国政府发布《全球供应链安全国家战略》，正式将全球供应链安全上升至国家战略层面。我国国务院在2017年10月5日提出积极推进供应链创新与应用，将其上升为国家战略，并提出四个产业、两个方向。

四个产业——农业、制造业、能源、供应链金融。

两个方向——全球供应链、绿色供应链。

供应链的改变可以从制造强国的发展指数来看。在2019年，中国还是第三方阵之首，第一方阵只有美国，第二方阵有德国和日本，第三方阵包括中国、韩国、英国、印度、法国等。日本、巴西出现了规模下降。考虑到目前的增幅，如果我们跟美国竞争，约需要28年才可能追平美国。如果按照发展平均增速，还需要18年。事实上我们的核心还在中低端制造，只有部分产业有望进入高端产业。

从信息化到网络化，再到数字化。20年前是信息化时代，最早的计算机诞生之后，就开始有了网络。有了网络和计算机，信息化就到来了。直到网络化之前，信息化是人与设备之间、人与设施之间的数字互联。而网络化解决了人与人的数字互联。

近20年来，在互联网领域，包括中国在内的全球公司市值发生了变化。2018年、2019年市值发生变化的公司主要包括苹果、微软、亚马逊、谷歌等。中国的BAT巨头格局已经逐渐被字节跳动、哔哩哔哩、拼多多所改变，很多人认为未来字节跳动的市值将超过阿里巴巴和腾讯之和。服务类的产品最终将超过原来的实体制造。

从网络化到数字化，实际上是改变了过去人和人之间的关系，包括设备到人、人和人、人到设备、设备的底层互联，即进入了产业互联网时代。

2015年，全球《财富》杂志上，前67位富豪的收入超过了全球后35亿人的收入总和。2016年更可怕，从67位减少为8位，8位富豪财富超过35亿人的收入总和。到2018年，前5位富豪的收入就超过了全球 35 亿人的年收入。2019 年，同样是 5 位，但是这 5 位还有一点小故事。首富贝佐斯因为离婚，1/3 的资产被剥离。有人预测 2023 年到 2025 年，贝佐斯一个人的收入可能会超过全球 35 亿人的总收入。贝佐斯做了什么呢？贝佐斯的财富核心就是数字化的"飞轮效应"，把资源配置优化能力变得越来越强。

目前数字化资源配置能力要远高于过去网络化和信息化的能力。数字化既给企业带来了企业层级的发展，同时也带来了贫富差距。因为有资源的人更容易获取资源，亚马逊的"飞轮效应"就是这样。谁拥有了更多的会员，谁就有跟供应商议价的能力，同时可以引入第三方卖家平台。亚马逊前 20 年不赚钱，到 2015 年三季度财报的时候赚钱了，靠什么呢？靠云服务。现在最大的云服务公司就是亚马逊，占市场的 50% 左右，其他企业分剩下的一半。亚马逊主要做的就是为第三方卖家平台和客户服务，利用它的大数据和云服务精准地预测，更加精准地了解客户的需求。同时掌握更大的议价权力，从而让货品越来越多，价格越来越低。

亚马逊物流现在已经变成了全球物流，超过 DHL、UPS 和 FedEx。它既有比京东更快的交付，又有远低于京东的成本。2018 年它的营收额达到 2 328.87 亿美元，2019 年又增加了 20%。

数字经济究竟会改变什么呢？2018 年中国数字经济规模已经达到 31.3 万亿元，占 GDP 的 1/3 多，更重要的是它提供了 1.91 亿个就业岗位。比如，快手带动了 2 000 万人的收入，其中有 500 万人是来自国家级贫困县，这是其最大的价值。数字经济、数字技术不仅给数字产业与高科技产业人员带来了收入，也让最底层的人能够借用应用型数字产业获得收入。

新基建的发展是快速的、具有穿透性的和岗位自雇性的。过去的基建是以政府为主导，而数字经济是以市场为主导，这就会形成"一业带百业"。

疫情又加速了这种改变，特别是逆全球化的变革。逆全球化在原来就有，包括英国退欧、法国的"黄马甲"运动。但由于全球的产业结构性过剩，这种严重的供大于求就导致了各国之间竞相进行贸易保护、奉行孤立主义，竞相降息，竞争性地进行汇率变动。但是逆全球化的不利后果，首要影响的就是中国。

2020年初，墨西哥、美国、加拿大签署了修订后的"美墨加协定"，其中有一个排他性的"毒丸计划"。所谓"毒丸计划"就是不允许这三个国家与非市场机制贸易，主要就是针对中国。未来英国、欧盟、日韩对中国也会逐步采取非市场化的贸易歧视。中国过去加入WTO之后赖以发展的红利可能会被中断。

国际物流全面受损。2020年前6个月的海运物流基本上减少1/3，空运更是如此。虽然空运收入增加了，但这是因为航运价格的增长。由于各国之间的阻断，航空供应链实际上是断的。在这种情况下，可以说国际物流全面受损，损失已达30%以上。中国在这里面更是受损严重。

从船运上来看，尽管我们与韩国在货船制造方面是全球排名前两位的国家，但我们航空只占10%，船运占10%，而我们的贸易量是全球第一的。可见，物流支撑不了我们的全球产业链。

特别是这次疫情之后，全球供应链不会是简单的暂停。特朗普不能将美国独立地外包给他国，不能依赖他国。安倍也考虑让那些国家依赖性较高的产品的生产基地回归日本。如果做不到，也尽量不依附于一个国家，可以向东南亚等国转移。

跟中国最友好的是中国欧盟商会主席伍德克，他也说，为了确保欧洲方面能够获得足够的供给，我们必须在更近的地方得到那些产品，如疫情中最重要的医疗物品。我们未来的供应链一定会缩短，而且相互之间会有更多的柔性，这对中国实际上是有影响的。

中国面临的困难是什么？2020年5月22日，美国商务部扩充的管制实体清单里面，16所中国大陆学校被列入，如北京航空航天大学、国防科技大学、哈尔滨工业大学等高校。

哈尔滨工业大学去年购买了MATLAB（美国开发的商业数学软件）正版全校授权，但今年不允许使用了。如果这些研究的基本软件不允许使用，学生的质量、科研的质量都会下降。如果芯片设计所需的软件使用受限，也会影响我国的创新发展。

2020年4月17日，中央政治局提出了"六保"。"六保"第一件事情就是保证居民就业，同时还要保证基本的民生，保证市场主体，保证粮食和能源安全。

提到新基建后中国产业链生态的变革，首先说美国供应链的国家安全。在瑞士达沃斯会议上，美国国土安全部提出的《全球供应链安全国家战略》有两个目标：一是提高全球商业运输的效率与安全，二是为全球商品运输提供一个更加弹性的供应链系统。这对中国有什么冲击呢？在具体剖析的时候，它提出非自然灾害里有五个要素：一是挑战美元作为世界货币，二是中国，三是欧盟，四是俄罗斯，五是恐怖组织。可见中国已经被美国视作对手。

在这样的情况下，2013年美国前总统奥巴马就曾到苹果公司找到总裁库克，要求将苹果生产线迁出中国。但是库克说做不到，因为有些生产只有富士康才能提供。但是到了 2014 年，苹果将 20% 的生产转给了富士康的竞争对手和硕集团，2020 年又将 20% 的生产转移到印度。

当前全球针对华为，更将华为作为一个关键点进行打击。如果一个国家要打击一个企业，那是非常容易的事情。被定点打击是因为华为的芯片电子设计自动化（EDA）软件全部来自美国，芯片制造设备主要来自荷兰的阿斯麦（ASML），并且依赖芯片设计商的 ARM 架构。

同时，不仅美国企业离开中国，日本、韩国企业也在行动。韩国的核心企业三星，2018 年关闭了天津工厂、深圳工厂，2019 年关闭了惠州工厂，三星智能手机生产彻底撤出中国。

在这种情况下，如果我们对等竞争，我们就会一步一步陷入被动。因为发达国家以资本为核心的精英，无法公开与我们站在一起，这就是最大的问题。

对中国来讲，还有一个办法，就是数字化，这是我们对产业升级可采用的比较简便而且有效的办法。它包括产业数字化，过去是数字赋能，通过对传统产业改造升级来实现降本增效；还有数字产业化，数字产业包括面向技术的，如 IoT 的技术、人工智能技术、物联网技术等，还有面向应用的，如快手，它解决了 500 万贫困县人口的收入。

同时，我们的传统产业是供远大于求，但是数字经济能实现差异化的供给和个性化需求零成本、高效率、零时延的对接，使得数字产业规模化之后，它的边际成本趋于零，具有更强的竞争力。

数字经济和数字技术两者有机结合起来可以产生更多的自雇性岗位。这就有效解决了失业问题,这也是为什么新基建被提升到如此高的地位上。

同时,无接触的数字化代表着新的方向。在汉堡港,一个个35吨、40吨重的集装箱被无人机带动起来;马斯克的特斯拉已经使无人驾驶趋于完善;还有物流配送机器人等。我们现在还停留在靠人来进行配送,未来也许会实现无接触物流。

无接触的技术经济,如支付宝、微信支付等对我们的影响也非常大。如果没有数字化平台,没有移动支付、移动互联网,农民工进城第一份工作可能只能收入600元到2 000元。但由于快递平台没有技术要求,同样的劳动力,可以从事快递工作,所以2019年农民工平均工资是6 500元。

三、中国产业链业态的智慧变革

过去强调功能类的优化,如大学教授、博士、硕士写的论文,更多的都是资源功能类的优化。

现在强调的是功能间的优化,比如贝佐斯引领的以储代运,以仓储的形式代替运输。中国也采取同样的策略。以"双十一"为例,通过大数据收集整理后,商家在11月1号或者更早就能够把某个城市可能需要的货品备在周边。所以"双十一"活动开始的时候,配送已经不是长途配送、干线物流,而是消费者身边的仓库直接配送,转变为一个地配的问题。

第三代智慧物流是改变产业结构的智慧供应链,是供应链上下游之间的资源配置优化。特高压就是其中一种，煤炭将来不需要运输，而是煤电一体化，甚至煤电运一体化。在坑口发电之后，直接通过第六种运输方式来改变。

第四代智慧物流是并行的供应链，先有利润后投资。过去供应链学习的都是最终的现象、消费者最终的购买，在供应链上进行利润分配。但是现在讲究"羊毛出在猪身上"，比如微信朋友圈是免费的，但是拼多多与腾讯微信的结合，让二者共同获利。

供应链管理体系变革中有许多机遇。

一是维护全球化，特别是要打造柔性的供应链。一方面是效率，我们的效率最强；另一方面，国外只要搞创新就需要规模化，但是规模化和创新是矛盾的，恰恰中国有产业集群，我们是用成组的专业化面向创新，同时又可以实现规模化来降低成本。

实质上我们相当于把丰田过去的大规模定制通过我们的产业集群、供应链集群和柔性集群变短、变垂直之后，使规模和柔性相结合，再与全球进行竞争。这在中低端市场中有非常强的竞争力，但是我们需要继续向西方学习，逐渐走向高端。一方面是高度专业化分工的中小企业，另一方面是互为配套的产业集群，这才是中国供应链网络当中真正能够参加全球竞争的优势，一是面向效率，一是面向柔性，这在全球是没有的。

二是我们要打造更强的保障体系。首先说缅甸的皎漂港，皎漂港的天然气、油气管道已经建成，现在虽然还不盈利，但是未来可期：第一，没有高山的阻隔；第二，铁路非常便宜；第三，皎漂港可以达到30万吨吃水深，所以是深水港。

还有就是扎鲁比诺港，它在距符拉迪沃斯托克（原名海参崴）

的约 130 千米处,可以建一个年吞吐量 8 000 万吨的港口,该港口距离中国绥芬河仅 30 千米。

还有就是直接进入北极航道。比如从上海港出发到鹿特丹,相比于走马六甲海峡,走北极航道能够缩短 1/3 的时间,而到扎鲁比诺港缩短的时间就更多了。

随着中国 40 多年的改革开放和中国制造、世界工厂的快速发展,中国已经是世界第二大经济体。劳动力成本逐渐提高之后,现在劳动力的主体在长沙、武汉、郑州、西安、成都,中原崛起是中国制造的核心。这时候东南沿海就可以向西、向内发展,而向西、向内距离就变成 1 000 公里以上,1 000 公里以上铁路是占优的。我国在铁路建设方面的投资巨大,"十三五"期间投资 3.8 万亿元,后面每年有 8 000 亿元左右投入基础设施建设。

铁路在 2030 年将覆盖至县域,未来中国东南沿海是消费端,中部是生产端,西部为资源端,形成一个新的产业生态链。这复制了全球以欧美为消费端,以亚洲特别是东亚、东南亚为首的制造业为生产端,以非洲、南美为资源端的全球产业链生态。

大数据、云服务、移动互联网、物联网和人工智能将彻底改变产业链的监控和监管。5G 产生之后,区块链可以进行分布式记账,能够极大地提高它的计算能力。这时候区块链可以在无信任、无中介的情况下,构建起相互之间的合作。区块链和供应链的"双链融合"将成为中国供应链产业中非常好的监管工具。

数字化助力工业企业玩转营销

徐 杨[*]

一、工业品企业在市场营销领域的数字化蓝图

每个工业品企业在营销领域都有一个非常宏伟的数字化目标。每个领导都希望在他面前有一个非常大的屏幕，可以显示所有消费者的信息，包括订单、销售、库存等，一切尽在掌握之中。这一目标并非不可实现。在工业品行业，有一些企业的数字化已经达到了非常领先的水平。

在营销领域，工业品企业的数字化究竟要达到什么样的程度？总的来说，有五大终极目标。

第一，厂商直连客户。很多企业的产品和服务都是通过经销商、批发商以及零售商提供给最终客户的。很多的客户信息掌握在经销商手中，品牌商和经销商之间存在一定的信息不透明。很多企业都想像快消品企业一样电商化，如建立天猫旗舰店，要有支付功

---

[*] 徐杨，BCG波士顿咨询董事总经理、全球合伙人。

能，利用微信跟客户直接连接等，把线上的信息引流到线下。因此，厂商未来要打造的是线上线下整合的体验，能够最有效地获取客户信息实际上是营销数字化中最重要的一环。

第二，技术赋能渠道。顾名思义，目前无论是人脸识别，还是VR影像、可穿戴设备以及智能仓库系统，解决方案都已经存在且价格较为低廉。以人脸识别为例，像房地产和汽车等行业，总体依赖线下销售。所有品牌商，包括房地产商，最苦恼的一个问题就是到底哪些客户到达了现场？这些客户是第一次到店，还是第二次到店？之前有没有去过其他竞品楼盘或4S店？如果有了人脸识别技术，企业就可以识别这些消费者，同时还可以做精准的二次邀约。如果做好了这项工作，就可以极大地提升营销有效性。

另外一个例子是智能仓库。很多企业在渠道方面面临较多问题，如各种零部件非常繁复、产品种类非常多。下游渠道也不知道订什么样的货能够最好地满足当地客户的需求。如果利用某些互联网技术对当地的客户群进行精准的测算，同时又结合历史销售的业绩，主动提醒经销商关于库存方面的问题，那么就能够更有效地降低供应链的物流成本。

第三，智能产品的应用。我们对智能产品的概念并不陌生，如汽车行业已经有了车联网，工程机械行业有智能设备，家电行业则有智能家电。总体而言，从智能设备的角度来讲，有三个方向可供每个品牌进行思考：一是基于设备，能否真实有效地获得设备的使用信息，主动进行运维保养，这实际上是一个非常明确的数字化案例；二是能否有效结合用户兴趣点、提供主动服务；三是当所有设备和产品都能够互联时，则可以产生共享经济。

第四，数字化辅助决策。如果可以实时提供关于客户、渠道、产业链、供应链以及产品质量等方面的数据，那么管理决策者就可以第一时间发现问题，同时跟过去的历史数据、跨区域的数据以及跨产品线的数据进行比较，从而更加有效地做出销售领域的决策。

第五，个性化的 BTO（Build to Order），即依据客户的订单来组织生产。比较简单的就是在 App 上对产品进行定制，选择自己喜欢的配置。对工业品企业来说，难度比较大的是每个客户的订单都会带来供应链复杂的备货，且对工厂原材料的精益生产和精益库存也有较高的要求。同时，能否在最短时间内组织柔性生产，满足客户的订单，安排好物流——这些后台体系的问题，实际上是 BTO 最大的一个障碍。

总体而言，工业品企业在营销领域的数字化中可以有五个方面供参考：一是如何建立直接的客户关系，二是如何通过技术来赋能渠道，三是如何发展智能化的产品，四是让数字来辅助决策，五是推动新的产品交付生产方式。每个企业需根据各自行业的特点、不同客户的需求在这五个方面中做出选择。同时，在每个方面，数字化的程度也需要企业做出选择。很难有一家企业在数字化营销领域的五个方面都做到最佳，但是从这五个方面进行深入的思考并定制个性化战略，是一项非常有意义的工作。

二、市场营销和销售领域数字化的挑战

第一，在用户直连方面，存在两个非常明显的问题：一是触点太多，二是功能单一。做得好的企业可能只有一两个触点，而且可

以给客户提供一致性的体验。但是在与其合作的企业中，仅营销领域的触点就有 20 多个。这么多的触点给客户带来了非常大的困扰。每个触点都只有一小部分功能，这是对客户资源和企业内部 IT 资源的严重浪费，同时让客户体验非常差。功能单一也是非常严重的痛点。我们都享受过天猫商城提供的产品定义、物流跟踪、在线客服等服务，可以发现消费者对电商的要求都比较高。再思考一下工业品企业推出的所谓电商平台或者 App，它们又能实现哪些功能？有多少 App 或者电商平台可以实现用户服务的及时反馈和处理？有多少可以做到供应链信息的透明和及时准确？有多少可以让客户进行一些产品的配置？

第二，在技术赋能渠道方面，问题在于：一是设备林立，二是信息壁垒。如智能展厅，设置了非常多的设备，包括摄像头、人脸识别、智能手表，甚至其他语音助手等。但是这些数据之间的信息是否联动，这些信息之间是否去重，实际上是最核心的问题。另一个问题是信息壁垒。在很多 B2B2C 的业务模式中，大多数信息实际上掌握在渠道中间商手中。但是渠道中间商本身和品牌企业存在一些利益冲突，他们并不一定会把所有的信息真实准确地传递给品牌企业。如何通过技术手段精准地获取一些过程信息，同时跟渠道商建立一些有效信息使用和调用权限，实际上是一个迫在眉睫的问题。

第三，在智能产品应用方面，应用价值和用户体验受到非常大的威胁。比如在家电行业，曾经有非常多的冰箱企业都希望在冰箱上配置一些智能装备，可以反映鸡蛋是什么时候购买的，有没有过保质期，甚至可以主动触发跟电商下一次订单的预约。但回想一下，目前有多少消费者真正在使用这样高智能的冰箱呢？又有多少人真的让冰箱帮忙买鸡蛋呢？可以发现，非常多的使用场景都是研发人员自认为的价值，而真正的应用价值最终是要让用户来评价的。在产品和服务开发阶段，一个非常重要的问题就是客户的价值、用户的使用场景在哪里。当企业开始做智能产品和应用时，做的是服务，而不是一个简简单单的产品。用户最在乎的就是体验，这一点关系到服务的每个细节。做服务，实际上还需要有新的生态合作伙伴、新的技术平台，以及对客户体验极致的追求。如果用为客户服务的心态来做服务的运营，是可以取得成功的；如果依然是持做产品的心态强加服务的话，将很难在这个领域取得成功。

第四，在智能辅助决策方面，常见的挑战存在于两个领域：一是过程数据，二是数据分析。希望每个企业都能够建立一个完整的数据库，对品牌的粉丝、线索、销售、财务、物流、库存以及CRM可以进行完整的追踪。但是，实际的情况是可能不同系统在不同年限、不同功能上有一些缺失。企业有没有认真对每个领域数据的真实性和完整性进行评估，有没有对这个过程数据进行真实有效的记录，这是一个值得深思的问题。当很多企业存储了大量数据的时候，要强调的问题是统一的数据分析能力。有些数据并不能产生价值。数据需要有算法，而算法要指导决策才能产生价值。希望每个企业在拥有数据的同时，加强一些数字化的算法和分析能力。这是数字化可以变现的最核心的能力。

第五，在个性化客户订单生产方面，挑战在于系统断点和以销定产之间的矛盾。所谓系统断点，是指拥有非常多的产销协同，包括用户订单，需要连接不同的数据库，比如MES、ERP、DMS、

CRM 等系统。这些系统之间的信息是否已经有效地连接，是一个非常重要的问题。很多企业都希望推进以销定产，以客户的订单为导向来决定生产。但是大家忽视的一个问题是很多行业在中国市场是供大于销。在这种情况下，竞争对手还是在采用以产定销、往渠道铺货的销售模式。在这种竞争态势之下，是不是每个企业都要采用以销定产的模式来应对？是不是每条产品线都适合推进这样的方式？供应链是否满足这样的需求？这些问题值得企业深思。

综上所述，工业企业数字化营销领域的挑战主要体现在：用户触点太多，功能比较单一；在技术赋能领域，设备虽多，但信息孤岛、信息壁垒又非常严重；在智能产品应用领域，是否有效地挖掘了客户的价值，是否提升了用户的体验，是摆在面前的重要问题；而过程数据的收集以及高阶算法的分析则是未来发展的核心之一；不同 IT 系统信息的整合，以及是否要推动以销定产的模式来进行市场竞争，是值得深思的。

三、实现营销数字化需要思考的五大问题和建议

第一个问题，在营销领域实现数字化转型的目标到底是什么？一是提供极致的客户体验，领先的企业和品牌希望将客户体验做到行业最佳，通过数字化提升客户的满意度。二是效率的改善，营销最核心的问题还是成本的降低、转化率的提高和单价的提升，如何通过数字化使这些运营的关键绩效指标（KPI）能够降本增效是一个核心问题。三是拥有数字化、互联，以及新的服务模式和业务模式，这些都需要创新。每个企业在实现营销数字化时都需要思考：

在这三个领域当中到底该怎样决策？是各方面都考虑，还是专注于其中一个方面？

第二个问题，未来数字化旅程到底是怎样的？所谓的数字化旅程，需要体现在流程、App 或者微信等触点以及到底需要抓取哪些数据；需要联系到客户下单，或是推荐，抑或是评论等场景；同时还要跟 IT 系统结合。任何一个数字化的客户旅程，都需要把场景、流程、触点、数据和系统进行统一的规划。

第三个问题，如何处理好客户、品牌和渠道之间的竞合关系？在许多传统渠道上，企业对品牌商做电商、进行数字化营销感到比较恐惧，因为他们想到的是电商颠覆了线下业务。事实上，在工业品行业，因为销售的链条和客户决策的链条比较长，所以非常多的数字化举措实际上是在做线上引流的工作，有一些品类还可以做到线上直连。如何处理好三者之间的竞合关系，也对数字化营销有非常大的影响。

第四个问题，数字化产品的用户是谁？有些企业开发的产品是给自己的销售部门使用，而有一些企业开发的产品是给最终客户使用。不管是什么样的数字化产品，都要研究真正的用户是谁，他们有什么样的使用习惯，有什么业务诉求。这样才能促使开发的数字化产品真正满足最终用户的需求。

第五个问题，如何发挥数据的价值？不管系统有多么老旧，或者有多么新颖，都要把数据汇聚到数据库中，通过算法和分析来指导业务的决策。

在工业品营销数字化领域，有五个领域值得关注：用户直连、销售赋能、智能产品、数据分析平台、数据驾驶舱。

第一,用户直连。以 App 为焦点,把所有的流量、粉丝集中到一起,跟客户进行直接的联系。在汽车行业,一些领先企业已经建立了针对客户整合的用户触点,同时也做了企业内部整合并搭建了客户运营的平台。这些领先企业已经把所有粉丝,包括泛粉丝、潜在的用户,通过流量池集中到了超级 App 上。它们可以在超级 App 上进行产品的配置和定义,同时在售后制订一个包括金融等其他服务在内的集合式解决方案。

在企业内部,不同品牌、不同部门又在用户直连中发生了怎样的变化?研发、售后和质量等诸多部门,之前不能第一手掌握用户需求和用户抱怨的数据。有了这样一个平台之后,这些后台部门实现了对客户信息的直接、实时的反映。同时利用算法和商业智能(BI),品牌商也可以对客户进行定制化、个性化推荐。同时,掌握客户的浏览习惯、购买习惯(包括历史数据),这样也实现了对客户全生命周期的管理。这是汽车行业领先企业在用户直连领域的一些做法。

第二,销售赋能。工业品行业的销售分直销和通过渠道销售两种方式。一部分企业又有线下的实体渠道。营销领域的核心问题之一就是,如何通过新的技术和新的解决方案提升销售转化的效率。以下罗列了一些不同行业的解决方案,但实际上它们可以帮助大多数工业品企业提高营销转化率。

1. 电话邀约。房地产、汽车等线下实体行业和销售行业,都存在电话邀约效率低,电话邀约人员素质、水平参差不齐的问题。目前领先的企业已经建立了云平台的外呼,同时可以对每个电话邀约进行录音,对每个销售人员的销售技巧进行培训。此外,在邀约的过程中，又可以自动把语音转化成文字，同时做客户的标签管理。如果拥有这样一套完整的解决方案，则可以大大提升电话邀约的有效性。

2. 展厅接待。现在通过智能摄像头、人脸识别等，可以有效地监控展厅的人流、客流，包括这个客户是不是二次进店等，拥有这样的信息可以大大提升展厅的转化效率。

3. 外勤管理。无论是什么样的大客户业务，都需要依靠销售出差、跟客户直接联系完成。但是，有多少销售顾问在使用销售助手这个功能？他到底每天要完成哪些事项？他的 KPI 到底是多少？目前的进度怎么样？要拜访哪些客户？要上传哪些数据？要做哪个会议的培训？通过数字化的手段，可以大大提高外勤人员的管理和工作效率。

不同工业品企业都可以在电话邀约、展厅接待和外勤管理方面，利用数字化的手段加强转化管理。

第三，智能产品。汽车行业拥有智能网联和车联网，农机行业（包括工程机械行业）也有基于设备互联的一些服务。随着智能设备的普及和应用，企业的服务可以从服务单独的设备扩展到服务一系列设备，再到利用设备的平台产生价值，同时还可以跟不同行业的企业进行合作。随着智能设备和智能数据的存储，这些领域的畅想空间是无可限量的。

第四，数据分析平台。只有数据并不能产生价值，数据分析之后指导营销才能产生价值。在这个领域，领先的企业并不在工业品行业，而是在快消品行业。

举个例子，每个人在星巴克都有一张星享卡，这是作为你身份的一个象征。当你去星巴克消费的时候,你在刷星享卡的同时,后台的销售人员就可以自动获取你在星巴克消费的历史数据。同时基于算法,他就可以预测出你有多大的概率会购买相关的产品。这样,销售顾问就可以在第一时间主推你想要买的产品,同时推荐你曾经购买的产品。通过这样的分析,精准发放促销券,实际上实现了营销的千人千面。而星巴克建立了这样的个性化营销数字分析平台之后,还专门成立了一个软件公司,把千人千面的个性化营销作为一个软件产品,在其他快消行业进行拓展。

工业品企业对这样的案例、算法和思路并不陌生。这要求企业认真地进行数据存储、分析并去重,从而让数据产生价值。

汽车行业会产生非常多的数据,如车辆、用户和销售等数据。同时,这些消费者包括潜在客户在内,也会产生非常多的媒体浏览以及其他社交数据。领先企业把不同的数据在数据平台进行汇总。同时,利用大数据分析和人工智能引擎对每个应用场景进行具体分析,通过用户的标签来指导进行二次营销、售后邀约并提升营销有效性。

第五,数据驾驶舱。如前所述,如果企业能够把所有过程的数据,包括交易数据、财务数据、客户数据以及网络舆情的数据,进行有效的存储,实时展示,那么将会产生巨大的价值。它可以让管理者以及一线人员第一时间发现哪些市场在增长,哪些市场在下滑,哪些领域需要改进,同时还可以进行历史的同比、环比、跟竞争对手的比较以及不同区域的比较。拥有这样一个动态信息的展示,可以更好地让领导者和一线人员精准决策,真正让数字赋能营销决策。

四、工业企业的营销数字化转型"七步曲"

第一步:统一规划。立足集团视角,锚定战略高度,进行全面统一的数字化蓝图规划,并制订切实可行的行动计划。由于很多企业品牌甚至部门都已经在数字化领域进行了非常多有益的尝试,但是部门之间尝试的结果可能不是企业利益最大化的一个结果,因此有必要对营销领域的数字化蓝图进行整体规划。但营销领域的数字化技术和解决方案日新月异,不要再做5年规划,而要强调3年规划、1年滚动,只有这样的心态才能让营销领域的数字化转型真正落地。

第二步:整合资源。聚拢分散的资源,聚焦关键目标,加倍蓄力,集中力量办大事。如前所述,每个设备、软件、硬件、算法、系统的升级以及云平台等,都需要一定资源的投入,但是从企业和集团利益最大化的角度来讲,汇聚一些关键的目标,整合资源,包括人力、财力、第三方的资源,才能实现重点突破。

第三步:建设团队。定义企业数字化核心能力,梳理人才梯队,推动传统人才的数字化技能升级。在传统的信息化时代,业务部门把需求提交给IT部门,而IT部门又作为传声筒传递给第三方。等第三方交付的时候,业务部门说需求已更改——这是工业企业在信息化年代进行数字化时常见的问题。而在数字化时代,强调的是企业要自建数字化的核心能力,梳理自身的数字化梯队,通过敏捷开发的方式,让产品负责人能够非常早地参与产品的设计过程,在产品设计结束的同时作为产品负责人进行未来的运营。

第四步:灯塔项目。设立灯塔项目,集中数字化资源,快速兑现业务价值，以积累团队实践经验，巩固转型信心。在数字化营销领域，一些企业的心态是做快速抄袭者，另一些企业的心态则是做领路人，还有些企业的心态是每个领域都均匀发力。设想当你在进行营销数字化的时候，你到底提出哪些数字化灯塔项目代表你们公司的最高水平，这是值得深思的问题。设立这些灯塔项目，短时间内交付，并且实现业务的价值，可以给全公司和数字化团队树立非常大的转型信心。灯塔项目的选择、项目的管理以及项目的执行是非常重要的内容。

第五步：数据资产。整合数据源，打通数据孤岛，提高数据质量，进而实现数据资产化，为商业兑现打下坚实基础。最核心的问题是开始把数据集中，同时加强分析，这样才能为商业兑现打下一个坚实的基础。

第六步：组织转型。随着数字化的推进，重构组织架构，调整组织使命，变革管理机制，以发挥数字化组织的最大效能。很多企业在从事数字化的过程当中，发现现有的组织、人员和决策机制无法适应数字化时代的变革。因此，数字化也推动了企业敏捷的转型、向客户导向的转型，以及数字化核心团队的建立。

第七步：文化变革。打破传统思维方式，打造数字化文化和创新土壤，为企业植入数字化转型基因。特别是在营销领域，并不是每个产品都会百分百地成功，并不是每个产品都会受到所有业务部门的赞同。在数字化领域，要进行坚实的探索，就必须有容错的精神，需要鼓励全公司、全部门和每个人去思考到底哪些数字化的理念和场景可以推动公司的变革。通过数字化打造一个包容创新、容错的土壤，可以推动企业文化的转型。

工业互联网在安全生产中的实践与思考

刘 瀛[*]

一、背景与现状

工业互联网在安全生产中起到了一定技术上的支撑作用,在安全生产管控中需要防范两种风险,一是内部风险,二是外部风险。

何为内部风险呢?安全生产中由于管理不当、违规操作和建设、执行不当,由内部而不是由外部故意造成的一些风险漏洞。利用高新技术,尤其是新一代信息技术防范这些风险,能够更有效地管控生产,使其安全进行。

除了内部风险,还有外部风险,如黑客入侵。在互联网的使用过程中,在信息系统的管控中,经常会有一些黑客入侵,制造病毒,使信息系统瘫痪。在工控领域,也会出现这种黑客入侵,以比较熟悉的伊朗"震网"事件为例,就是通过入侵工控系统,使得工

---

[*] 刘瀛,航天新长征大道科技有限公司常务副总经理。

控系统出现大规模瘫痪，造成工控系统安全生产中出现很多风险，导致意外发生。

内部和外部风险，是安全生产中面临的两个主要风险。

在安全生产中要运用新一代信息系统技术来提高管控能力。应急管理部、国务院安全生产委员会、国务院办公厅、国家国防科技工业局在近几年一些安全生产的政策中，都提到了加强信息化系统的建设，通过一张网——安监云、一张图、一张表、一盘棋，来推动安全生产的信息化管控。尤其 2020 年推出的《全国安全生产专项整治三年行动计划》中，强调了 2021 年之前要建立企业的一张网信息化管控系统，推进重点行业和领域的机械化、信息化和智能化建设。

那么安全生产中内部风险现状如何呢？一个大型的工业企业，具有大量的复杂制造、大型实验、危险品加工存储等各个环节。以试点过的企业为例，一级危险点大概有 100 余例，二级危险点有 300 余例，三级有关危险品 1 000 余例，分布在全国各地。以前也有相关的安全信息系统，但大多时候用不到，或者用得不好，认为有以下不足。

第一，危险点未能具备 24 小时远程监管能力。为什么缺少远程监管能力呢？在一些环境中，大多数企业都有相关的安全管控信息系统，但是信息系统建设中数据不足。以前信息系统建设是基于人工填报数据，并不是基于设备数据，使得信息系统正常运行。先前调研中，国家专科以上高校大概有 20 个针对安全生产的信息系统平台，但是在这个信息平台中只有一到两家有相关的运行数据，而且这些数据残缺不全，因为大多数数据源头并不是基于设备数据，而是基于人工数据。人工监控这些数据的时候，很难保证实时推送。数据不全，就没有了 24 小时远程监控的意义。

第二，各厂所自建平台，重复投资，缺乏标准。什么是标准？或者安全生产的标准与设备的数据模型标准是否是一样的？其实这是有较大区别的。对一个设备数据模型来说，它可能有电流、电压、加速器等一些相关数据模型。对于安全生产来说，这个数据模型是一个管理性的模型。对于一个做安全生产监控的人来说，他监测电压的时候，并没有直接反映出可能存在的安全漏洞，数据模型、安全模型没有匹配起来。在很多行业、很多厂所没有统一的标准模型，使得各厂所自建的平台差别很大。

举个例子，在一个集团的建设中，可能有很多的下属单位，它们大多数都有一个压力储罐，而压力储罐在集团中可能有相关 18 个元素的监测。但是这些单位有的可能只监测两三项，有的监测 30 多项，数据模型不统一，安防设备不统一，使得安全监管产生疏漏。

第三，上级安检人员难以精确地掌握下级单位的问题。对于一个集团的管理模型来说，集团安全管理的时候，可能受人力限制只有 2 到 3 人，各厂所又有二级单位二级安全管理人员，也是 2 到 3 人的规模，每个设备都有执行人员。当集团想得到某一个具体设备安全监管情况的时候，要一级一级传达下去，而且从传达到收集的过程，大概需要一周的时间。为什么这么长呢？随着企业快速发展，总部与分支机构大多不在一地，而是跨省多地。在这种情况下，信息以及相关数据是通过手抄形式，再返回来，再整理统计，再向上报，大概的时间就是一周。所以往往周一出现的问题，周五写到报告里面的时候，根本反映不出来，上级人员对下级单位的数据统计管理是一个问题。

第四，监管注重实时报警，缺乏问题分析和跟踪闭环。现场一线人员大多数是一些执行人员，并没有很强的安全生产知识，对于设备的理解不全面。出现报警的时候，他会第一时间处理，但是处理只是解决了报警时的问题。以一个压力容器为例，压力容器可能具备两种控制手段，一种是手动控制，另一种是自动化控制。刚建的时候，容器往往处于自动化控制。自动化控制运行一段时间之后，由于一些传感器和执行器的问题，会出现报警。而很多现场操作人员在出现报警之后，是把自动化控制器停掉，用手动控制模式代替，这样报警就没有了，但是隐患依然存在。解决了实时报警的问题，但是没有跟踪闭环，缺乏具体的问题分析，所以会埋藏一些深层次的设备隐患和管理隐患。

第五，安全知识和经验难以充分共享。在一个大型的生产企业里，有一些安全生产管理专家，如特种设备方面的、化学产品方面的、危险品方面的，但专家数量有限，专家通过现场培训，以授课的方式把一些信息传到一线。由于集团人数众多，涉及全国很多单位，通过线下授课的方式，可能一年轮一次，轮到的时候学习的人员又可能临时有事情，很难参加培训，所以专家的知识很难共享出来，现场出现的问题，往往很难得到专家的帮助。

再看看外部风险的存在形式和现状是如何的。

2012年到2019年，全球公共安全事件从197件增加到329件。这是一些产生重大后果的公共安全事件，使制造业和国家基础设施遭受了重大攻击，而且呈逐年上升的趋势。

现在很多控制器在网络上，有些控制器有后门，后门就相当于这个控制器的漏洞。2009—2019年工控设备逐渐上云上网，漏洞的问题就体现出来了，扫描的时候发现问题逐年增多。

针对外部风险，前文提到比较著名的就是伊朗的"震网"事件。它就是针对伊朗核电站控制器的一个外部攻击，使得控制器自身的控制环路发生了震荡。长期震荡导致了核电站某些执行机构出现故障，从而进一步导致核电站的停机，最后造成巨大的危害。

2019年全球工控实践典型事件中，2019年3月的委内瑞拉大规模停电就是一个非常典型的外部攻击事件。该国自2017年开始每年有4到5次全国范围的停电。有针对工业企业的攻击，也有针对基础设施的攻击。2019年6月，美国披露长期监控俄罗斯的电力系统，2019年7月13日，美国纽约发生停电事件，印度核电站遭受网络攻击，这都是2019年出现的重大网络事件。

下面以委内瑞拉停电事件为例进行阐述，这是一个典型的外部攻击事件。委内瑞拉从2019年到2020年先后出现三次全国范围的停电。

2019年3月7日，委内瑞拉的首都加拉加斯出现了大规模停电，这是自2012年以来持续时间最长、影响范围最广的停电事件。委内瑞拉超过一半的地区数日多次停电。此次电力系统的崩溃没有任何征兆，多数地区供电和通信网络受到了影响，许多地区前后有6天不能用电，这是迄今为止全球出现的最大规模的停电纪录。

2019年7月22日，委内瑞拉再次发生大规模停电，此次停电的主要原因是供应全国6成以上地区用电的古里水电站的计算机中枢遭到网络攻击。

2020年5月5日,委内瑞拉一共有11个州发生了停电。

据专家分析,三次停电都是利用网络手段进行的攻击。一是利用电力系统的漏洞,植入了恶意软件,直接对电力系统的一些控制器进行干扰。二是发动网络攻击,干扰控制系统引起了停电。这是典型的针对控制设备进行的干扰。三是干扰事后维修工作。为什么委内瑞拉第一次停电前后持续了6天的时间?按照现在的维修技术来说,停电事件维修应该很快,一般城市电力系统故障,基本能在1个小时内维修好。原因是现在的网络攻击不只是破坏系统,在事后维护工作中也进行攻击,破坏维修手段。

随着对安全生产的认知增强,不只内部在管理上、手段上和违规操作上要进行控制,同时也要防范外部可能发生的一些攻击。

以上说的是在安全生产方面,有内部和外部两种风险。想要通过新一代信息技术手段,进一步防范内部和外部的风险,得到更好的安全运行效果,确保生产的稳定运行,降低安全生产事故率,要做到以下八个转变。

一是危险点监控由在岗期间的现场监控转变为24小时在线监控。

二是安全报警事件由"逐级上报"转变为"移动端实时推送"。

三是安全监控由"异常报警"转变为"事前预警、异常报警、事后分析、隐患识别"。

四是安全管理评价由"措施说话"转变为用"数据说话"。

五是事故应急处理由"现场处理"转变为"远程指挥+现场处理+应急联动"。

六是安全知识分享,由"定期授课"转变为"平台共享+应用转化+专家激励"。

七是工作安全管控由"开放式裸奔"转变为"等级保护"。

八是公共产品由"引进为主"转变为"自主安全可控"。

二、工业互联网助力安全生产管控

通过建立一个物联网和人联网，形成一个企业安全生产监管的综合管理平台，基于设备的摄像机和设备参数，利用传感器形成物联网数据。前文提到很多企业很早就设置了安全生产平台，因为数据上不来，往往是通过人工手动填报数据，使得安全生产平台不好用。而企业一张网尤其针对安全生产监管平台，是基于设备数据、物联网数据的，能够有效地支撑安全生产监管。安全生产监管物联网的数据就是基于设备数据和设备图像数据，也就是现场数据。

基于人联网针对不同岗位、不同级别的人所获取的数据不同，应建立人联网的数据分级推送模型。现在信息系统爆炸，很多数据一遍遍推送给一个人的时候，他没法分清哪个是重点，哪个是非重点。尤其现场操作者往往负责一个区域内的十几台设备，一个单位有七八个区域的设备，对于集团来说也许就是上千台设备。如果把同等数据分给不同的人，对集团上层管理者来说是很麻烦的一件事情，分不清数据的重要性，所以人联网强调的是数据分级推动。

一个集团型企业可能只有十几位专家，专家将信息分享给一线操作者，以前是通过现场授课，现在可以通过一个工业物联网的平台。专家一方面可以得到相关的设备数据，可以通过设备的数据实时判断这台设备是否存在一些异常情况，另一方面，专家的信息又可以通过平台分发给相关的管理者和执行者。所以这张网既包含了物联网数据，又包含了人联网数据，同时还包含了第三方专家信息数据。

针对物联网的就是设备分类监管。首先要把设备分级分类管理，不同设备产生的数据模型要分配给不同的人。设备分级分类管理大体分为三类：一是特种设备，二是生产实验设备，三是危险品生产和储存。

特种设备大概包括以下产品：电梯、锅炉、压力容器、起重机、专用的机电车辆等。每个产品都有一个国标，电梯的国标是GB/T24475-2009。特种设备需要有一些特种岗位人员来操作。这种特种岗位人员在很多集团都是外协外包。如电梯的维护是有专门的区域电梯维护人员，压力容器也有销售压力容器单位的专门维护人员。下面总结了一些针对安全生产管理的问题模型，如安全回路异常、门锁异常、门锁回路异常、电梯困人等，这些模型往往并不局限于企业自己的安全生产监控系统。所以这些信息在给到企业内部的安全生产监管人员的同时，也要给到特种设备维修维护人员。这两类数据的模型有差别，一是报警模型，二是设备数据的实际应用模型。

生产实验设备往往是生产过程中反复使用的设备，在设备中有一些企业机密数据。这些设备是企业重要的设备，跟企业经营紧密相关。而这些制造型设备往往在智能制造的时候，就已经建立起了相关设备的互联，主要是围绕生产过程制造进行一些功能设置。这些数据给到制造车间和给到安全生产管理者是两种数据模型。因为在一台机械加工的机床里面，如西门子机床，大概有上千个目标参数。这些目标参数大概有十几个是给班组长生产用的，有两百多个涉及工艺，还有两百多个是给现场操作人员用的，有一百多个数据是给安全生产人员管理用的。如果一台设备的一千个数据不分模型同时给到不同的人，就很难分辨出哪些数据是有用的，这就使得数据无效。因此要强调安全生产模型和设备自身模型是两类模型。

危险品监控主要是针对库房和厂房。首先是库房和厂房环境条件，在库房和厂房里所放的产品和产品所放的时间、周期，以及在特殊场景下进来的人员，这是危险品监控最关心的模型，即环境模型和人员模型。

除了设备模型之外，还要建立人联网。人联网实现的是人的数据分级推送。那么人的模型有哪些？对一个安全生产监控来说有三类人员模型。这是以一个大型集团型企业为例来说的，当然也可以细分，细分依然大体上和这三类相关。

第一类，现场操作人员。现场操作人员是危险点的第一安全责任人，主要负责危险点现场监管和问题快速处理。这类人员往往是针对一个区域少量产品进行监管。涉及一个园区的时候，这个园区里面一个屋大概有 30 台设备，电的设备归电工等安全管理人员管理，水的设备由水的安全管理人员管理。对每个现场操作人员的要求是及时性和专业性，围绕这些就产生了相关的数据推送模型。

第二类，除了现场管理人员，对一个厂所或一个法人企业来说，一定有相关厂所级的安全管理人员。安全管理人员管厂区，这个厂可能很大或者异地经营，对其要求就很高。他主要做的事情就是定期巡视、巡检危险品的安全状况，对危险点的隐患进行识别，对作业者的安全进行评估，这是一个厂所的安全管理人员要记录的数据信息。

第三类，集团级安全管理人员。他所管的面就更宽，对所有危险品的安全负总体监管责任；监督下级单位的落实情况；出现危险甚至重大危险的时候，参与整体的指挥调度。所以他更偏重历史数据的分析和重大问题的远程指挥。

根据人员的模型，建立出分级分类的数据推送模型。在安全生产监控平台里，一线现场操作人员如果碰到预警情况或报警情况，在没有处理的情况下，把具体的信息推送给上一级。一般报警和危险报警的时候，根据所产生的后果，考虑是否分发给厂所级或者集团级。

同时分级应急处理方面，主要是通过信息化和物联网平台解决急需应急处理的问题。

第一，针对现场处理，要考虑到一线员工现场处理时可能遇到的危险，尤其是危化品带来的危险。当出现报警的时候，现场人员可以通过视频观察现场情况，同时通过现场的一些设备参数，分析可能会存在的风险。如果风险较大，平台应该有一些现场应急处理的预案，通过远程启动，下载一些应急预案，直接进入控制系统。这个控制系统并不是一个直接的操作命令，而是一个远程预案。这个远程预案可以调解应急情况，这样能够极大地降低现场操作人员的风险。

第二，针对集团级的远程监控，一旦出现重大事故，集团层面需要统筹策划，组织火警、消防的联动。同时也要把相关数据快速推送给火警部门，火警部门根据这些数据能够做好相关的解决预案。

集团级安全生产平台的数据不仅仅覆盖集团内部，同时要向外分发，所以它是一个对外开放的数据平台。

以上就是针对设备的分级分类管理和人员的分级分类管理。那么，一个平台主要有哪些功能呢？

第一，危险点的监控。传统的工业信息化的平台都会有一个大屏，集团级或者厂所级、个人级所关心的数据是不一样的。每个岗位所关心的大屏上的显示数据是不一样的。这样使得原来传统的、不可编辑的大屏不能第一时间把每一个岗位所关心的数据直接推送过去。而多级管理大屏是针对每个岗位，针对人员模型，创造出这个人员模型所需要的相关数据并展示出来，这样可以有效管控或者应用这些数据。针对全局的数据管控是一个动态大屏，甚至是可编辑的大屏，它上面的数据显示的位置是针对不同岗位，或者同岗位下关心不同数据的一些人员模型。

这往往需要一个工具软件进行快速适配，满足不同人、不同需求或者不同时期下的一个监控需求。

第二，设备数据管理。通过不同的颜色显示设备的数据，而这个设备的数据有时会非常多，前文提到一台机床可能有一千多个数据，这些数据通过一个屏幕或者十个屏幕很难监控起来，对监管者来说，这个要求太高了。针对使用人员和管理人员模型创造数据的安全管理所需要的虚拟设备模型，而不是一个直接对应性的设备模型，是极其重要的。这样保证了管理者所关心的一些重要信息能够推送上来。一个非常经典的故事就是《狼来了》，当不断推送同样一个信息的时候，有可能你对这个信息就麻木了。因此要简化数据模型，使这个重要的数据模型能够给到一个相关的监管人员。

第三，移动端和数据获取。除了大屏幕之外，移动端的数据也是非常重要的，因为现在很多安全信息和时效性相关。许多人不能时时在电脑前监管，但现在手机是和人绑定的。在移动端显示相关安全的生产数据是非常重要的。在手机端也可以做相关的综合概览、分项计量、设备监管、视频监管和分项评估。同时进行远程控制、数据调解、异常报警、数据推送和分析报告，使得手机端可以快速获取信息，同时有分级预警和报警功能。前文提到，报警和预警根据不同的岗位和人员，以及报警的等级分为预警、一般报警和重要报警，分别发送给相关岗位人员，推送方式可以用短信、微信、电话等。如果不能第一时间收到短信或微信，还可以通过第三方平台电话通知及时提醒。

此外，数据生成以后的利用和分析是非常重要的，所有安全隐患往往很早之前就会产生一些数据预警。而在这方面，现场一线管理人员往往不太具备这种分析能力，同时很多安全生产数据都是基于一个单体控制系统。比如一栋楼里有一间地下室，地下室里有一个控制系统，是一台计算机，这栋楼的相关危险点控制数据都在这台计算机里，其他安全管理人员很难得到相关的执行数据。如果这些数据能够上传到平台，一方面相关各层级人员可以查看相关的历史数据、设备操作记录和外部安全事件所产生的一些直观数据；另一方面也可以传递到专家平台进行分析。

在以往的报告中，如果没有一个基于物联网的安全生产监管平台，通过人工填报，一个报告来回大概要一周时间。现在基于物联网的设备，形成一个报告可能只需要 5—10 分钟，这样它的历史数据可以快速呈现给不同的管理者，管理者通过对历史数据的分析发现一些隐患。

同时，安全生产管理人员以往管理设备比较多，很难评价安全生产管理是否有效；而现在通过设备数据，可以形成对安全指数的评价。安全指数评价大概分为五类：安全性、维修性、可靠性、操作合规性和防护性。

以可靠性为例，如何通过设备数据确定它的可靠性呢？当一台设备出现预警的时候，它就相当于"带病工作"。10分钟之内解决这个预警可以打满分，如果10—20分钟不能解决，可能是80分，超过1个小时可能就是60分。这是对可靠性直观的数据判断。

安全性方面，每出现一次报警扣1分，超长时间报警不去解决，就扣5分。这样在安全生产的时候，能够客观地量化出数据来，形成一台设备在一个厂区或者一个单位的安全指数评价。这样在基于同一个标准的情况下，可以利用这个数据直观体现出一个单位或者一个岗位对安全生产监管的执行效率，或者能够在同行内进行比较。

近端网络攻击有两个方面，一是近端数据攻击，二是近端设计攻击。

近端数据攻击主要是针对传统数据库和操作系统的漏洞进行攻击。这方面更偏向于信息系统攻击。

近端设计攻击是针对一些控制系统设备进行攻击。控制系统设备主要是DCS、控制环路以及它的控制参数。做控制的人都清楚，稍微调整一个环路的参数并不会立即产生风险，但是它会长期振荡。在振荡情况下，控制系统执行机构会长期产生疲劳，致使控制系统最后损坏。近端攻击往往在工控领域产生的影响最大。

如何防范攻击？传统的防范包括等级保护，主要是主机防护，经过物理隔离和网络审计，能够解决一些现在安全生产中可能存在的问题。同时在工业互联网上能够解决本质问题的方法有两个，一是自主可控，二是可信计算。

在自主可控方面，工业用的很多设备是国外的，或者是第三方的，都有后门，而这个后门存在不能解决的漏洞。因此国家开展自主可控的研究工作，一共包含四个方面，一是核心芯片，二是设备，三是操作系统与开发环境，四是应用环境。这是一个统一的生态，缺少任何一方面都很难完成自主可控的要求，未来尤其是在工业安全领域要加强自主可控的应用。

在可信计算方面，通用计算和可信计算是并行计算，在通用计算的同时，也在进行可信计算。它是基于密码的，包含可信密码模块、可信平台控制模块、可信软件基和可信网络连接。可信密码模块是可信计算的基础，可信控制模块是可信根，可信软件是重要的逻辑部分，可信网络是将系统连接起来的可信系统。可信计算一般会占用大量的计算资源，在一些关键的环节，如核电、大型电网控制系统会增加这些核心计算，在军用方面、基础设施方面，做一些可信计算，虽然成本增加，但在增加了计算资源情况下保证了它的安全性。

三、"长征云"在安全生产中的实践

"长征云"是中国航天科技集团中国运载火箭技术研究院做的一个自主可控的工业互联网平台，它具备设备极简上云和安全体系的特点，是端云结合的工业互联网平台。端间是基于国产控制系统PLC实现的一个边缘计算网关，在云端做了分布式计算的一个大数据平台，主要用于先进制造、安全生产监控、设备远程运维三个方向。

同时，系统具备了云端公有云部署和私有云部署，可以围绕一些大型企业进行涉密区域的光纤部署，是一个典型的部署图。非密区域可以通过4G网络进入工业互联网平台，这样最终可以放到手机端，同时在一些关键的涉及商业机密的区域，可以通过光纤把一些安全管理的非密设备信息尤其是报警信息、设备危险信息拉出来，上传到手机端，使其能够快速获取相关的数据信息。

上述安全平台是基于设备数据和物联网设备的，更偏重于把设备数据上传到云、网络和平台，通过网关的形式改造设备，同时在原有设备的基础上改造，使得设备数据快速接入系统平台，危险源、危险点的数据实时进入平台，供安全生产人联网和专家使用。

一些具体案例包括大型集团的危险源、危险点监控，如起重机、气罐区、特种电梯、配电房等相关的特种设备的危险源和危险点的监控。通过监控，可以将设备数据和安全生产模型数据直接传递给不同岗位人员。

四、工业互联网在安全生产中的展望与思考

第一，推动新一代信息技术与安全生产相结合是必由之路。一个集团通过建立一个统一的安全生产管理平台，构建统一的标准，尤其是针对某一类设备，推行70%+的工程。一个标准的设备如压

力储罐，必须达到 70% 的标准，依据不同单位或者不同企业的其他需求可以增加 30%，但不能低于 70%。

第二，分级建设。一个集团可能会有一级、二级、三级等多类的危险源和危险点，所以要统一建设平台，分步具体实施。

第三，重点先行。针对高危企业逐步重点先行。

第四，快速见效。很多区域要建立非密光纤，这样的建设成本和周期相对比较长，针对先行先试的产品可以先推进。

第五，充分研究以前的信息平台和设备，把相关的设备数据连接上来，共享原来的成果。

同时，进一步推进工控安全技术的研究，主要有以下四个方面。

一是进一步加强安全信息在制造业的应用，包括可信计算、密码应用、5G 和区块链相关技术与工业相结合，加快应用落地。

二是开展等级保护 2.0，等级保护 2.0 基本能够解决目前工控系统"裸奔"相关的问题。

三是重点关键控制设备要国产化替代，根据"安可"和"信创"工程逐步开展，建立通用的货架产品和专用的货架产品，在关键环节开展国产化控制系统替线性工作。

四是加强人员培训，随着信息系统的建设和发展，以及安全生产制造的变革，生产安全、信息安全对管理者的人员要求越来越高，所以要加强这方面的人员培养。

最后，总结一下，安全生产是发展的基石。随着新一代信息技术和生产管理模式的融合，安全生产效率得到显著提升，逐步实现从事后处置到事先预防的转变，从定期抽查到实时监控的转变，避免低层次问题发生，减少生产过程中可能出现的事故。因为黑客对工控领域的入侵次数呈逐年上升的趋势，所以企业要未雨绸缪，做好工控系统保护工作，提升安全管控能力，把握安全生产的重点。既要使新一代信息技术与生产管理模式相融合，又要强化产品自主可控创新的能力，这样才能真正做到高效、安全。

基于工业互联网的数字孪生助力制造业复工复产

龙小昂 *

一、数字孪生的研究与实践现状

"数字孪生"由美国密歇根大学的迈克尔·格瑞斯（Michael Grieves）在2003年提出，讲述产品全生命周期管理（PLM）。2010年，美国国家航空航天局（NASA）在航天飞机上应用了数字孪生的概念，定义了未来飞行器数字孪生体的范畴。美国的空军研究室在2011年3月的演讲中也明确提到了数字孪生，利用数字孪生解决战斗机集群维护的问题。

在民用、工业应用中，一些国内外企业都在应用数字孪生体，并且在物理的数字孪生、数字孪生体、数字孪生体＋的应用过程当中都做了一些研究，特别是西门子、PCD、达索、ESI，以及中国航空制造技术研究院、走向智能研究院，都多次研究了数字孪生

---

* 龙小昂，深圳华龙讯达信息技术股份有限公司总经理。

的应用。

西门子对于数字孪生体研究的拓展分别从数字孪生体产品、数字孪生体生产、数字孪生体绩效三个领域展开。他们在设计、研发E代码，数字孪生的控制，生命周期，虚拟市场包括虚拟产品真实的生产过程自动化，真实产品理想交付等环节，经过持续不断的改进，建立了自己的数字孪生体的平台。

北京航空航天大学的陶飞博士很早就进行了数字孪生的研究，他基于"信息物理融合是基石、多维虚拟模型是引擎"，以及孪生数据是驱动，动态实施交付、连接是动脉，服务应用是目的，全要素物理实体是载体等理念，探索了数字孪生车间、数字孪生设备，在数字孪生物理实体和虚拟模型上进行了多年的研究。

通用电气（GE）公司是最早提出数字孪生平台的一个公司，他们很早就提出了Predix——基于数字孪生的应用平台，他们将数字孪生应用在大飞机、电力领域中，他们有完整的体系，进行了很长时间的研究。

特斯拉在智能车的建设过程中，建立了数字孪生的车间、生产线，他们将生产线的数字孪生赋予特斯拉汽车的载体上。特斯拉汽车的人工智能应用了两块芯片，一个芯片主板控制汽车运行，另外一个芯片主板分析实时数据、路况、行为，包括测速，使设备进行数字孪生体的运行。

达索把设计的数字孪生延伸到波音飞机制造上，在制造过程中应用了达索数字孪生体，使飞机形成了数字孪生。

华龙迅达2008年就组织了一个数字孪生的研究团体，经过12年的研发，从单体的数字孪生设备到数字孪生车间，再到数字孪生工厂，进行了产品的攻关，包括系统平台的建设，数字孪生体运行过程。

这是一个制造厂生产线，通过 PLC 的 IO 模型，包括生产驱动模型、检验模型、预警模型，形成了一个数字孪生车间。在这个数字孪生车间中，每个传感器都会受 PLC 控制，在驱动的同时，在云端都能感知每个传感器模型发生的变化，包括出现的异常，通过分析能够感知数字孪生在生产环节的实时应用。

"数字孪生"概念从 2003 年提出到现在仅 17 年。在数字孪生应用过程中，需要很多的使能技术获取很多数字，然后再经过物联网、数据采集、建模平台、驱动管理，所以数字孪生使能技术很重要。

现在的数字孪生，是基于工厂端的数字孪生和营销端的数字孪生，是从产品的设计到制造，到产品的物流，一直到产品的营销。最后这个产品被哪一个经销商卖出去，被哪个消费者买走，有全链条的记录，这是基于数字孪生平台为企业提供良好的支撑。

数字孪生也适用于智慧能源领域，比如核电站，数字孪生平台能使它监测到每一个板卡 IO 点数字孪生发生的变化，能为状态监测、生产运维，以及设备的保养提供很好的支撑。

再以一辆巴士为例。在巴士运行过程中，数字孪生平台可以使巴士实时获取大量数据，实时感知在运行过程中的状态，为企业运维、零配件管理、维护管理提供了帮助。

二、基于工业互联网的数字孪生如何构建

数字孪生建设过程当中，要将实体的工厂、实体的车间和实体

的设备虚拟化，使生产环节发生的故障、设备的停机、质量的状态，以及物料的消耗，都能实时呈现给管理者。管理者在经过模型优化、驱动之后，可以重新改变管理流程，优化管理模式，使企业能够在各个环节，对不管在世界什么地方的工厂都能实施管理，甚至进行优化。

基于工业互联网平台的体系架构从设备的介入、边缘计算，到数据的汇集，最后到云计算的 PaaS 模型，以及 SaaS 应用，形成了一个完整的数字孪生体的工具集。在数字孪生过程中，实际上是要以工具支撑数字孪生建设，特别是数字孪生要从自动化控制层获取生产环节的实时数据。实时数据要进行数据采集。采集上来之后，要通过工业互联网平台把数据传输到云端，而且要快速传输，同时在传输过程当中，要用到时序数据库。就像如果没有加水压的装置，水是上不到 110 层楼的，工业数据也是这样的，海量工业数据是通过时序数据库传输的，传输上去之后，要有建模平台，要建工业模型、管理模型、数据模型。同时，要有一个数字孪生平台，包含所有数据、生产、车间、工厂集团或者消费城市，建立数字孪生体。同时，通过微服务平台，使各行各业有工业经验、管理经验的人才，在数字孪生平台上进行数字孪生的开发、应用。在移动应用过程当中，为企业做移动 App 应用，使每个数字孪生都能够传递到管理者手上。

在数据采集过程中，要统一标准、统一编码，进行边缘计算。

在数据采集上来之后，要通过工业互联网平台，将数据规范管理，包括数据建模、实时数据的传输、数据的清洗、数据的管理和数据的共享，实现设备的互联。在工业物联网平台上，将数据从机器端传到云端，进行时序数据库的快速传输，为企业所用。

真正打通 OT 和 IT 的能力，在工业数据传上去之后，数字孪生不仅仅是管机器的数据，还有企业里面现有的管理数据，如 ERP、MES、WMS、批次、排产，包括财务及其他一些数据。要在数据中台和业务中台进行统一管理、规范化，因为在原来的信息化建设过程中，每个企业从建厂到现在经历了很多轮迭代，而它的信息化系统都是不分年代的。在不同年代的设备当中，它的数据是没有互联互通的。

既然要做数字孪生，数据就一定要互联互通，所以我们建立了一个数据中台和业务中台的小平台。这个平台可以把机器实时数据全部传输上去，同时也把原来收集的信息化系统数据通过数据中台全部集聚在一起，用数字孪生平台规范管理，使数字孪生数据得以应用，应采尽采，所有系统数据实时交付，由机器统一管理。

这里在生产环节的数据流向、CPS 标准的应用上，可以根据不同的行业建立不同的数据标准，进行有效的管控。

同时，数据采集上来之后，要进行数据建模，要把数据模型、基础模型，以及物理模型、流程逻辑模型，通过研发的设计模型、机器学习模型、结构模型等建立大量的模型库，使每台设备、每个车间、每条生产线变成一个模型驱动的工厂。这样才是一个数字孪生能够感知的数字孪生体的状态。

在平台建模过程中，依托工业互联网平台构建 PaaS 平台上的数据建模，实现平台将设计、生产、管理形成 PaaS 服务，设置独立的数据建模服务模块，构建数据建模库，发布在工业互联网平台上。要建立不同行业的模型。从 2008 年到现在，已经建立了百万级的模型库。这个百万级的模型库使熟悉的行业或者不熟悉的行业，都能快速构建数字孪生车间，实现数字孪生应用。

在数字孪生平台建立过程中，又建立了业务模型、概念模型、逻辑模型，包括应用场景的生产模型。在生产前的仿真过程中，设置生产前的仿真模型；生产过程中，设计它的动态实施模型；生产后，设计它的回收模型，使生产过程中产品全生命周期和设备运行全生命周期能够模型驱动，有效管理，而且可以溯源跟踪。

建立数字孪生模型之后，再建立一个有中国自己知识产权的数字孪生平台。可以将设备的设计、产品的设计、管理的设计，都建到这个数字孪生平台里面。

大平台的下一级是每个工厂的设备模型，这个设备模型建立了它的数字孪生体——设备资产的数字孪生体、零配件的数字孪生体、工艺参数的数字孪生体、物料过程的数字孪生体、设备预警的数字孪生体。建一个车间的时候，拿出设计图纸，只要把一台台设备拖过去，生产布局就是标准的布局，通过数字孪生体可以完全镜像出设计师的思想，生产过程中物料、设备、质量、人员等要素在数字孪生平台上能够快速构建，可以指导生产建设过程中出现的建议、纠错，以及迭代、完善。在每个数字孪生过程当中，大家会发现中间这一环节，全是数字孪生模型，它包含函数、公式、计算，以及运行过程中的所有参数。利用数字孪生体，报表、预警都不需要写代码，因为建数字孪生体的时候，模型就已经把它们的标识、代码、参数同数字孪生体绑定在一起了，实现了它们的快速构建。

数字孪生平台可以把设备的物理设备、工艺参数，以及流程逻辑等要素进行数字建模，形成数字模型集。基于CPS技术，控制设备生产质量，把企业的车间、设备、生产线、工厂构建成相应的孪生体，使其在各个领域里面生产出来的产品，接到设备数据采集智能终端。只要接上数字孪生体，这台设备发生的每一个变化、出现的每个工艺流向、每个预警，在这个数字孪生体上都能呈现出来。

同时，建立一个数字孪生平台，使不同的行业、不同的领域、不同的设备，建立工业模型。只有使它的工具适应于不同行业，才可以支撑各行各业用数字孪生平台快速构建数字孪生车间、数字孪生设备，所以说通过微服务，平台支撑企业有各种开发语言、各种管理模块经验的人在上面做相应的开发。

同时在移动应用过程中，打造一个与众不同的移动应用平台，通过与阿里巴巴、腾讯合作，在移动应用平台构建后台生态体系，可以和数字孪生体模型打通，利用多年做移动应用的经验，包括做管理的经验，可以利用后台生态体系构建数字孪生车间实时数据互联互通、数据分析和数据管理。这样就不需要自己建立一个移动平台了。

AI智能平台提供数据资源，开放数字孪生模型。数字孪生模型获取PLC的L点信号、生产环节每个节点的参数信号、生产模型信号和所有分析信号。然后将这些信号形成数字孪生体，开放给专业的人工智能研究院、人工智能公司和人工智能专家，他们可以拿到海量的数字孪生模型，然后利用AI算法做宣传。

前文提到数字孪生的使能技术，这个使能技术必须应用到行业里面。以农产品为例，从农产品的育苗到农产品的种植，种植过程中的施肥、收割，然后从初加工到精加工，一直到产品生产出来，数字孪生实现工业、商业、营销、消费者全链条。如果和区块链公司合作，可以实现产品的生产，设计者的数据和销售数据、最后消费者的消费习惯的数据，都能被展示出来，都能被管理。

通过数字孪生分析模型，能把一个数字孪生城市建立起来，而且在这个城市中，可以知道有多少零售户，多少经营户。只要打上标签，顾客在哪个零售户买的哪个产品，都能忠实地被数字孪生镜像出来，供企业管理者进行营销分析，支撑营销方案的优化。

在数字孪生过程中，要秉承业务驱动、平台驱动、数据驱动、标准驱动、技术驱动，实现规范化管理。在平台建设过程中，根据工业互联网平台数字化、网络化、智能化打造一个有基础环境、关键技术、全产业链的数字孪生应用，是工业互联网平台的安全保障。

经过十几年研究之后，数字孪生的真正应用可以从四个维度来诠释：一是数据，二是连接，三是计算，四是管理。通过设计数据，包括生产实时数据、管理数据、服务数据，帮助工厂建立数据平台，制定数据规范和标准。在连接过程中，在机器端从 PLC、L 点获取所有实时数据，观察变动曲线的趋势，及时捕捉，用数字边缘计算模型控制数据，进行边缘管理，实现边缘化的人工智能，基于规则引擎和产品打通，实现海量设备数据存储、镜像和分析。

再就是边缘计算与云计算无边界的服务。现在在工业互联网平台，所有的数据采集通过工业互联网上传到云端，再进行管理计算，这时设备上已经出现了大量的数据。只有数据采集过后，把边缘计算模型和管理模型实时驱动起来，实时纠正每个数据发生的偏差，才能实现安全运行。

在管理过程中，以前公司有两个团队，一个是 OT 团队，一个是 IT 团队。OT 团队的所有代码只针对设备，IT 团队的所有代码只针对管理。要想跨越 OT 和 IT 的鸿沟一定要平台化，在平台化的过程中，怎样使设备数据驱动管理数据，怎样使管理思想下达到设备，使设备知道管理的需求，及时修整管理中出现的偏差，这是一个管理 OT 和 IT 度的问题，也属于两个范畴的问题。将这两个范畴的东西全部融合在一起，真的有很大的难度。未来工业互联网平台建设过程中，智能化控制团队、信息化管理团队和数字孪生团队要形成一个三合一的团队，把智能制造、OT 和 IT 管理应用落到实处。

同时，在数字孪生过程中，还要做离散型的模型、流程型的模型。在做这两个模型的过程中，支持人机交互。比如这样一个实验，某家公司从一所中间学校招了一批中间生，在学校培训两个月之后，他们就可以用数字孪生人机交互平台为企业做机器的人机交互界面、生产线的人机交互界面、工厂的人机交互界面，可以把视频信号、成像信号、L 点的信号和流量计信号等全部搭在一个平台上。这个平台搭建好以后，点击右键，所有参数就出来了，帮助实现人机交互。

在生产过程当中，很难预测哪个生产工艺或者哪个产品的物料会出现问题，这时要利用布套数字孪生模型。该模型可以任意在生产车间、生产设备以及不同的生产线中，把人机交互界面、数字孪生体放在一个页面上。它能够动态调配生产环节，当感知上游某一水域发生变化的时候，下游某一个产品会出现空投变化，从而实现无边界的有效管控。

同时，物联网平台进行模型创建、服务定义、事件定义和属性定义。以前一个工厂的数据采集需要 12 个人，耗费将近半年甚至 8 个月的时间。把数据采集平台做完之后，进行模型建立，把它传到物联网里面汇聚起来，两个人用两个月的时间就能把一个工厂的数据全部采集上来。而且每个数据 IO 点都能镜像到工业物联网平台上，每一个参数都会发生相应的变化，生产过程中异常点在哪里，参数就指向哪个地方。

数字孪生平台、数字管理体系建成之后，只要扫产品上面的二维码，就能了解它的供应商是谁，什么时候配的盘，是谁来排产的，最后什么时候进的料，在哪个环节进的料。所有的工序、车间和产品的生产质量物料数据，全在这个模型上，只要扫码就全知道。

同时在生产过程中，建立了大量的模型库，能够根据人员模型、设备模型、物料模型和工艺模型及其他模型，建立排产规则，实现排产的优化，使企业在排产过程中，能够根据不同的产品进行迭代。

在生产的全生命周期，即生产前、生产中、生产后，产品的生产车间、生产城市及供应商生产的产品品质等信息，都可以通过数字孪生进行有效的监控、管理。产品的哪一个批次应该放到哪一个设备，都会感受出来。

在生产前，可以仿真所有的要素，验证是否具备条件，是否能够支撑生产。在生产前的虚拟制造过程中，排产模型能够根据原辅料保障、设备产能、人员安排、生产订单、能源动力、工艺走向、设备维保、物料供应、排产优化、资源计划等，实时仿真地生产。如果物料不够或者某台设备出现异常需要维修都会出现预警。在生产过程中，人员不够也会出现预警，从而使生产能够得到有效的保障。

在生产中，如果设备出现问题，故障信息能在一秒钟之内传递给管理者、供应商和设备制造商，使设备制造商能够完成维修诊断服务。

在生产后，每台设备都需要一个实时的监控系统。当设备出现问题的时候，维修人员马上就处理掉，质量人员马上纠正质量问题，使管理者能够预知未来生产设备会是什么样的状态，进行有效的管理。

在设备的全生命周期管理中，设备工艺控制是实时的。特别是在流程很长的工艺过程当中，每个环节的蒸汽、水汽、温度、冷气是怎样的，流量怎样，压力怎样，生产环节的各种参数和设定的指标是否一致，这些信息都会展现出来，根据工艺过程做了仿真、PLC和传感器实时同步，实时展现出生产环节各项指标差异性、正常性，及需要改正的数据。

AI人工智能可以进行有效的分析，进行有效的管理，它可以为设备编制自感知、自适应、自学习、自抉择程序，使设备可视化、网络化、透明化、智能化，实现可追溯化，进行有效的管理。

在生产环节能够为设备赋能，能为生产线赋能，能为工厂赋能，同时也能为工艺设备、质量等各种维度赋能时，就可以对不同车间和不同工厂，实现多维有效的管理。

三、数字孪生的建设案例

2020年3月15日，中国商飞上海飞机设计研究院（简称商飞）

和第三方团队的 100 人共同打造了一个数字孪生车间,而且这个数字孪生车间已经采集了所有人员的动态,每个人只要进入车间,数字孪生就能感知到。这个人员的工作指令、标准操作法,包括工作记录、来料,都有记录,在系统上点击来料,京东物流就可以看得到这个指令在哪个物流车,机器人把什么物料装到托盘上,物流车从物流库、片区能够移动到工作岗位上,这个过程全都是数字孪生。

另外一个例子是一个生产装备的厂家,这个厂家以前依赖进口。进口机器就像进口汽车一样,比如奔驰汽车,它在北京生产,但里面大部分的零部件都是德国奔驰的,监控系统也是。当时这台设备是引进来的,其中一款产品的技术 20 年都不可以动,它不对外开放。而我们通过掌握的技术,做智能控制系统。同时设备的人机交互设备都是数字孪生设备,对这台设备 28 600 个零配件做出了数据编码。在数据编码过程中,它的编码体系可以和不同生产厂家原来编码体系融合,只要点到这个元器件,就知道这个元器件放在哪个货架上,是哪个供应商的,是谁安装的,什么时候安装的,这台机器所有的电器图、机械图,都在平台上,维修价值几千万设备的维修人员不用带纸质的电路图,也不用带机械的电路图,知识管理平台包括所有集成经验库、专家库、问题库。每个零件运行过程中的每个生命周期都得到了有效保障,实时进行有效的管控。这是在智能装备上做得最完善的一个案例。

还有一个例子是和工研院四院一起进行数字孪生创新工程应用,这是在风力发电站做的一个研究。得到风力发电数据之后,数字孪生平台就能在地图上感知它所有的数据。进入数字孪生平台,点击进去之后，可以查看数字风机是在哪个物理位置上，它的运行状态怎么样，而且如果出现了异常，根据异常数据可以进行装配和管理。

另外，我们正在做新能源电池装备的数字孪生，而且在电池设备的数字孪生过程中，也是进行设备级的装备人机交互，包括设备的数据采集，比如生产线实时动态控制、异常预警、设备异常监测。数字孪生平台的生产装备卖给第三方一个生产电池的厂家之后，数字孪生技术也延伸到生产电池的厂家。现在团队正在那里紧张地进行数字孪生建设。

我们对巴士以外的小汽车数字孪生也做了一些尝试。我们分别找了几个车型，加上数据采集终端，将一辆车近200个数据全部收集起来了。之后，在城市里运行时，终端能感知汽车的生产状态、运行状态、电池状态、生态系统的状态、温度的状态，以及行驶的路径，这也是在实验室做的一个应用。在这个应用不断发展的过程中，我相信未来的数字孪生进入生活的时候，我们能够随时关注家人开车到了什么位置，看他是否安全。

同时，数字孪生的创新应用为企业带来了很大的价值。比如，以前单箱生产产品，单箱维修成本从60多元降到30多元，每100万单箱成本就降低了3 000多万元。设备的有效作业率从89%提升到96%，零配件库存资金占有从高峰的1.28亿元降到现在的4 800万元，实现单一工厂产量100万单箱总成本节约将近6 000万元。所以设备综合效率、产能效率、库存周转率，包括万元产值综合能耗，平均订单交货周期都得到了提升或下降。同时，从业人员从300多人精简到现场作业人员190人，其他人员在管理上进行精细化管理，使管理变成生产的智能化管理，从而企业管理水平得到了提升。

在提升设备效率过程中，原来的生产过程都在某一个环节、某一个区域里面实现管理，但是离开了这个区域就不可以了。在数字孪生创新效能应用过程中，能够形成完善的、安全的、可靠的、具有自主知识产权的工业互联网数字孪生体，能够推动制造业服务化转型，实现产业链的优化协同。产业的制造、供应商都在数字孪生体中进行有效的管理，上游产品的品质得到有效控制，下游产品回馈的数据能够溯源。只有数字孪生能把数据全部集合在一起，为企业进行多维度管理、分析，实现多平台共享，才能使工业互联网平台得到广泛应用。

第四篇

产业数字化背景下的金融科技

新基建驱动金融科技高质量发展

周代数 *

一、对新基建的认识及其与金融科技的关系

2018年12月，中央经济工作会议首次提出新型基础设施建设的概念——"加快5G商用步伐，加强人工智能、工业互联网、物联网等新型基础设施建设"。与着眼于刺激短期投资需求、以"铁公基"为代表的传统基建相比，新基建的提出本质上要立足高附加值的新技术驱动经济创新发展，作为数字化基础设施的新基建可以为数字化转型提供底层支撑。2020年4月20日，国家发改委对新型基础设施的范围正式作出阐释，指出新型基础设施是以新发展理念为引领，以技术创新为驱动，以信息网络为基础，面向高质量发展需要，提供数字转型、智能升级、融合创新等服务的基础设施体系。其中，信息基础设施是新基建的重要组成部分，包括以5G、物联网、工业互联网、卫星互联网为代表的通信网络基础设施，以

---

* 周代数，经济学博士，中国财政学会投融资专业委员会委员，供职于科技部中国科学技术发展战略研究院。

人工智能、云计算、区块链等为代表的新技术基础设施，以数据中心、智能计算中心为代表的算力基础设施等。

金融科技是新基建应用较为成熟的领域。金融稳定理事会（FSB）将金融科技定义为"技术带来的金融创新，它能创造新的模式、业务、流程与产品，从而对金融市场提供的服务和模式造成重大影响"。从业务属性上看，金融科技是将大数据、云计算、区块链、人工智能等新兴信息技术手段应用于银行、证券、保险、信托、基金等机构以及支付结算、存贷款、投融资管理等传统金融场景，进而衍生的数字货币、智能投顾、第三方支付、智能客服、量化交易、互联网众筹、互联网保险、线上小贷等新兴业态（见图4.1）。科技赋能下的金融业正加速迈向移动化、网络化、智能化的数字新时代。

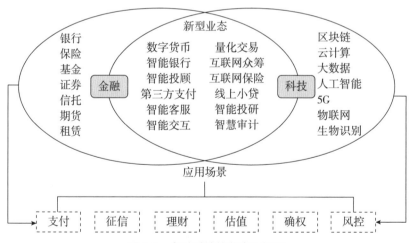

图4.1 金融科技的业态和场景

新基建与金融科技是相互促进的关系。新基建为金融科技的发展提供了不可或缺的算力、网络和技术条件，金融科技的发展离不开强大的基础设施支撑。金融科技为新基建提供了最为成熟的应用场景,新基建强调的"数字化""智能化""技术赋能"等特征正是银行、证券、保险、信托、基金等金融机构转型发展的主要方向。

二、新基建对金融科技发展的作用机理

新基建对金融科技发展的作用可以概括为"三升两降"。

一是提升金融科技服务的可达性。基础设施的质量、布局直接关系到金融服务的可达性。传统金融机构受限于基础设施的质量和布局的深度,只能将主要资源投向高净值人群和大型企业。新基建为金融科技提供万物互联的连接和触达能力,克服地域不集中、信息不对称、风险不可控等问题,进而构建面向全民和全域的金融科技服务体系,将金融服务的边界扩展到传统金融服务无法覆盖的区域和社会神经的最末梢,满足小微企业、三农和偏远落后地区人群的金融服务诉求,极大地推动金融服务的普惠化和均等化。

二是提升金融科技产品的创新效率。金融科技从本质上来看是一种数据驱动的金融变革,新基建将使金融科技的产品供给发生质的飞跃。首先,新基建的布局可以大幅度改善数据采集质量,体现在数据样本更大、数据维度更多、数据格式更丰富、数据应用边界更广等方面。其次,新基建将提高数据采集、处理和交互效率,金融科技企业应用 AI 技术进行风险建模,综合运用设备指纹、行为序列、指纹识别、图计算、流计算、人脸识别、机器学习平台、智能决策引擎的风控全维度能力,在分布式系统架构下实现秒级处理,提升金融科技产品的创新效率。

三是提升金融科技平台的抗冲击能力。金融科技不是在真空中运行，需要能够存储海量数据、防止恶意攻击的基础设施平台。换言之，新基建为金融科技提供了良好的运行平台和发展环境。随着新基建的部署，金融科技的系统平台可以采用同城多中心架构，实现多中心互备的高可用容灾能力，保障 7×24 小时不间断服务能力。回顾历次金融危机中各国的表现不难发现，牢固的金融基础设施有利于保障金融服务的连续性，提振投资者和金融消费者信心，进而起到稳定预期的作用。

四是降低金融机构的服务成本。随着 IDC 的广泛部署，海量的本地计算向云端迁徙，有利于推进金融机构提供"云化服务"，降低了金融机构线下布局的成本，金融机构在传统模式下依赖的物理网点和各类数据采集终端正在大幅度减少。此外，传统的基础设施需要大量的固定资产投资，以 5G 为代表的网络支持服务能力可以实现就近部署和就近服务，有效减轻核心网的压力，降低金融机构的参与门槛，使金融科技服务能够快速嵌入生产、消费和流通环节。

五是降低金融创新的风险。一般来说，可靠的基础设施能在较大程度上降低信用风险、流动性风险和操作风险。在新基建逐步形成规模优势后，金融科技企业可以从事后风险处置为主转向事前风险控制为主，构建全面、智能、高效的风险控制系统平台。随着新基建的快速发展，工商、税务、海关、司法、社保、公积金等公共服务数据可以快速、适时接入，通过分析用户消费金额、频次、品类偏好及行为记录，更好地确认交易的真实性，降低信用风险；可以实现身份信息在线采集、实时识别地理位置等实时监控，降低贷前调查、贷后管理等操作环节的违规风险。

三、新基建驱动金融科技应用创新

（一）在服务对象方面更加注重 to B 的服务

新基建将使金融科技的主战场由 to C 的消费互联网转向 to B 的产业互联网。近年来金融科技的兴起伴随着移动互联网的飞速发展，以 BAT 为代表的互联网企业作为 C 端客户的重要流量入口，在开展金融科技业务时往往具有很强的竞争力。因此，目前金融科技的业务主要集中在面向 C 端的精准营销、智能画像、大数据风控、反欺诈、智能投顾等业务。随着新基建的落地，金融科技将进入 to B 的下半场。新基建的部署将大大提升 TPS（Transaction Per Second，每秒事物数）性能，推动更多数据上链，保障金融科技企业采集数据的真实性，同时，基于新基建的物联网、传感网、泛在网使金融机构可以对产业链、供应链中的企业和标的资产进行准确定位、实时感知、精准计量和自动告警，实现商流、物流、资金流、信息流之间的动态监测和无缝对接。金融机构通过采集企业产品在订单下达、原材料采购、产品生产、仓储与运输、交付与使用等全流程中的数据，实现对企业现金流的全程感知和智能预测，这使 B 端企业（包括中小微企业）将成为产业互联网时代金融科技服务的主要对象。

（二）在服务模式方面更加注重"非接触"特征

新冠肺炎疫情之下，以"无接触"为特征的消费和社交方式逐步展现生机，"服务上云"也将是未来金融科技发展的重要方向。新基建可以为金融科技提供高带宽、大连接、低时延的网络传输，用户突破时空限制，在手持终端（手机、电脑等）上实现远程服务、高清视频认证、数据线上采集和智能语音对话等，基于 AR/VR 技术还可以在远程金融服务过程中实现身临其境的互动体验。同时，居民的水、电、气、热等生活消费数据可以远程抄表，与居民储蓄账户关联进行自动扣费；医生通过在患者身上的传感器和可穿戴设备实时采集和分析其体征数据；商业银行借助这些数据可以精准实现保险、贷款、支付等业务，减少客户前往金融机构物理网点办理业务的时间。

（三）在支付结算方面更加注重"用户体验"

在支付结算方面，新基建将驱动金融科技的支付场景变革。"新基建+生物识别"将使刷脸支付、声纹支付、虹膜支付、脑电波支付等各种新型支付形态更加普及，大幅改善用户体验。同时，基于新基建的支持，支付结算将不再受带宽和时延的限制，高速率的数据传输与计算将为支付结算注入强大的辅助决策能力，"积分付""分期付"等基于用户信用的多元化支付结算模式也将更加精准、有效。此外，我国中央银行的数字货币（DC/EP）即将落地并成为新型支付基础设施的重要组成部分，DC/EP 点对点的传输模式可以改善当前跨境支付耗时长、费用高的问题，逐步建成一套发展中国家可平等参与的全球跨境支付体系，打破由发达国家垄断的高度中心化的支付基础设施格局，从而在货币数字化浪潮背景下助推人民币国际化。从银行角度来看，DC/EP 的出现使人民币从造纸、印刷、切割、存储、运送的整套实体货币生产流程全部转换为在服务器中执行的数字运算。人民银行将不再需要印钞而只需要创造有对应加密数字的数字货币，商业银行不再需要大额运钞而只需通过云计算空间电子传送。发行、流通过程均通过数字运算完成，货币损耗成本及维护成本也几乎为零。DC/EP 在密码算法等技术的保障下具有不可伪造性，其防伪成本也大大降低。从用户角度来看，DC/EP 承载了一定的身份认证属性，例如，用户可能不再需要前往银行、证券公司等网点开户，而只需提供自身持有 DC/EP 的证据即可证明自己的身份，居民生活将更加便利，我国有望率先构建全球最领先、最便捷的无现金社会。

（四）在产品设计方面更加注重"千人千面"

随着 IDC 和 5G 等新基建的部署，金融科技企业对客户的画像将更加精准和全面，如图 4.2 所示，金融科技企业可以采集用户的身份信息、交易记录、网络足迹等数据，进而准确地刻画用户的资产规模、习惯偏好、风险等级、信用状况等特征标签。在此基础

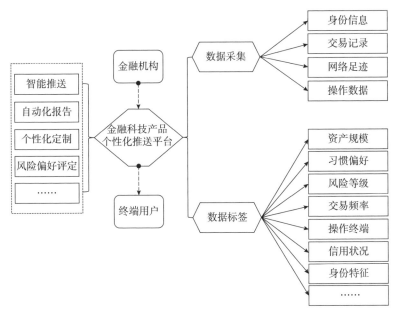

图4.2　金融科技产品个性化推送平台

上，金融科技企业可以为客户提供"千人千面"的个性化服务，设计出个性化、匹配度高的金融产品，并通过 AI 和量化技术达成预期投资目标，使客户获得平稳、可持续的投资收益。

四、新基建赋能金融科技发展仍面临四大挑战

当前，新基建的布局尚不能满足金融科技高质量发展的内在要求，在底层技术、标准规范、数据安全、协同治理方面仍面临一定挑战。

（一）协同治理方面的挑战

金融科技本质上是数字驱动的新金融，新金融与新基建的耦合发展面临协同治理方面的挑战。从应用规则来看，底层基础设施与金融上层建筑的监管权限分属不同的层级（地方与中央）、不同的部门（业务管理部门与金融监管部门），而新基建与金融科技往往直接融合为新的金融产品和业态，其监管规制方式目前仍然不清晰。新基建背景下云平台可以面向跨区域、多个金融机构的同时提供数据服务，但是现有的监管规则要求金融机构的核心数据要实现本地化。此外，区块链"代码自治"的法律属性、人脸和声纹识别用于支付的有效性、5G 环境下语音/视频交互的合规性等重要问题也尚未明确。

（二）底层技术方面的挑战

新基建所依赖的 5G、人工智能、大数据、云计算、区块链等

底层技术呈现出交叉融合之势，这些技术推动着全球信息网络基础设施的革命性升级，使人类社会生活、生产活动都在此基础上，从而加快新一轮技术革命和产业变革进程，推动社会生产力实现整体跃升。然而，中国电子信息产业发展研究院的相关研究显示，在新基建的底层技术中，除了 5G 外大部分技术仍存在依赖国外的情况，在这样的背景下基础设施建得越多，构筑于新基建之上的金融科技产品面临的技术风险越大，一旦出现风险，可能造成的损失也越大。

（三）数据安全方面的挑战

在新基建背景下，金融科技企业的数据采集将由过去的被动型、条块型模式转向主动型、平台型模式。随着数据中心的大规模铺设，交易数据、金融机构和投资者数据等都会出现数量级的爆发，多样化的数据形态和激增的实时处理需求也给数据安全带来了重大挑战。数据的所有权、知情权、采集权、保存权、使用权以及隐私权等也成了每个公民在大数据时代的新权益，对数据的攻击也从网络空间延伸到更加丰富的物理空间，这就需要从终端芯片、服务器、网络、操作系统和数据库等方面建立对数据全方位的保护。目前我国已经出台了《中华人民共和国网络安全法》《信息安全技术个人信息安全规范》《关于加强国家网络安全标准化工作的若干意见》等政策法规，但是，对数据方面的法律保护还集中在宏观层面，面对产业链中具体的数据保护诉求，如人脸识别数据信息保护、数据平台交易规范、流程数据保护等依旧缺乏法律保护，各类涉嫌侵犯用户隐私的行为依然屡禁不止。例如，2019 年 2 月，人脸识别公司深圳市深网视界科技有限公司发生数据泄露，导致 250

万人的身份证号码、人脸图像等信息外泄，相关私人信息不受限制就被访问。生物特征具有唯一性，与人类生命相伴而生，一旦泄露，基于此类生物特征的身份认证系统都可能被轻易绕过，影响较为恶劣。

（四）标准规范方面的挑战

新基建在金融科技中的应用亟待建立统一的技术标准规范。一方面是新基建相关技术自身的标准。以 5G 为例，国际移动通信标准制定组织 3GPP 先后公布了 R15 和 R16 两个版本的 5G 技术标准。受新冠肺炎疫情影响，R16 版本于 2020 年 7 月 3 日才完成冻结，R17 版本面临进一步被推迟的高风险。在 R17 版本发布之前，与之相关的金融科技应用不具备正式商用的条件。另一方面是金融科技产品创新的相关标准规范。目前国内金融科技领域还未出台强制性国家标准，金融科技领域的行业技术应用标准目前也远远不能满足产品创新需求。

五、对策建议

（一）加强新基建统筹布局，开展金融科技应用推广

数字经济时代，信息技术更迭速度快，硬件设备折旧周期短，因此要高度重视新基建的统筹布局和长效运营机制设计。当前新基建的发展面临着规则缺位、多头建设、盲目投资等问题，各地的新基建项目呈现"一哄而上""一建了之"的局面，既缺乏顶层设计和统筹协调，又缺乏将金融科技产品架构于基础设施之上的应用规

划,容易造成巨大的浪费和损失。我国应出台政策支持基于新基建架构的金融科技创新应用,研究新基建与金融科技场景适配的方向与趋势,开展典型金融科技产品和服务的示范性推广,使新基建与金融科技的创新耦合产生"1+1＞2"的协同效应。

(二)强化数据安全管理,保护用户隐私

金融数据是具有基础性、战略性、正外部性的数据资源,已成为金融科技创新的关键基石。我国要着力构建安全规范的金融科技大数据应用体系,强化数据安全管理。数据是金融科技应用的关键,我国要明确金融数据的法律权属,制定清晰的数据采集标准,充分保护个人隐私。在金融数据交易方面,我国要明确数据交易主体资格,确定数据交易方式的负面清单。在数据共享和公共平台方面,我国要加强顶层设计,完善金融数据的归集和共享机制,在此基础上设立专业的金融风险实时监测平台,防范金融科技风险。

(三)加强核心技术研发,加快标准规范制定

我国要系统布局 5G、人工智能、云计算、区块链等新基建和金融科技的底层技术攻关,打造共性关键技术研发应用平台,应注重复合型人才的培养和引进,制订有效的人才引进计划,为金融科技创新的发展提供人力保障。在标准规范方面,我国要不断完善金融科技标准体系,加快制定新兴技术在金融业应用的技术与安全规范,培育满足市场和创新需要的国家级金融科技行业标准,着力强化标准间的协调,从基础通用、产品服务、运营管理、信息技术和行业管理等方面规范引导金融科技产品创新。

（四）完善政策框架，推动新基建与金融科技协调治理

我国应着力完善新基建与金融科技的协同治理政策框架，实现金融科技与新基建的"紧耦合"发展。我国需要推动银行、保险、证券、信托、基金等金融机构的数据机房和设备中心在新基建快速发展的区域进行分布式布局，根据当地新基建的布局类型开展针对性的金融科技监管沙盒试点，推动该区域金融科技高质量发展。

总体来看，新基建为金融科技的发展创造了难得的契机，我国的金融科技具有场景丰富、数据量大、基础设施领先的优势。随着新型基础设施建设的加速，我国的金融科技有机会实现弯道超车，实现全面的赶超和领先。

银行数字化转型——顶层思考，重点突破

王建平*

一、为什么需要数字化转型

商业银行数字化转型成为大势所趋，从四个维度来看数字化转型的驱动。

（一）响应数字经济发展的需求

数字经济的第一个趋势是近年呈现级数增长，并且这个趋势还在陡峭爬升看不到拐点。数字经济在 GDP 中的占比越来越高，据统计，数字经济总量占 GDP 近 33.9%，超过三成，总量达 31.3 万亿，这个数字相当于上海市的 GDP，也就是说数字经济"再造"了一个上海。可见数字经济动能和空间是非常巨大的。

数字经济的第二个趋势是新兴技术加速了数字化转型。有一个

---

* 王建平，普华永道中国管理咨询金融科技主管合伙人。

形象的公式：iABCD = E³，即，i（IoT，物联网）、A（AI，人工智能）、B（Blockchain，区块链）、C（Cloud Computing，云计算）、D（Big Data，大数据）的综合作用，驱动了 E 的三次方（Efficiency，效率；Experience，体验；Ecosystem，生态）的增长和跃升。

那么，数字经济对银行业的影响是什么呢？从银行发展的阶段来看，把银行分成 Bank1.0 时代、Bank2.0 时代、Bank3.0 时代、Bank4.0 时代。

Bank1.0 是网点时代，在这个阶段中，中国银行、中国农业银行、中国工商银行、中国建设银行是最强的，哪个银行网点多，业务就发展得快，规模就大。

Bank2.0 是网银时代，招商银行是这个时代的佼佼者。

Bank3.0 是移动时代，移动金融呈现了百花齐放的竞争态势，很多互联网银行都在移动时代发力、突围。

Bank4.0 是金融科技时代，目前，互联网银行已经做了很多创新性的工作并获得了迅速增长的客户量和美誉度。然而 4.0 时代的佼佼者现在还未到终局复盘的时候，一切皆有可能。

身处这个时代的银行，不论银行体量的大小，都有成为赢家的可能性。有一个说法："有底线，无边界。"即在符合监管底线的前提下，可以无边界地开放共享、跨界融合。在 Bank4.0 时代银行能不能实现弯道超车、能不能走出一条差异化的路，数字化转型是关键要素之一。

在这个阶段，在这个"赢者通吃"的时代，老牌"巨无霸"银行，如中国工商银行、中国农业银行、中国银行、中国建设银行、交通银行五大国有银行，也同样"大象起舞"，都在数字化战略方面纷纷发力。这是行业发展的趋势、一种行业共识——如果不进行数字化转型,都将失去进入 Bank5.0 时代的门票。

(二)自身转型与发展诉求

近十多年以来,每年中国银行业协会都会联合普华永道会计师事务所共同发布《中国银行家调查报告》。2019年的调查报告中提到,很多银行将"推进特色化经营""推进智能化建设"作为未来的建设重点。供给侧改革是国家倡导的发展方向,而银行业的产品同质化非常严重。如何进行供给侧改革,真正推出特色化产品、服务实体行业,这是银行的工作重点。客群方面,银行普遍把小微、高净值客户作为发力重点,这些变化也都离不开数字化转型。

同时,在《中国银行家调查报告》中发现,近五成的银行专门考虑成立金融科技公司,把金融科技发展提升为银行经营的重要手段。

(三)客户群体变化驱动

现今"90后"人群成为社会消费的主力,这一群体正在深刻地影响着消费者行为特征。第45次《中国互联网络发展状况统计报告》显示,网民已经突破9亿,同时,普通人平均每周约有27小时的上网时长。网民热衷社交营销,接受口碑营销,同时勇于尝试新产品。在这种情况下,过去所谓"一个产品包打天下,网点笑迎八方客"显然是行不通了,互联网可以让客户随时随地体验产品、服务,之前的无差别服务很难满足客户的体验要求。

这次新冠肺炎疫情对银行来说是一次大考验,进一步凸显了银行数字化转型的驱动力。新冠肺炎疫情给银行带来了三大挑战：第一个挑战是现在很多应用场景被第三方占据，失去了客户或者失去了数据；第二个挑战是年轻客户的获客、活客、粘客的挑战比较大；第三个挑战是数字化是银行在这个时代的关键一招，通过这关键一招，才能化危为机。

（四）监管对于数字化转型的方向指导

人民银行印发《金融科技（FinTech）发展规划（2019—2021年）》，助推了银行业数字化转型。

数字化转型已经不是锦上添花，而是空气和水，是必须要做的事情。

二、数字化转型模式以及行业实践

做任何一件事情都有它的目标，数字化转型的目标到底是什么？是品牌战略？是通过数字化转型，在资本市场讲故事？是提升客户体验？是进行生态的拓展？是产品创新？还是成本优化？相信不同的银行在进行数字化转型目标选择的时候，这些目标或多或少都会涉及，但是侧重点和近期、中期、远期的目标是不一样的。

很多银行的高管表示，他们特别关注利用数字化进行生态拓展、拓宽获客渠道。比如现在银行客户结构老龄化，银行多从年轻群体获客、调整客户结构。银行产品同质化，银行就会通过数字化互联网进行产品创新。银行利用数字化手段降低运营成本，比如提升运营自动化率、线上替代率。但是，想通过一次运动式数字化转型实现所有目标、解决所有问题是不可能的，一定要分轻重缓急，明确中期、远期目标。除了在整体数字化转型战略上有全面性和前瞻性，同时需要一些重点突破和速赢。

银行在制订数字化转型的战略和举措之前，需要对自身进行评估。数字化转型不仅是技术的事情，而且要从银行的文化、组织、治理、人才、激励机制、资金、技术和生态八个维度来判断银行自身在数字化转型方面的现状。

这些评估维度中纯技术的部分比重非常小。数字化转型与科技建设的区别在于要从文化和理念上来进行变革转型，要纠正原来大家依赖的人工判断、关注线下渠道，关注"二八"原则中的大客户的观点。文化、组织、治理等方面在数字化转型中是基础。

在人才方面，人才激励机制也特别重要。如何吸引人才并且能够留得住人才是银行需要考虑的问题。除此之外，资金投入效率也非常关键，不能盲目地投入，最终还是要产出回报。

数字化转型当然也不能遗忘技术。对于数字化转型来说，是自主研发，是依靠外力？自主研发也没有特别的捷径可走，这个能力的建设是一个长期持续的过程。

数字化建设不能单打独斗，一定要与外部资源进行合作，共荣共生加速数字化的建设。

（一）数字化转型框架——五类用户、十大方向、四大支撑

普华永道提出一个数字化转型的框架，简单概括是"五类用户、十大方向、四大支撑"。

数字化转型要真正落实到用户身上。用户分为五类，包括销售

人员、合作机构、客户、决策层以及员工。这五类用户需要实实在在感受到数字化带来的变化。数字化转型的十大方向包括要以客户为中心、生态和渠道、营销、产品创新、数字化资管、数字化运营、风控、合规管理、财务、职场。数字化转型的四大支撑包括数据、IT 架构、组织架构和机制、文化和团队。

先简单介绍一下十大方向。

一是以客户为中心。十年前经常提从以产品为中心向以客户为中心转型，在数字化时代，提倡完全以客户为中心。客户的需求不仅是金融的需求，还有很多非金融需求。很多非金融需求可能会形成一些跨界的联合体，可以整合一些非金融的服务，以客户为中心的理念也在发生深刻的变化。

在为客户画像方面提倡一个概念叫超级 360 度视图，要收集客户基本信息、客户在银行的行为信息，也需要了解客户离开银行之后做什么、想什么。然而，隐私规定对客户信息的采集、收集也存在着巨大的挑战。所以在数字化转型合规的条件下，如何收集客户信息合理使用、360 度视图，包括联合建模等方式，是值得大家深入探究的。

二是生态和渠道。网点逐渐不是获客的重要渠道。现在的渠道包括互联网、客户经理、第三方合作伙伴。这些渠道不是生来就有客户的，要想获客，至关重要的就是要构建不同的场景。

在 Bank3.0 时代，大家比较关注所谓的"超级 App"。对银行来说，有没有可能构建自己的"超级 App"？能不能形成所谓的高频、刚需和解决痛点的场景？这里有一个很大的问题，就是银行能否利用差异化的独特优势、独特资源，从而吸引客户，形成高频的场景。

目前，支付宝和美团堪称"超级App"。这些"超级App"具备刚性入口，银行App能否形成一些刚性入口，同时在未来将其他产品放进去，这是银行在数字化转型中要思考的问题。

到了Bank4.0时代，App也许就没有了，可能叫泛App。统计数据表明，现在国内股份制银行，包括招行，每家银行都在打造"超级App"，都希望把一些低频的金融服务嵌到高频的生活场景服务中，打造"超级App"的入口。

另外，还有一个非接触银行的概念。新冠肺炎疫情期间，利用5G技术，能够解决线上服务"最后一公里"的问题，因为很多服务在线上无法解决，只能通过非接触银行或者远程银行才能解决。

开放银行的API，特别对于中小区域性银行，利用API开放电子账户，可以形成一些负债的产品，从而降低负债成本。

三是营销。数字化营销现在盛行。我们需要关注一些概念。比如私域流量，客户经理的私域流量是否能够形成客户黏性。再就是MGM（Member Get Member）的概念，即通过现有的会员为企业带来新的会员，这就是关系营销。

四是产品创新。目前的银行产品还是局限于存款产品、理财产品、贷款产品，具有高度同质化，要在产品方面做一些创新，例如构建互联网的贷款平台，让它成为资金供给方和供给需求方之间的桥梁。这个平台可以自有资金放贷，也可以做外部合作的联合贷模式，既可以面向机构投资者，也可以面向平台投资者。

五是数字化资管。比如在投研方面，也可以做一些数字化的尝试。

六是数字化运营。目前银行运营成本越来越高,可以利用数字化技术来降低运营成本。以机构客户为例,从业务申请到最后用信流程发起、出账放款、网银回单、上门收单,每个环节都可以利用数字化进行优化。

七是风控。利用AI、数字化技术在事前、事中、事后进行风控嵌入,形成立体的智能风控。

八是合规管理。合规成本越来越高,在合规规则、合规事件影响度量化方面运用数字化技术。

九是财务。银行财务是基于财务数据进行分析和预测。但是基于财务数据谈财务,洞见是很有限的。从数字化转型视角来看,财务也要向财务赋能转变,即财务部门获得财务数据和背后的业务数据,为业务部门提供决策。比如客户价值分析、产品盈利性分析、产品市场分析、渠道效益分析等,这些都是在未来财务转型方面需要进行发力的方向。

十是职场。这次新冠肺炎疫情期间很多公司都居家办公,由此可见,我们在智能办公方面整体水平已经有了很大提升。如果智能职场建得好,可以进一步降低经营成本。

再来分享一下四大支撑。

一是数据资产管理。银行要建立一套数据资产的运营机制。数据作为生产资料是形成新的生产力要素。数据作为资产,要进行定价、分配和确权。

二是科技IT的架构。原来的IT架构有两层,即前台和后台。现在IT架构碰到最大的挑战是发现前台的需求变化越来越多,面向服务架构(SOA)的后台架构有很多的模块、功能,但是开发效能越来越低。所以银行需要花很多的精力与后台不同的系统打交道。

当一个银行手机 App 进行转账要连四五个系统才能把钱转出去，极大地影响了开发效率时，大家不约而同转向所谓中台的概念。银行中台和互联网公司的中台有很大的差别，互联网公司的中台解决了"重复造轮子"的问题，因为它们都是烟囱式的架构。银行系统经过这几年的建设，所谓烟囱式的系统已经不多了。然而，银行后台 SOA 架构建设过度了，导致前台和后台在调用的时候，出现了巨大的挑战，因为系统连得太多。这时候银行中台可以解决两个问题，一是银行起到枢纽的作用，相当于客户到了客户中心，它可以为客户调度不同的系统，从而解决了枢纽的问题。二是解决了重复建设的问题。

数据中台也是一样的。它从数据报表、数据分析向数据服务资产化、运营化、服务化进行转型。数据中台通常分为三层，最下面一层是数据湖，中间一层是数据运营平台，上面一层是数据服务平台。

三是创新机制体制。非常幸运的是，2019 年 12 月国务院国有企业改革领导小组办公室印发了《百户科技型企业深化市场化改革提升自主创新能力专项行动方案》（以下简称《专项行动方案》）。《专项行动方案》提出科技型企业工资总额可以实行单列管理，不与集团公司经济效益指标挂钩，大力推行员工持股和差异化的激励机制。如果形成好的员工持股平台，对科技公司的推动力是非常大的。这点充分说明国家在鼓励国有企业科技创新方面提供了良好的政策支持。

各家银行或保险公司成立科技公司的出发点不尽相同。大部分都是对内赋能，部分要进行新技术输出。在成立科技公司的动因中，市场化定价、运营和服务是一个很重要的因素。但是一个银行的科技公司是否能够真正形成市场化，是否能够真正形成核心竞争力，是在数字化转型中需要思考的问题。

目前为止，行业中在科技公司的成立方面，还都处在探索阶段。特别是前面提到的一些股权激励、差异化激励，与母行之间的关系，有没有突破工资总额等维度，都还存在一定的局限性。所以我们想象的完全市场化、完全创新的银行信息科技公司，目前还没有完全出现。

四是团队和文化。在今天来看，一个银行的架构、结构存在很大的挑战。银行的组织架构是金字塔型——总行、分行、网点、客户经理。许多创新的活动都是自上而下，从总行到分行，真正基层的声音很难传达到总行。这种模式从总行的视角来看，它非常希望能够了解用户在想什么。而实际上执行落地是非常难的。因为真正的用户需求不是总行能想得出来的。一定是真正贴近一线用户的基层，才知道用户想要什么。这就是大家所说的"让听见炮火的人来指挥战斗"。

在组织架构方面，未来能够形成若干个赋能平台，提供客服、运营、法律等方面的支持服务。而前台部门，比如小微、普惠金融、汽车金融，它们形成一个独立的单元。这个单元就是精兵。这种模式未来从正金字塔的架构变为倒金字塔，总部从一个管理机构变为一个服务机构。总部不再是一个管理部门，而是服务于前台进行创业的支持部门，前台可能是分行、事业部、网点、小团队。

基于用户需求多变，银行需要认真思考数字化转型，站在用户的视角想用户的需求，形成大平台下的精兵作战模式。

（二）数字化转型的案例

现在市场上做数字化转型有两种模式。一是全面规划，分步实施。将数字化的定义、原因、策略都考虑清楚，然后分步实施。二是重点突破，以点促面。找一个突破口，比如以小微、零售、公司客户为突破口来做数字化转型，以点促面，如果效果满意，再全行铺开。目前行业中这两种模式都存在，但"重点突破，以点促面"的模式较多。第二种模式存在一些问题，比如经常容易"重复造轮子"，而且容易形成较多"烟囱式"模式。比如说做零售、小微、公司，公司和零售也有关系，因为公司客户高管可能就是零售。中间要建很多中台，这些中台可能都是共用的，很多机制体制都是共享的。所以很多时候，以点促面的时候，发现推进不下去。所以我们建议采取的模式是全面规划、重点突破。既要兼顾顶层设计的全面性，又要重点突破难点，并快速见到效果。

第一种模式，从六个维度全面进行转型，以用户为中心、业务升级、架构、敏捷响应、安全合规、组织架构转型。

从阶段上来说，第一个阶段用 4—5 个月对顶层设计进行规划。在第二阶段，6—9 个月在线上贷款这个场景进行重点突破。未来 1—2 年能够进行持续优化。

第二种模式，重点突破。某家银行将线上网贷、零售、公司客户作为切入点，并组织风控平台，形成这样的支撑体系来促进数字化。

另外，银行可以从客户的数字化进行转型。客户的数字化转型有四个方式，一是客户开展开放银行，对 B 端进行赋能，利用 API 的方式进行开放。二是自建生态平台，B 端客户有很多生态需求，比如客户有进销存的需求，银行可以为其提供服务。三是嵌入细分行业，比如电商企业、物流企业等生态平台。四是跨界，形成以公司客户为主的数字化转型，形成场景化的综合解决方案、泛金融综合服务、个性化智慧服务、开放的生态链接。

三、如何进行数字化转型

从业务视角来讲，首先业务要做精品。比如说零售业务要做"新"，小微要做"新"，同时也要发展传统业务，比如机构客户的业务、理财业务要做"精"，这是在数字化转型中业务上的差异。

从技术层面来讲，在能够体现银行差异化竞争优势的方面要自主研发，而很成熟的系统、产品就需要靠行业、靠借势。

对于数字化转型，我们建议银行按照"工字形"架构进行展开。

首先是"工"字上面的一横。因为数字化转型要承接业务发展战略，所以银行要有顶层设计。很多银行都在制定"十四五"的发展战略，其中很重要的一个战略就是数字化战略，战略中要包括愿景、目标、蓝图、举措和实施路径。

然后是"工"字中的一竖。这个是蓝图架构的落地，银行不能按部就班，一定要有重点突破，可以选择一到两个方面进行突破，比如零售、小微或者其他领域。这些突破需要支撑体系，比如文化和理念。银行需要解决短期 KPI 考核和长期数字化发展的矛盾，调整 KPI 考核标准，从而使部门重视数字化。

最后是"工"字下面的一横。创新、架构、数据也是在支撑体系里要厘清的。

基于稳健、扎实的"工字形"架构，数字化工作的推进将会比较顺利。银行做不到像互联网公司那样高举高打、无限投入，所以一定在有限资源内选择有限的领域进行重点突破。这是"工字形"架构的推荐模式。

第一个突破口是零售转型。从营销、服务、运营、风控每个环节对 C 端或者小微客户形成突破，形成新的驱动力。零售除了能找到一些场景，进行线上的联合贷，未来还可以在自营产品方面进行发力。在数字化转型中要分析和探讨零售中叠加的销售场景。同时，在场景项下银行要能够拓展获客渠道，不管是行内存量客户的挖掘，还是进一步挖掘行外的客户，从而进行业务的拓展。

第二个突破口是小微企业转型。小微给担保公司、小贷公司、核心企业、物流企业打造一个平台金融，通过他们进行小微批量获得。包括核心企业上游、下游，怎么形成一个线上的供应链金融。

支撑体系再次强调文化、理念和模式的转型。因为最终进行政策落地的还是部门领导以及一线员工。一定要把他们的意识、理念、考核调整过来，这样政策才能真正易于落地。

这其中有几个理念要转型。一是视角要转变，银行设置流程不是为了体验，而是为了风控；二是姿态要转变，银行要化被动为主动；三是决策不应依靠经验，而是靠数据；四是银行对科技公司的定位要从支撑往引领进行转型。

截至 2019 年，部分股份制银行、规模较大的城商行，都已经成立了科技公司。银行对科技公司的赋能各有不同，有对内赋能为主的、有做集团协同的、也有对外输出的。不仅是大规模银行，小规模银行确实也到了一个节点需要思考是否成立科技公司，成立科技公司的目的是什么，以及要解决什么样的问题。

在组织科技公司的时候，人才是非常关键的要素。科技人员不仅对薪酬有要求，而且他们更关心平台。他们希望在这个平台上有所成长、发展。所以，对于银行来说，怎样才能留住一些科技人才，特别是一些领军性的人才，这也是需要思考的问题。

四、数字化转型中的挑战和难点

第一，历史的冲突。现在很多银行总行、分行、支行、网点，不同的层级都有固有的思维。银行认为只需服务对公客户，零售服务获客较难且产生的价值也小。基于八二原则，银行对于 80% 的长尾客户是不关心的，这种思想、理念需要转变过来。银行要真正利用互联网的思维来经营客户、提升客户体验。

第二，短期目标和长期发展之间的矛盾。现在很多部门级的领导都有 KPI 的指标，很多数字化转型项目落不了地的原因就是没有解决业务部门的 KPI。这不是业务部门不重视，而是业务部门的 KPI 太重，没有精力去做数字化转型。所以在转型中要解决短期目标和长期发展之间的矛盾。

第三，人才的问题。真正落地还是需要人才。怎样吸引人才、留住人才，是银行面临的一个巨大的挑战。

第四,银行缺少数字化转型的整体规划。比如银行做了一个App,或者做了一个大数据的精准营销,认为就是数字化了,但是因为效果不好,就放弃了。这种问题容易挫伤业务部门的积极性。

第五,在数字化转型过程中,银行容易脱离技术本身,盲目追求技术的先进性,也容易忽略真正的业务和技术融合的重要性,这样会导致巨大的投入浪费。

产业互联网背景下的供应链金融与应收账款票据化

郇公弟*

在产业互联网背景下,供应链金融怎么做?特别是票据这样一个既古老又在不断创新的产品如何与产业互联网结合?这是近期非常热门的话题。

现在中国产业互联网分三种类型:一是市场化的三方平台,比如找钢网、找油网,是独立第三方在某些行业里建立的产业互联网平台,主要是N对N模式。二是央企、国企、上市公司等核心企业主导建立的产业互联网平台,这些平台最早是围绕某一个核心企业来做,慢慢发展成为多个核心企业,也成为N对N的模式。这些产业互联网平台既包括上游的采购,也包括下游的营销。三是广义的产业互联网,包括企业CRM、ERP、OA(办公自动化)这样一些数字化工具,这也是我所界定的产业互联网,平台上同样既有核心企业,也有上下游的经销商。这个产业互联网的本质,是实现了核心企业和上下游之间的供销数字化、订单线上化、支付线上

---

* 郇公弟,百融云创副总裁。

化等。

对于供应链金融，一般定义也比较宽泛。一是基于核心企业信用做上下游应收、应付账款。二是基于货物做不动产融资，比如钢铁、煤炭、石油等大宗产品。三是基于数据做信用贷等，主要是基于中小企业交易数据或者相关数据。本文重点分析的还是第一类，主要是围绕核心企业应收、应付账款所做的供应链金融。

在定义之后，我将结合中国人民银行推出的"应收账款票据化"政策以及供应链票据、标准化票据等新的产品展开分享。当票据这样一个比较古老的品种与产业互联网结合，特别是与数万、数十万甚至上百万客户的平台相互结合的时候，不管是对产业互联网本身，还是对金融机构都带来了巨大的机会，值得大家进行全面的探索。

围绕本文的主题，我具体分三个部分，跟大家分享一下我个人的观点。

一、产业互联网带给供应链金融的机遇

过去的 3 到 5 年中国产业互联网发展很快，建筑行业、能源行业、家电行业、钢铁行业等都出现了很多比较大型的产业互联网平台，既有以核心企业为中心的，也有不以核心企业为中心的。除了产业电商，还出现了一些专门的供应链金融平台，比如近几年比较流行的中企云链、简单汇等多级拆分转让平台，以及服务 ABS、服务供应链票据的平台。总体来讲，中国各个行业应当逐步线上化、数字化、云端化，订单流、物流、资金流都逐步实现数字化，

这都将为开展供应链金融提供很好的基石。如果产业没有实现线上化，要做线上供应链金融可能就是无本之木。

产业互联网为供应链金融提供了以下两个核心价值。

第一，数以千万计的已有客户群。

第二，订单流和信息流已经实现了线上化。

现在产业互联网平台都有数千家企业注册，规模稍大的垂直行业平台甚至有数万家企业注册。央企电商像易派客、云筑网、欧冶等有数十万家企业注册。金蝶、用友这样的ERP云，实际上有数百万级的企业在登录注册。有没有上千万级的企业在用的平台？也是有的，并且还不止一两个领域有，比如提供发票业务的百望、航信等平台，已经有一两千万企业在上面开发票。这些企业为什么开发票？肯定是基于某一个订单流或者信息流而开的发票。有了发票以后，实际上距离开商票和做金融就只差一步之遥。还有一些场景，比如国家电网，实际上它服务近4 000万家企业，4 000万家企业的财务人员在某一个平台上缴电费，这个缴电费的入口可以看作一个有4 000万家企业用户的产业互联网平台。有了流量以后，这个产业互联网平台无论是用来缴电费，还是用来卖理财、卖保险、卖基金，用来做信贷、票据，都非常便捷。互联网时代讲流量为王，对于产业互联网，同样是流量为王。当一个平台有了数万家、数十万家企业以后，相比银行、金融机构就具有更大的优势了。

对比一下，像中、农、工、建这样的大银行对公客户数有多少。工行公布的数据是800万对公客户，另外几大行就是五六百万的级别；股份行对公客户应该是百万级别；一二十万对公客户就能够支撑一个三四千亿元规模的城商行；一些农商行的对公客户数量可能只有几千家。一家中型银行如果有二三十万对公客户，这也相当于一个头部的央企电商客户群。单纯从客户数量来讲，这些产业互联网平台的价值相当之大，这只是第一点。

第二点，因为产业互联网天生有订单流、交易量，所以基于这些交易做供应链金融十分方便。做一些保理、票据、ABS 相关业务的时候，用户甚至都不用收集合同发票，产业互联网本身就可以生成合同和发票，甚至可以保证这些合同和发票的真实性。这些合同和发票与物流、上下游的信息是相关的，给供应链金融业提供了极大的优势。

企业的数字化，特别是产业互联网的发展，为发展供应链金融提供了一个极其有力的基础，这可能也是中国相对于其他国家一个独特的优势。

有了这么好的产业互联网平台，发展供应链金融，匹配资金和资产，就成为一件很容易的、一本万利的事情。很多人都想到，通过找钢网、找油网、快塑网、百布网这样的平台来提供供应链金融的服务。无数的机构曾经尝试过，包括产业互联网平台本身也在尝试，但是失败的案例也很多。对于企业来讲，可能对接了一两年，落地的资金并不是很多，或者对接一些非银行的资金成本很高。对于银行来讲，也会发现某些产业互联网平台虽然看起来有成千上万的客户，但是真正开发起来，能落地的资产量也很小。这些产业互联网提供供应链金融服务有两个基础，征信和结算是需要先行的，不能太急功近利。对所有产业互联网的注册用户、客户进行信用分析，进行风险建模，建立数千、数万企业的征信体系，是做产业互联网供应链金融的基础。如果没有这个基础，一是业务很难做大，二是业务做起来以后也有很多的风险。

基于产业互联网平台做金融，不能就金融谈金融，就信贷谈信贷。结算、支付实际上是产业互联网平台上的一个基础功能。当然这个结算不仅仅是现金的结算，对于企业来讲，真正能够现款现付的结算可能只占到10%—20%的比重，70%—80%还是延期支付、延期结算，在对公结算中最普遍的一种结算方式就是赊销。

目前有多少产业互联网平台能够提供赊销的结算工具呢？最简单的、最直接的赊销结算工具是票据。过去中国的票据市场由票交所主导，所有的企业开票或者背书转票的唯一入口就是企业的网银。用户登录企业网银需要UKey[①]，需要账号，登录以后，才能用来开票和转票。这样的方式和产业互联网是隔离的、割裂的，是两套体系。显然票据这种结算方式就不是很适合于产业互联网。两年前票交所也推出了"票付通"这类的产品，但是它只能由某一家银行向某个产业互联网推送，也导致银行和平台的利益不太匹配。过去票据也许不太适合作为产业互联网的结算工具，但是供应链票据的推出令情况大有改观。一是突破了银行网银的限制；二是可以多级拆分转让，也突破了某一家银行的限制，可以跨银行开票和转票。这样一个平台跟产业互联网长尾、快捷、高效的结算场景结合起来，未来的想象空间是非常大的。

产业互联网平台基本的业务环节，有营销推广、注册、认证、业务申请、签署合同、放款、贷后管理、逾期管理八个流程。在每个流程中，既需要一些相关数据的支持，更需要有一些相关的模型

---

① 一种通过USB直接与计算机相连、具有密码验证功能、可靠、高速的小型存储设备。

来控制它的风险点。比如注册环节，可能出现盗用信息的现象，或有一些高风险用户来注册。在认证环节，需要对工商、身份证、营业执照等信息进行认证，甚至需要做银行账户的小额鉴权。在放款环节，对于账户的真实性、交易的真实性都需要做一系列的检验。这些检验需要数据支持，需要一些模型，需要数字化的监控。这些基础设施建立以后，将会对平台的用户有一个基本的把握，将高风险用户特别是黑名单用户剔除在外。有些重点用户作为白名单，可以直接给予授信。对于中间界定不太清晰的灰色用户，可以根据交易量逐步放大额度。数据和风控实际上是产业互联网做供应链金融的一个基础。

很多金融机构在对产业互联网平台输出金融服务探索了一段时间以后，可能都会得出一个结论，就是做贷款不是第一选择，在提供支付结算的工具方面反而会需求更大。基于结算，未来做供应链金融的基础会更加牢固。

票据结算方式与产业互联网结合的价值会非常大。因为平台上的订单流是非常清楚的，通过票据实现了延期支付以后，在票据到期的时候，也可以掌握资金的回款。订单流、信息流、票据流、资金流实现了"四流合一"，这对于产业互联网平台本身也是很有价值的。过去大部分产业互联网平台仅仅是一个订单平台，订单交付以后，如果买方和卖方说 3 个月或 6 个月以后再来付款，平台就不能掌握后面的付款信息了。如果有了票据结算这样一个工具，两个企业交易以后，可以开一个 3 个月的商票，3 个月到期以后，这个商票如果没有兑付，还可以做一些相关的催收业务。产业互联网平台也就实现了一个完整的闭环。这个对平台的评估、未来数据的积累，其价值也是显而易见的。在 to B 的结算里，如果引入一些"现金＋延期支付"的工具，以后平台的价值也会倍增。

票交所提供了一种 API 接入的方式，实际上可以直接把供应链票据这样一些功能嵌入平台的后台。当 A 企业给 B 企业交货以后，B 企业便可以选择给 A 企业现金结算还是票据结算，如果选择票据结算，只要点击一下，票据就开具出去了，非常便捷。

对于供应链票据这样一个产品，在采购商给供应商开具了商票以后，供应商还可以对这个商票进行多级拆分转让，向他的二级、三级、N 级供应商进行流转。一方面，它方便不同企业结算；另一方面，可能把二级、三级、N 级供应商吸引到当前的产业互联网平台上，它的获客效应毫无疑问是非常重要的。同时，它对于提升平台的成交总额（GMV）、交易量的作用也是相当大的。现在很多平台梦寐以求的整合产业链条，就可以通过票据这样一个工具辅助来实现。

开了商票以后，如果需要融资，无论是贴现、质押贷款、非标，还是目前的标准化票据，都可以便捷地实现。

征信、结算是为产业互联网平台提供供应链金融的基础。这两个基础最终还是要实现资金和资产的匹配，为产业互联网平台引入新的资金，为金融机构提供信贷资产，这是大家最终的目的。为金融机构提供资产服务的过程中，要实现自动化、高效地审核交易主体、交易背景、票面，也要基于光学字符识别（OCR），甚至一些 AI 技术。可见，要进一步、更高效地提高资产审核效率，科技的力量是相当强的。

总的来说，产业互联网平台为发展供应链金融提供了很好的基础，主要是客户和数字化的基础。如果第三方机构要给产业互联网平台提供金融服务，征信、结算、资金资产匹配，这三个服务必不可少。

二、票据的政策背景对产业互联网的价值

应收账款票据化这样一个课题，背景是基于中央要解决小微企业融资难、金融机构服务实体经济的问题，对金融机构提出一些要求。

怎么理解这样一个应收账款票据化的政策呢？这个政策到底有多大的空间，可以分解一下。中国到底有多少应收账款？中国目前有多少票据？有多少应收账款没有票据化？

关于中国到底有多少应收账款，我查了很多统计报告，都没有准确的统计，能查到的数据仅是规模以上工业企业应收账款余额，2019年是16万亿元。这里有几个关键词：一是余额，余额意味着不是流水额，如果应收账款一年流转4次，每次账期3个月，16乘以4才是一年应收账款的流水额；二是规模以上企业，规模以上的定义是年销售额在2 000万元以上，大部分年销售额达不到2 000万元的中小企业的应收、应付账款是不在这个范围之内的；三是工业企业，像金融业、服务业这样占GDP 2/3的产业并没有统计在内。所以，16万亿元应收账款的流水额要乘以4，全部行业要乘以3，再加上规模以下企业的数据，中国每年应收账款额度至少是100万亿元，甚至更高。相比之下，2019年中国票据市场总的签发量是18万亿元，18万亿元里有15万亿元是银票，只有3万亿

元是商票。这也就意味着2019年中国100万亿元应收账款里只有3万亿元实现了票据化，97%还没有实现票据化。可以想象，中国应收账款票据化的路还很长，目前只完成了3%，97%还没有完成。

这样一个机会，无论是对企业、供应商，还是对金融机构，都提供了一个历史性机遇。中国目前只有3万亿元的商票市场，未来5年如果发展到30万亿元，相比100万亿元应收账款总额来讲，也只有30%，这也很难说是实现了应收账款票据化。如果到50万亿元，占了一半份额可能会更合理一些。从3万亿元商票市场到30万亿元，再到50万亿元，这个市场就有数十倍的发展空间。在当前经济形势下，还能找到任何一个行业，确定有10倍的发展空间吗？哪个金融领域还有这样的机会？基本没有了。现在这个时点来做票据，来实现各个行业的应收账款，特别是以产业互联网上产生的应收账款做票据，是一个很大的康波周期。

中小企业的信用目前还没有建立起来，基于数字去做中小企业风控的时代还没有到来。把核心企业的信用通过票据、应收账款这样的形式向长尾的中小企业传递，这几乎是唯一可行的控制中小企业风险的一条路径，是未来5到10年的一个历史机遇。

这里面市场份额到底有多大，有一个数据可以参考。中国有将近5 000家历史上发行过债券的企业，这些企业会公布每家银行对它的授信额度，包括已使用额度和未使用额度。这5 000家企业总的授信额度有150万亿元，已使用的是60万亿元，有90万亿元是没有使用的授信额度。把这些未使用的授信额度往它的三级、四级、五级、N级供应商进行传递，最终实现中小企业融资，可能就是一个市场。

简言之，目前的阶段，如果做同业信用，可能历史已过；如果做小微企业的数据风控，时代还没有到来。做核心企业风险和信用传递是一个最好的时机。

如果有机会大家看一下欧美的金融史，会发现它们几乎也是经历了从银行同业信用向核心企业信用，再向小微企业信用分阶段发展的历史。我国目前还没有发展到美国现在的以中小企业信用为基础的阶段，仍处于以核心企业信用为基础的阶段。

反过来讲，给产业互联网平台输出供应链金融方案的时候，基于每家企业的信用去做信贷，这个思路本身就是有问题的。应当找到产业互联网平台里的核心企业，如果说平台上没有核心企业，就要往二级、三级下游进行延伸，找到这个链条上的核心企业，让这个核心企业开商票，或者用它的应付账款做产业互联网平台融资，这应当是一个比较可行的思路。

在这样的背景下，票据几乎是最好的一个工具。票据实际上将非标化的应收账款变成了一个标准化的产品。这样一个产品无论是票据的一级市场、二级市场、场外市场，还是票据资本市场、金融市场，都给大家提供了很多机会。

这里有几个概念稍微解释一下。

什么叫一级市场？企业开具商票的环节，无论是通过网上银行，还是通过供应链金融平台，都是一级市场。商票开具以后，它在企业端可能是往二级、三级、N级供应商进行传递，这就是企业到企业（B to B）的一个场外市场的机会。往N级供应商进行传递，利差必然也会逐步扩大，也会更多地获客，更多地提高GMV。企业到企业这一端可做的空间很大。

什么叫二级市场？当一家银行贴现了一个商票以后，还可以进行转贴现，可以进行再贴现。如果做信用证，还可以做福费廷①。银行到银行的二级市场空间也很大，现在也有很多平台或者机构在做二级市场的业务。

结合到资本市场，无论是票交所，还是上交所、深交所、银行间市场，做标准化票据或者 ABS 的机会也很多。如果把票据业务往国际范围延伸，把国内贸易和国际贸易结合在一起，把国内产业互联网和全球产业互联网平台结合在一起，它的空间就会更大。

中国现在几乎各个行业都在建设一些大的产业互联网平台，票据这样一个工具在每个环节，如开票环节、转票环节、融资环节、资本市场环节，都有许多机会。每个行业的人都可以发现它的价值。

本质上来讲，票据就是标准化，是把过去一些非标准化的应收、应付账款变成一个标准化的资产。能实现这个功能的，比如各种信、单、证、票，基本上都是同义词，本质上都是使在产业互联网场景下所产生的一些非标应收、应付资产，变成一个标准化的资产。

应收账款为什么非要票据化？这对一些没有参与过金融业务或者保理业务的人来讲，体会可能不是那么深刻。比如说，买方和卖方做了一笔货物交易，产生了一笔应收账款，如果这笔应收账款想做金融业务，核验过程是极其复杂的，至少需要做主体验真和贸易背景的核实。主体部分又包括对买方和卖方的营业执照、身份证、经办人身份证、法人授权书、账户做的各种检验。对贸易背景，如

---

① 福费廷（forfaiting），又称买断，是银行根据客户（信用证受益人）或其他金融机构的要求，在开证行、保兑行或其他指定银行对信用证项下的款项做出付款承诺后，对应收款进行无追索权的融资。

合同、发票、履约证明，也需要做更多的检验。不同的行业差别很大，发票上的信息也很复杂，不同的行业送货单、报关单、入库单等履约证明差别也很大。账款可能只有 100 万元，但要选 5—10 个材料才能够证明这 100 万元的应收账款是真实的。这 5 到 10 个材料里面，按字段来分的话可能有上百个字段。所以这是一个极其烦琐的过程，也导致了信用传递的效率低下。

票据则非常简单明了。虽然只有半页纸的票面，但它涵盖的信息实际上是非常齐全的，包括买卖双方账户的信息，是否有担保，相关金额、日期，甚至包括买方和卖方评级信息。有了评级以后，就可以定价。这本质上实现了从非标准化的应收账款向标准化票面的转变。有了票据以后，基于票据的唯一性以及票据法的各种规定，便可以实现快捷的融资。

银行的信用可能在另外一些场景，比如预付账款、订单环节，会更加重要一点。欧美市场也是这样，在刚刚签订合同或者支付预付款的时候，企业间还没有形成稳固的信任关系，这时候银行介入进来开一个信用证是比较合适的。真正当甲方、乙方已经交完货，银行信用就适时退出了，商业性就会发挥更大的作用。

这是第二部分，应收账款票据化的政策为未来 5 到 10 年提供了一个机遇，对产业互联网平台更是一个机遇。

三、供应链票据和标准化票据

供应链票据，就是可以拆分转让的、票面单位是 1 元的票据产品。在过去的票据法下，票据不可拆分，比如开了一张 100 万元的票据，别人拿到商票以后，如果与其他人签了 50 万元的合同，是没法背书支付出去的。如果对方做了一个 10 万、5 万的合同，更没法背书支付出去。在一些长尾的环境下，传统的商票问题比较大。

现在这样一个新式的供应链票据平台在推出以后，已经有三个企业——中国中车、TCL 和欧冶云商对接了这个平台。第四个是中国互金业协会，平台的后台开发和相关功能设计，百融云创是深度参与的。

未来中国互金协会也将面向所有产业互联网平台输出 API，平台参与方完成交易后可以直接调用这个 API 开票、转票，实现票据的结算。

供应链票据产生以后，它的三个特点意义重大。

第一，等分化。把一张 100 万元的商票变成了 100 万张 1 元商票，别看这只是一个小小的改变，它可能就把票据的流通性大幅提高了。可以类比铁建银信、中企云链等平台，一手 1 000 万元的商票经过 3 个月以后，流转了 200 手、250 手，票从开具出来到最终 3 个月期限兑付的时候，已经有 250 家企业经手了这个票据。相比之下，过去的传统商票流转 3 手、5 手就已经相当了不起了。这是一个本质的改变。

有了这个改变以后，大家可以想象，对于优化产业链的支付结算、解决三角债、解决产业链融资问题、获客等，都会有一个重要的改变。可以等分化的票据尤其适合产业互联网这样的场景。

第二，跨银行。前文也提到，像票付通这样的产品过去在产业互联网平台里推广得效果不好，是因为如果由一家银行来主导，要求平台所有客户开具本银行的账户，这是一个重大的障碍。现在的供应链票据直接由平台来对接票交所的 API，可以由任何一个银行网银绑定以后开具，并且可以去任何一家银行贴现。做成标准化票据以后，也可以卖给任何一家银行，这就实现了跨银行的交互。

一个企业对 N 家银行或一个平台对 N 家银行的时候，是非常主动的；反之，就是很被动的。

第三，场景化。过去产业互联网为什么不用商票？因为过去登录需要用 UKey，登录过程非常烦琐，而现在所有商票开具和转让、背书的功能，全部被嵌入产业互联网平台的后台。这样无论是与电商，还是与 ERP 都可以实现无缝衔接，开具商票的时候一键点击就可以开票出去；别人签收、再背书也只要一键点击就可以完成；发起融资也可以一键点击，面向所有的银行实行贴现融资。票据这样一个产品，在 2020 年发生了一些性质上的改变，产业互联网要很好地利用这些改变。

此外，票据市场的创新对于核心企业、银行、非银行等金融机构，可能会分别带来哪些机会？

对于核心企业来讲，无论有没有产业互联网平台，都可以来开发这样一个供应链票据功能。对一些过去已经有了 E 信平台的机构来讲，增加一个供应链票据功能是轻而易举的。

对于银行来讲，银行实际上可以作为间接接入机构，从票交所拿到 API，然后向所有产业互联网平台进行输出。无论哪家银行占据了产业互联网平台，实现了商票可拆分转让，对获客和存款、投行业务都提供了一个很好的场景。如果银行借此开发一些商票秒贴等相关产品，就更加便捷了。

除银行以外，一些非银金融机构，如券商、信托、基金、保险，甚至评级、征信、律师等机构，也可能在"供票+标票"环境下发现很大的机遇。券商做标准化票据和票据 ABS 的存托机构，信托做票据质押贷款，机会也很大。特别是资金信托新规出台以后，信托对于标准化资产的需求是非常大的，而票据则开拓了一条很好的非标转标的路径。

对于基金来讲，过去 AAA、AA+ 的债券利率已经非常低了，票据可能是在信用风险等同的情况下，为数不多的一个高息品种。这对保险资管也一样。

过去中国五六家评级公司为了三五千家发债企业争得头破血流。如果做票据评级业务，可能突然会面向 5 万家甚至 50 万家企业的庞大市场。评级业务未来在票据评级中机会相当大。

征信机构同样面临历史机遇，因为基于产业互联网，拿不到合理评级的企业可能还需要征信体系进行运转。特别是基于票据的可追索性条款，不止开票人的信用、承兑人的信用对票据影响很大，中间流转的每一手的信用对票据都有增信的作用。票据的评级和征信逻辑与过去的差别很大，这里一定会有相关的投资机会。

最后总结一下，在产业互联网的背景下，中国各个行业的数字化步伐都很快。在数字化的基础上做供应链金融，无论是基于核心企业信用，还是基于货物、数据，都提供了很大的空间。对于供应链票据产品，票交所和互金业协会提供 API 的服务方式，可以直接嵌入产业互联网后台，是非常便捷的结算工具，在此基础上做金融、信贷、理财等都会非常便捷。这为产业互联网提供了一个很大的机会，既可以实现交易链条从订单流到票据流到资金流的闭环，也可以扩大获客、成交总额和平台的估值。

构建多方参与的"区块链+供应链"金融运营模式

安 宜[*]

一、供应链金融与区块链的融合创新

供应链金融是运用供应链管理的理念和方法，为相互关联的企业提供金融服务，其实质是为供应链链条上的各个企业提供金融服务。这种服务穿插在供应链的全过程中，同时，也是贸易带动下的金融服务。做供应链金融有两个基础模式，一个是以物融资，另一个是以票融资。

供应链涉及的环节比较多，参与的链上交易企业比较多。按照现在供应链金融通行的分类，可将其分为核心企业和其他企业两大类。核心企业是指生态信用等级最高、实力最强的大型企业集团。其他企业是区块链环节中的上下游企业，是一级供应商到 N 级供应商的集合，到末端有很多小微企业。区块链核心企业往往采用票

---

[*] 安宜，中国有色集团党委委员、总会计师。

据方式向链上其他企业赊账，由于票据无法拆分流通，给链上企业融资带来很大的压力。

区块链金融实质就是为处在核心企业上下游的中小微企业提供融资的渠道。通过对企业进行金融背书，对上下游交易的真实性进行查验。但在实务操作中依然存在很多痛点，包括四个方面。第一是应收账款的确权难度非常大。第二是上下游企业存在着信用风险。第三是贸易背景真实性需要核查。第四是链上的实时完整有效的真实数据的获取和处理难度非常大。

区块链能做什么？从我们目前的实操过程中感觉到，我们现在对于区块链的概念，首先可以把它理解为一个账户。区块链中包括交易的信息、买卖方合约等一系列数据。对核心企业来讲，尽管制造和分销环节中的外包需求增加了，但是供应商和分销商的融资瓶颈更明显了，财务成本上升，毛利率下降。这就导致核心企业的积极性减弱，合作趋向偏弱，对生态发展形成一个非常大的阻碍。

应对区块链技术进行加持，从而使供应链金融平台可以实现以下功能。

第一，应收账款确权。区块链技术具有去中心化、公开透明、智能合约和不可篡改性。使用区块链技术记账可以快速、高效地确定应收账款，使盘活应收账款成为可能。

第二，服务中小微企业。这样可以充分发挥区块链技术易分割、可追溯、不可篡改的特性。核心企业在区块链上签发数字付款承诺给一级供应商，一级供应商可以根据结算需求将上述承诺分拆，将部分转让给二级以及下面的N级供应商。

第三，四流合一。利用区块链技术将商流、物流、信息流和资金流这些数据整合上链，实现四流合一，在保证数据安全的同时实现数据透明可视化。买卖双方可以更好地掌握跟踪物流信息，并通过智能合约技术降低交易双方面临的风险。

第四，加强风险管理。

第五，质押物及其价格管理。运用物联网技术可对质押物进行跟踪，通过智能合约可以对质押物价格进行检测，并设置自动处置措施，防范市场风险和操作风险。

第六，运用多方签名智能合约技术。这样可加强资金流管控和回款控制，加强资金流管理。供应链金融采用区块链技术，可将目前纸质作业数字化，大幅减少供货成本。供货商、企业、银行等参与方的使用，实现去中心化的公共账本，在预定功能下自动结算，这样可以显著提高交易效率。

这六条就是运用区块链，从本质上解决的是供应链金融各个参与者的信任问题，其核心是解决数据的可信。

二、"区块链+供应链"金融的商业模式

我们目前的共识就是，有三类平台，分别是技术公司、实体企业、金融机构。

第一是技术类公司。以腾讯等著名企业为代表，开展技术和开发服务，建立平台运营。这里面既有采取联合银行核心企业、发起供应链金融等联合应用的方式，也有采取融资金额提成的方式。

第二是实体企业。目前来讲，央企中的中企云链和一些非常优秀的民企，如海尔、格力等产业集团分别推出云信、云单、融单等

信用流转的平台。其核心都是基于核心企业信用电子债权付款凭证在自建平台上进行拆解转让,借助区块链技术更能增强平台的可信度。

第三是金融机构。以银行为例,浙商银行基于区块链技术搭建了应收账款链平台,使付款人签发承诺应付款等信息,收款人可以随时应用应收账款进行采购、支付和转让融资。平安银行也推出基于区块链技术的应用,即供应链应收款服务平台,全面覆盖核心企业以及上下游企业线上应收款的转让融资管理和结算,主要实现交易见证、贸易背景核查、债权登记、转让确权债款清收、监测预警、资产流转、应收账款等八大功能,有效解决了困扰应收账款流转过程中遇到的主体风险认定、交易风险识别、贸易背景核查、债权转让有效等现在企业运转过程中的难题,从而提高了应收账款的流转效率。

个人认为,未来技术、企业、银行等多方共建的"区块链+供应链"金融运营模式将成为主流发展趋势。各自分工职责模式,技术类的企业主要是负责区块链底层技术,保证供应链上的参与者的数据真实可信;实体企业负责串联上下游供应商和客户,发挥区块链技术应用层优势,打造良性的产业生态系统,形成信用高的产业集群;金融机构负责为可信的企业提供资金支持,真正落实国家政策,解决中小微企业融资难的问题。

金融联盟区块链技术及应用实践

黄步添 *

区块链是新型基础设施的重要组成部分。在中国产业区块链发展过程中，数字金融这个领域始终是一个大的热点。通过联盟链技术来解决实际金融场景下的效率、监管问题等都非常具有实用性。

一、区块链的应用趋势

区块链的发展目前经过三个阶段，从 1.0 到 2.0，再到 3.0（如图 4.3 所示）。

图4.3 区块链的发展过程

---

* 黄步添，杭州云象网络技术有限公司创始人兼 CEO，浙江大学计算机系博士，IEEE、ACM 会员。

区块链 1.0，所谓的可编程货币，主要以比特币为代表，通过区块链降低数字资产创建、保管和转移的成本，实现可编程价值。货币本身是区块链一个重要的应用，但它只是可编程价值的一小部分。如果价值是大海，货币则只是大海里面的一滴水。比特币的底层技术，是采用一种非中心化网络构建的货币体系，我们称为超越主权的货币，并获得了全世界的认可。

2015 年，区块链 2.0 诞生，主要以以太坊为代表，可编程金融应用是指区块链智能合约在泛金融领域的众多应用。智能合约的核心是利用程序、算法代替人执行合同。这些合约需要自动化的资产、过程、系统组合与相互协调。智能合约包括三个基本要素：邀约、承诺、价值交换，有效定义了新的应用方式，使区块链从最初的货币体系拓展到金融其他业务领域。

区块链 3.0，也就是现在大家所了解的数字治理，即我们经常说的数字孪生。区块链是一个非常重要的可编程设备的基础设施，在身份认证、司法存证、慈善捐款、福利彩票等社会治理领域，能够有效解决"去信"的问题。区块链不再通过第三方建立信用和共享信息资源，从而提高协作效率和监管水平，推动社会发展走入信用时代。

区块链可以使数据低成本、高效率地实现确权、流转、交易，进而实现数据有序共享和价值分配，构建数据要素市场。

数据成为区块链关键的生产要素，在数字经济的发展中是非常重要的一个环节，同时也改变了资产的存储和交易形式。所谓资产的存储和交易形式是指现在的虚拟资产或者虚拟道具等形态的资产，都是数字化的。未来物理世界的资产，如果通过区块链映射到链上，就可以真正构建出链上和链下资产的映射关系，改变了资产的存储形式之后，交易形式也会做出重大改变。未来的交易将会变为一个点对点的可信任交易，数字孪生也将变为现实。

目前从区块链的发展来看，产业区块链是未来的一个大趋势，也就是说行业机构间将走向更加开放的发展模式，协同合作将更加紧密。

二、2019 年产业区块链三大事件

第一，Facebook 推出的 Libra 具有深远意义。一家有全球影响力的互联网公司在通过区块链技术推动全球开放金融的研究，引发更多的资本进入这个领域，对推动全球区块链技术和应用的发展有着积极作用。

第二，2019 年 10 月 24 日，中共中央政治局就区块链技术发展现状和趋势进行第十八次集体学习。中共中央总书记习近平强调，区块链技术的集成应用在新的技术革新和产业变革中起着重要作用。我们要把区块链作为核心自主创新的重要突破口，明确主攻方向，加大投入力度。这对区块链行业来说也是一针强心剂，将会推动区块链在社会治理领域的应用。

第三，中国人民银行推出 DC/EP。央行数字货币的设计虽然跟区块链没有直接关系，但是央行对 DC/EP 的积极推动与研究，不仅有利于人民币国际化，更能进一步推动区块链应用落地，加速产业区块链的发展。

这里重点阐述中国银行业数字化转型和区块链的关系。因为在

金融领域，区块链确实起着关键作用。作为一个基础设施，它起着三点作用。一是协同，提高协作效率。二是存证，存在性证明，可以降低交易成本，减少交易环节。三是监管，提高监管能力。

毕马威针对中国银行业数字化转型提出以下几点建议。

第一，普惠的现代服务。银行可以通过与金融科技合作打造智能合约平台，实现小额、高频的信贷流程管理。消费者的开户、放款、还款、销户等行为，都可以通过区块链智能合约触发，降低信贷的处理费用。由于所有的操作和流动均为链上行为，会在每个节点上存储相关数据，银行可以随时随地知晓用户交易的动态，不但省去管理数据的烦琐，而且多节点同步数据的方式更加高效且安全。

第二，区块链技术在跨境支付与结算领域的应用。通过非中心化的网络系统，实现绕过中间机构直接支付，借助区块链技术在合规、监管的前提下，支付类机构在办理国际支付与结算业务时，可以使用点对点的支付方式，节省第三方金融机构的中间环节。这样不仅能够缩短资金占用时间，提供全天候的服务，大幅降低运营成本，还能够满足跨境电子商务对支付转账与结算的及时性和便捷性要求。

第三，企业级区块链征信。金融机构能够将现代合约迁移到区块链系统之上，通过植入现代条款的智能合约执行，不仅使征信合约成本大幅增加，银行风险管控也会更加便捷。

第四，自动识别和保存不良客户信息和信息交易记录。不仅数据可以随时更新，还可以利用内嵌逻辑自动关联有关信息，节省各种重复的人工操作。通过分析和监测区块链账本中的异常交易，有助于及时发现欺诈和洗钱等犯罪行为。

第五,供应链金融。借助区块链把上下游企业的交易链条打通,建立供应链的风险防范机制。在传统的金融环境下,三条有效链条交易认证主要通过纸质单据、票证,被伪造的可能性比较大。虽然目前大部分企业转向电子化承兑汇票体系,但集中管控的电票体系准入条件较严格,覆盖业务领域有限。区块链配合大数据技术的应用,可以有效识别虚假交易。区块链加密技术的不可更改性,可以解决很多企业的历史征信问题,并形成有效的信用沉淀。

第六,机构间的结算与清算。基于区块链技术的数字货币,配合智能合约,对于简化银行业的结算与清算流程、降低机构运营与管理层起着非常重要的作用。

各国央行都在开展研究利用数字货币提升经济活动的便利性,减少洗钱、跑路等违法犯罪行为的发生,跨越时间和地域,方便、快捷地实现低成本、低风险的交易过程。区块链技术对数字货币的支持,主要体现在去中心化与高透明度。通过共享数据与网络协同,实现交易链参与各方的同步信息共享,打造智能合约设定的条件,这就显著提高了各方资金交易与结算的效率,减少了损失,同时降低了暗箱操作、内部交易发生的可能性。

如果真正打造一个数字化的银行,用户身份、ID、用户相关的信用数据,就都可以被数字化,变为数字资产,变为一个金融化的工具。中国银行业数字化转型之路,除了区块链技术,还有其他大数据、人工智能等,这些技术将会大大推动中国银行业的数字化转型,真正构建一个数字化银行。

三、区块链的应用场景

区块链的应用场景有金融服务领域、资本市场、支付领域、社会治理领域以及全球性的 PoC，或者嵌入运行的系统（如图4.4所示）。

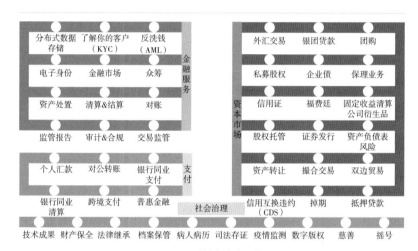

图4.4 区块链的应用场景

例如，两个国家之间使用区块链制作一个公共账本，来实现资金的欠缺账、对账。两个机构之间也可以进行数据之间的对账。

在金融服务领域，区块链可以作为监管的工具或监管科技的手段，实现对一些相关业务场景的监管。

在审计合规领域，通过监管工具、手段，区块链让所有参与到金融产品发行过程的律师事务所、会计师事务所、第三方机构来构建一个透明的、公正的网络。

在资本市场领域，比如早期香港证券交易所推动的区块链私募股权，主要是解决一些非上市公司的股权交易问题。供应链金融领域的一些保理业务，还有典型的信用证，比如早期与中国民生银行和中信银行合作的一个区块链信用证的平台，主要实现了通过区块链替代 SWIFT 协议。

在其他领域，比如澳大利亚证券交易所、纳斯达克，通过区块链证券发行，也做了一些 POC 的尝试。

在支付领域，区块链的应用更宽广了。比如 Libra，它本来就是一个支付的基础设施，联合了全球 20 多家机构，来构建一个金融区块链基础设施。

在跨界支付领域，法定数字货币如何与海外的银行之间进行支付？对于一些商户，以及一些个人用户来说，怎么通过跨境支付手段提升便捷性？一些亚非拉国家的支付节奏还是非常落后的。Libra 也是要解决这个问题。

在社会治理领域，区块链的应用也十分多样。

第一，"浙江拍区块链交易系统"主要解决了技术从发生到最终过程的一个成果发布、拍卖问题。区块链也可以作为资产证券化的手段，给相应的企业提供融资的手段。

第二，病人病例的共享。比如一些医院，病例都是属于某家医院的，两家医院之间的便利共享怎么去做，这也是通过区块链实现安全、便利的共享，是非常好的一种手段。

第三，司法存证，这是目前比较常见的一个应用。通过互联网法院，把公证处引入存证的平台，它的合同、电子证据在这个平台就可以做一个存在性证明。特别是金融机构，包括强制执行的应用，也是金融机构与互联网法院公证处形成多处的联盟链。如果出现一些违约，比如信贷资产违约，可以通过智能合约进行强制执行,消除了线下司法取证、司法存证的交易成本。

在数字版权领域,也有很多的机构参与方。怎么通过区块链构建一个区块链网络?怎么形成一个透明的链上的过程?比如福利彩票,原来是通过公证处来进行公证,但如果让程序来见证,摇号的效率和公正性都会大大提升。

重点讲一下用户场景,特别是数字货币,在未来应用市场是非常庞大的(如图 4.5 所示)。大家知道的比特币,赞美它的人说比特币是一个超主权的数字货币。Libra 在早期设计里,不追求对美元汇率稳定,而追求实际购买率。除了 Facebook 之外,像 VISA、Master card、Paper、Uber 等机构都参与其中,Libra 目前的设计是已经抛弃了一揽子货币的政策,转向美元单一锚定。

图4.5 三种数字货币催生的应用市场

DC/EP 是主权数字货币,其意义在于它不是现有货币的数字化,而是 M0 的替代。M0 的替代是什么呢?我理解为现钞电子化。它使交易环节对账户依赖程度大大降低,有利于人民币的流通和国际化。同时 DC/EP 可实现对货币创造记账、流动等数据的支持查询,为货币的投放、货币政策的制定与实施提供有益的参考。

我们看一下三种数字货币的产业链(如图 4.6 所示)。

比特币的产业链主要有挖矿、交易流通、支付应用三个环节。

在挖矿环节,目前有很多矿际的生产单,有矿厂。在交易环节，有交易所、钱包应用。在支付应用环节，可以通过比特币或者锚定美元的稳定币或者人民币的稳定币进行借贷、提款，支付手段有BTC的ATM机，还有通过线下支付比特币或者USDT等。也就是说比特币产业链已经逐步形成。

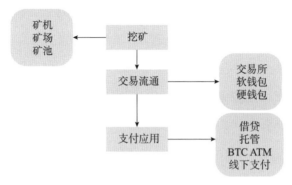

图4.6　应用场景——比特币产业链

Libra的目标包括三个。一是改善现有货币体系。目前的主权信用货币，具有明显的主权界限，用户在使用过程中，也会受到诸多限制。Libra的愿景就是要成为一个简单、无国界、低波动性的数字货币。基于区块链发行的Libra，打破了传统意义上的主权界限，不受任何主权国家的独立监管，对用户不具有排异性。

二是实现普惠金融，将Libra建立在安全、可拓展、可靠的区块链基础上，赋予其具有内在价值的资产储备做后盾，并由独立的Libra协会治理。以此促进金融生态发展，创造一个更加普惠的金融体系。

普惠金融是指立足机会平等要求和商业可持续原则，以可负担的成本为有金融服务需求的社会各阶层和群体，提供适当的有效金融。普惠金融最明显的表现形式是使金融业本身的运作成本降低。

三是要打造全球性的支付基础设施。Libra 在白皮书上提出，我们相信开放技术、低成本的全球性货币流动，将为世界创造更巨大的经济激励和商业价值。

Libra 支付网络是完全基于区块链的清算系统，不受传统金融网络限制。因为 Libra 的底层清算网络是全球性的，持有 Libra 的用户，可以在世界上任何一个地方，彼此进行点对点直接交易。

DC/EP 也可以应用于市场。DC/EP 可以用人民币自由进行 1∶1 的兑换，支持连接中央银行。DC/EP 是双重制度，商业银行和中央银行，一事一币做一个主权货币，替代 M0。它是纸质人民货币的替代品，可以确保现有货币体系依然发挥作用。

从区块链 1.0、区块链 2.0 到区块链 3.0、中国银行业数字化转型，以及目前全球范围内数字货币的发展，清楚地反映出大部分大的区块链应用场景都聚焦在金融领域。国内数字金融领域的贸易金融就是一个典型的应用场景。这里面包括信用证、福费廷和供应链金融。

信用证业务有哪些痛点呢？长期以来，银行间的国内信用证业务均采用传统的信开和邮寄交单方式，同时放在 SWIFT 上加押电进行确认。效率低，安全性不高，客户只能查询到开户行内的业务进展情况，无法了解交易对手方、银行处理的进度，透明度较差。同时银行也缺乏足够的手段，来核实业务贸易背景的真实性，难以防范发票、第三方单据等凭证重复使用、造假的可能性。不规范、信任弱、不自主、效率差、风险多、融资难，这六个因素会导致基于信用证的融资难度加大。

区块链信用证交易平台改变了银行传统信用证的业务模式，信用证的开立、通知、交单、承兑报文、付款报文等各个环节均可通过该方式实现，缩短信用证及单证传输的时间，使报文传输时间可达秒级，大幅提高了信用证业务处理效率，同时利用区块链的防篡改特性，提高信用证业务的安全性。

具体来说，就是利用区块链技术结合信用证业务系统，建立起基于区块链技术的信用证信息和贸易单据电子化的传输体系，实现国内信用卡定开代替信开。将银行连接成一个网络，使得开证、通知、交单、承兑报文、付款报文的过程更加透明可追踪，各个节点都能查看信用证业务的办理流程和主要信息，比传统信用证业务更透明和高效，可以有效避免错误和欺诈发生。

接着我们再看一下福费廷业务。我们与中国银行、民生银行、中信银行、光大银行、平安银行构建了一个区块链福费廷交易平台。总体解决方案支持了数据安全架构、多种非对称及对称加密技术。这个平台首次将金融级别数据托管带到区块链应用中，并采用国密算法实现了多种安全可信赖的加解密。

另外，该平台也提供了高性能底层框架，可插拔的共识算法，支持简易部署，通过自主研发区块链即服务（BaaS）平台，提供可视化的部署操作。使用Kuberntes[①]的编排架构，大幅提高系统的高可用性。支持审计，可以将单独用户或者一组具有相同角色的用户交易关联起来，还支持多链架构。我们不光是通过公共链解决非中心化治理模式问题，还通过业务链本身的连接实现数据隔离，智能合约可以被部署在不同的逻辑区块链上。

---

① Kubernetes，简称K8s，是用8代替名字中间的8个字符"ubernete"而成的缩写。是一个开源的，用于管理云平台中多个主机上的容器化的应用。

福费廷交易平台由多家商业银行组成，确保资产信息的真实、规范交易、稳定市场价格、削减交易成本、避免意向达成后的交易拖延，降低多交易主体之间的文本要素流程匹配方面的"无效摩擦"。

该平台主要有以下几个功能。发布福费廷的资产信息，通过转卖行，接受报价。在转卖行的报价列表里面选择最优报价，接受报价。发报价单，买方确认、卖方确认，向开证行发送债券转让通知，平台形成一个闭环。

福费廷平台可以确保资产信息真实性，规范交易，稳定市场价格，节约交易成本；避免意向达成后交易拖延的情况发生；降低多交易主体之间的文本、要素、流程匹配方面的"无效摩擦"。

另外，一个比较大的场景就是供应链金融，我们所说的供应链金融包括线下供应链金融1.0、2.0、3.0，到4.0。

供应链4.0要做什么呢？它不仅包括原来的业务模式、产品定制，而且目前供应链金融的模式有多种形态，以及保理、应收账款等一系列流程。它不只包含物联网，还有5G、人工智能、大数据、云计算、区块链等技术的融合，这样才能推动真正供应链金融的智慧，面向垂直行业的供应链金融生态才能发展。

区块链供应链金融也存在一些问题。

一是发票真伪性怎么验证。发票的重复保障，还有确权。核心企业加入区块链之后，可以对数据进行链上的确权。

二是流转困难。所有信息的透明性，保证债券转让有效性，比如融资或再融资、拆分流转、持有到期，都可以通过区块链来解决。

三是多方协作效率，通过区块链可以使可信的相关方参与进来，改进主体风险认定、交易风险识别、贸易背景核查。也就是说应付账款凭证、拆分流转的一系列过程，通过区块链就可以完成。

四、金融联盟链的技术实践

从大的范围来说，特别是金融领域对于区块链的要求是非常高的。

基础设施和传统模式一样，通过区块链这一层，怎样与应用层交互，怎样与外部系统进行对接都需要明确。比如现在银行系统中有核心系统，供应链就会涉及 ERP 系统，它也要通过一些企业服务总线和外部系统进行连接和直连，或者通过外部系统的前置性建交，还有一些网银系统。

往上走之后，应用层本身跟区块链之间怎样进行交付？可以通过一些软件开发工具包（SDK）或者 API 来进行二次开发。供应链金融里，比如一些应收账款或者订单融资，特别是一些贸易相关信息，都要在链上进行存在性证明。

什么叫区块链的 BaaS 平台？简单理解就是区块链即服务，通过区块链的 BaaS 平台提供一个便捷的手段，来支撑区块链的创建或是网络应用。

通过 BaaS 平台，可以创建业务链，或者把资质相关的一些节点加入这个网络。通过 BaaS 平台也可以监控业务侧区块的高度、交易数量和一些常用节点的状态。根据合约目前交易数量，采用什么样的共识算法，该平台都可以进行一些状态的监控。另外该平台还可以对一些非中心化的治理模式实施管理等。

如何对某一个应用场景引入一些区块链技术？具体的解决方案如图4.7所示。解决问题的前提条件是我们要对一些业务知识进行了解，像信用证福费廷、供应链金融或者一些资产证券化等领域。它的业务流程是怎么样的？业务过程和相关参与方的痛点是什么？这些金融业务的支持首先要了解。

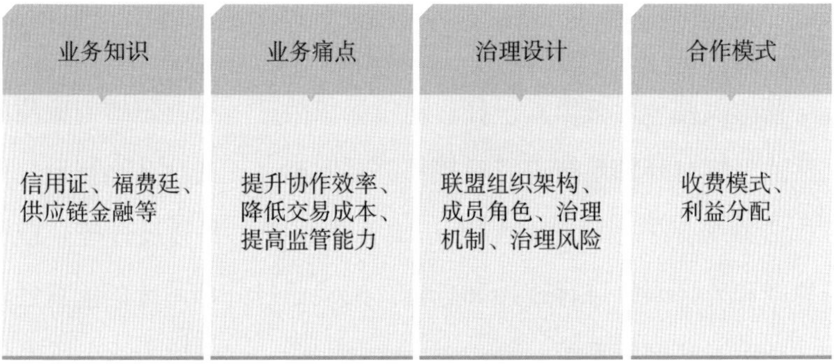

业务知识	业务痛点	治理设计	合作模式
信用证、福费廷、供应链金融等	提升协作效率、降低交易成本、提高监管能力	联盟组织架构、成员角色、治理机制、治理风险	收费模式、利益分配

图4.7 通过区块链解决问题的具体方案

另外要解决它的业务痛点，无非是协作、存证、监管。通过区块链来提升它的协作效率，提升机构间的一些业务，降低调研机构交易成本，我们通过区块链代替SWIFT，提高轻结算的效率，降低交易的成本。另外，通过存在性证明，解决互强执行，就是将互联网法院与金融机构、公证处的一些传统线下协作模式，转变为线上模式自动化执行。提高监管能力，在提高监管能力方面应该说区块链本身就是一个非常好的手段，除了共识参与方以外，监管方也可以作为一个监管节点，接入网络。实时下载、实时同步区块链信息。

关于治理设计，区块链网络或者业务协同方参与一个业务协同时，治理设计非常关键。如果治理设计得不好，即使这个业务本身模式非常好，也有可能很难推动下去。联盟组织的架构、成员角色的定义、治理机制的定义、治理风险的一些设计，都要重点关注。

以目前经验来说，监管方来推动金融联盟链的建设相对比较合适。如果是银行间发起，当然也要找到一个主体作为一个运营方。同时，在发起方之间形成一个透明的治理方式，怎样去设计，我们自己也开发了一些非治理的公共链、多机构之间的治理公共链，来对成员准入、合约申请等进行业务治理。

合作模式包括怎么设计收费模式，怎么分配利益，如何为共识结点或者利益方分配利益。

在系统设计层面，如何设计一个"高可用"的业务系统？首先区块链平台一定要高可用，从节点的准入、合约的安全、隐私保护、网络监管、运维管理等层面，都要符合高可用的标准。

高可用可分为四点：高性能、高安全、可运维、可扩展。特别是在金融领域的一些应用，如果做不到高可用，公司的业务就很难大面积完成、大面积推广。

除了基于高可用的区块链基础设施之外，还要通过区域数据库存储基础业务数据来引入一个混合的架构。

区块链是一个多方协作的平台，其性能不仅能满足传统的数据库要求，还可以存储关键要素数据，基础业务数据可以通过分布式数据库进行存储。

在业务治理方面，节点准入、合约管理，不管是 BaaS，还是业务管理平台，需要多设计一些多中心的业务治理。

在第三方交互方面，通过一些接口标准和数据标准，与第三方的平台进行交付。这里要制定规范和标准，最好能形成一个相应的行业标准，比如说在信用证、付费品、供应链金融这些应用场景下的行业标准。在一些规模性应用完成之后，完全可以制定这样一个标准。

区块链在数字金融领域的应用场景还是非常广泛的，在此我总结了6个字——协同、存证、监管。区块链在数字金融领域，特别是联盟区块链技术的一些大规模应用，是目前产业区块链领域的一个重大发展趋势。